Maximilien de Robespierre

ŒUVRES
DE
ROBESPIERRE

essais

ISBN : 978-1511618199

10 9 8 7 6 5 4 3 2 1

Maximilien de Robespierre

ŒUVRES
DE
ROBESPIERRE

essais

Table de Matières

INTRODUCTION HISTORIQUE
CONTENANT
L'INDICATION DES PRINCIPAUX DISCOURS ET DES PRINCIPALES
OPINIONS DE ROBESPIERRE

Maximilien-Marie-Isidore de Robespierre naquit à Arras, le 6 mai 1758. La généalogie de sa famille est assez mal établie : son grand-père et son père exerçaient la profession d'avocat au conseil provincial d'Artois. Quelques biographes prétendent que le nom doit s'écrire d'un seul mot : Derobespierre : c'est à la vérité l'orthographe qui se trouve dans l'acte de naissance de Maximilien[1]

Quoiqu'il en soit, il adopta lui-même la particule, jusqu'au jour où il l'abandonna tout à fait pour s'appeler simplement : Robespierre.

Il n'avait pas sept ans lorsqu'il perdit sa mère, et bientôt après son père, qui ayant pris en dégoût les affaires, quitta la France, parcourut successivement l'Angleterre et l'Allemagne, et finit par mourir à Munich, dévoré par le désespoir. Maximilien était l'aîné de deux sœurs et d'un frère. On le mit d'abord au collège d'Arras ; puis bientôt, par la protection de M. de Conzié, évêque de la ville, qui était très-attaché à sa famille, il obtint une bourse au collège Louis-le-Grand, à Paris, où il eut pour condisciples Camille Desmoulins et Fréron. Après avoir terminé ses études classiques, il fit son droit, toujours sous le patronage du collège Louis-le-Grand : il travaillait en même temps dans l'étude

---

1 Extrait du registre aux baptêmes, mariages et sépultures de l'église paroissiale de la Magdeleine pour l'année 1758 :

Le six de may mil sept cent cinquante-huit a été baptisé par moi, soussigné, Maximilien, Marie, Isidore, né le même jour sur les deux heures du matin, en légitime mariage de Me Maximilien, Barthélemy, François Derobespierre, avocat au Conseil d'Artois, et de demoiselle Jacqueline Carrault. Le parrain a été Me Maximilien Derobespierre, père grand du côté paternel, avocat au Conseil d'Artois, et la marraine demoiselle Marie, Marguerite Cornu, femme de Jacques-François Carrault, mère grande du côté maternel, lesquels ont signé :

Derobespierre.

G. M. P. Lenglart, curé.

Derobespierre.
Marie, Marguerite Cornu.

Maximilien de Robespierre

d'un procureur nommé Nollion, où Brissot était premier clerc. Avant de se séparer de lui, l'administration du collège voulut lui donner une marque publique de distinction, et elle prit, en date du 19 juillet 1781, la décision suivante, que l'on trouve consignée dans le *Recueil de toutes les délibérations importantes prises, depuis 1762, par le bureau d'administration du collège Louis-le-Grand et des collèges réunis* (Paris, chez Pierre-Guillaume Simon, imprimeur du parlement et du collège Louis-le-Grand. MDCCLXXXI. 1 vol. in-4°).

« Sur le compte rendu par M. le principal des talents éminents du *sieur de Robespierre*, boursier du collège d'Arras, lequel est sur le point de terminer son cours d'étude, de sa bonne conduite pendant douze années et de ses succès dans le cours de ses classes, tant aux distributions des prix de l'Université qu'aux examens de philosophie et de droit :

» Le bureau a unanimement accordé audit *sieur de Robespierre* une gratification de la somme de six cents livres, laquelle lui sera payée par M. le grand-maître des deniers du collège d'Arras, et ladite somme sera allouée à M. le grand-maître dans son compte en rapportant expédition de la présente délibération, et la quittance dudit *sieur de Robespierre*. »

Ses études terminées, Robespierre revint exercer ses fonctions d'avocat à Arras. Sa sœur Charlotte nous a laissé dans ses *Mémoires* (publiés en 1835 par Laponneraye) un tableau détaillé du genre de vie qu'il menait dès cette époque : vie réglée, sobre, toute d'études. Carnot était alors en garnison dans cette ville, avec le grade de capitaine du génie. Robespierre plaida pour lui, et il parait avoir eu avec lui des relations suivies, quoique cela soit contesté par M. Carnot, dans ses *Mémoires* sur son père.[1]

M. de Conzié, évêque d'Arras, fut si charmé des succès du jeune avocat, que, dès sa seconde année d'exercice, il le nomma juge à son tribunal civil et criminel.[2] Dans cette position, il eut le courage de repousser, au nom des principes et de la souveraineté du peuple, dont on ne se souciait guère alors, les édits de Lamoignon, auxquels les tribunaux supérieurs n'opposaient que des formes. Cela résulte du moins des

---

1 Voir à cet égard l'*Histoire de Robespierre*, par M. Ernest Hamel. t I. p. 28 et suiv.

2 M. Ernest Hamel a retrouvé et publié le texte même du brevet de nomination de Robespierre, qui est en date du 5 juillet 1783. Nous remarquons dans ce document que le nom est encore orthographié *Derobespierre*. Est-ce seulement lorsqu'il fût nommé à la Constituante que Robespierre aurait eu l'idée de transformer en particule la première syllabe de son nom ?

explications qu'il donna lui-même dans sa réponse aux discours de Brissot et de Guadet, prononcée aux jacobins, le 27 avril 1792. Mais il ne conserva pas longtemps cette judicature. Sa sœur Charlotte rapporte qu'ayant, un jour, été obligé de condamner à la peine de mort un assassin contre lequel s'élevaient les charges les plus accablantes, il fut obsédé comme d'un remords de l'idée d'avoir ainsi disposé de la vie d'un de ses semblables. Il rentra chez lui le désespoir au cœur ; et quand sa sœur entreprenait de le consoler, lui rappelant l'énormité du crime du condamné, il répétait toujours : « Sans doute, c'est un scélérat, mais faire mourir un homme ! » Dès le lendemain, il envoya à l'évêque sa démission de juge, et rentra au barreau, où il s'était fait une position honorable quand la Révolution vint l'y chercher pour le lancer sur la scène politique.

Robespierre partageait tout son temps entre le barreau et l'Académie d'Arras, dont il était un des membres les plus actifs. On a de lui un *Éloge de Gresset*,[1] et un *Éloge du président Dupaty*. Il était aussi membre d'une société chantante, connue sous le nom de société des Rosati. Il avait, paraît-il, la versification facile, et, il écrivit tout un poëme sur le *Mouchoir du Prédicateur* qui souvent remplit en chaire un rôle fort important. On peut citer comme spécimen de son talent poëtique, le madrigal suivant, adressé à une dame d'Arras :

Crois-moi, jeune et belle Ophélie,

Quoi qu'en dise le monde et malgré ton miroir,

Contente d'être belle et de n'en rien savoir,

Garde toujours ta modestie.

Sur le pouvoir de tes appas

Demeure toujours alarmée,

Tu n'en seras que mieux aimée

Si tu crains de ne l'être pas.

---

1 On remarque dans cet éloge une vive attaque contre les écrivains impies et immoraux, c'est à dire contre Voltaire et son école. « Mais au milieu de ces funestes désordres, ajoute l'orateur, c'est un grand spectacle de voir l'un des plus beaux génies dont le siècle s'honore, venger la religion et la vertu par son courage à suivre leurs augustes lois, et les défendre, pour ainsi dire, par l'ascendant de son exemple, contre l'attaque de tant de plumes audacieuses. »

Maximilien de Robespierre

La lettre suivante, citée par M. Ernest Hamel, pourra donner une idée de la direction de son esprit, à cette époque :

Mademoiselle,

« J'ai l'honneur de vous envoyer un mémoire dont l'objet est intéressant. On peut rendre aux Grâces mêmes de semblables hommages, lorsqu'à tous les agréments qui les accompagnent elles savent joindre le don de penser et de sentir et qu'elles sont également dignes de pleurer l'infortune et de donner le bonheur.

« À propos d'un objet si sérieux, mademoiselle, me sera-t-il permis de parler de serins ? Sans doute, si ces serins sont intéressants ; et comment ne le seraient-ils pas puisqu'ils viennent de vous ? Ils sont très-jolis ; nous nous attendions qu'étant élevés par vous ils seraient encore les plus doux et les plus sociables de tous les serins : quelle fut notre surprise, lorsqu'en approchant de leur cage, nous les vîmes se précipiter contre les barreaux avec une impétuosité qui faisait craindre pour leurs jours ; et voilà le manège qu'ils recommencent toutes les fois qu'ils aperçoivent la main qui les nourrit. Quel plan d'éducation avez-vous donc adopté pour eux, et d'où leur vient ce caractère sauvage ? Est-ce que la colombe, que les Grâces élèvent pour le char de Vénus, montre ce naturel farouche ? Un visage comme le vôtre n'a-t-il pas dû familiariser aisément vos serins avec les figures humaines ? ou bien serait-ce qu'après l'avoir vu ils ne pourraient plus en supporter d'autres ? Expliquez-moi, je vous prie, ce phénomène. En attendant nous les trouverons toujours aimables avec leurs défauts. Ma sœur me charge en particulier de vous témoigner sa reconnaissance pour la bonté que vous avez eue de lui faire ce présent, et tous les autres sentiments que vous lui avez inspirés.

» Je suis avec respect, mademoiselle, votre très-humble et très-obéissant serviteur. »

« DE ROBESPIERRE. »

« Arras, le 22 janvier 1782. »

Il faut aussi mentionner, parmi les travaux antérieurs de Robespierre, une dissertation sur les peines infamantes, composée pour prendre part à un concours ouvert sur ce sujet par l'Académie de Metz. Robespierre n'obtint que le second rang : le premier prix fut remporté par Lacretelle aîné, alors avocat au barreau de Paris.[1]

1 Robespierre publia son mémoire sous ce titre :

Les aspirations démocratiques de Robespierre se font déjà sentir dans ce travail : il s'élève très vivement contre le préjugé qui fait rejaillir sur les parents des criminels l'infamie attachée à leur supplice, et l'un des plus puissants moyens, suivant lui, d'avoir raison du préjugé qu'il combat, c'est d'établir l'égalité des peines pour tous les citoyens, de ne pas accorder le privilège d'un supplice spécial aux nobles, dont les crimes sont toujours moins excusables que ceux de malheureux poussés au mal par la misère. L'infamie semblait dépendre de la forme du supplice ou du crime. Et en conséquence, le jeune orateur propose qu'on étende à tous les citoyens le genre de supplice réservé jusqu'ici aux seuls nobles, — c'est-à-dire l'échafaud, parce qu'il lui paraît le plus doux, le plus humain et le plus équitable. Il ne va pas du reste jusqu'à l'abolition de la peine de mort.

On peut citer un passage de ce discours où, après avoir flétri le forfait de César s'asseyant victorieux sur le trône de l'univers, il le condamne à d'éternels remords pour avoir violé ce précepte : Ce qui n'est point honnête ne saurait être juste. « Cette maxime, vraie en morale, dit-il, ne l'est pas moins en politique, les hommes isolés et les hommes réunis en corps de nation sont également soumis à cette loi. La prospérité des États repose nécessairement sur la base immuable de l'ordre, de la justice et de la sagesse. Toute loi injuste, toute institution cruelle qui offense le droit naturel, contrarie ouvertement leur but, qui est la

Discours couronné par la Société royale des arts et des sciences de Metz, sur les questions suivantes, proposées pour sujet du prix de l'année 1784 :

1° Quelle est l'origine de l'opinion qui étend sur tous les individus d'une même famille une partie de la honte attachée aux peines infamantes que subit un coupable ?

2° Cette opinion est-elle plus nuisible qu'utile ?

3° Dans le cas où l'on se déciderait pour l'affirmative, quels seraient les moyens de parer aux inconvénient qui en résultent ?

Par M. de Robespierre, avocat en Parlement.

À Amsterdam, et se trouve à Paris, chez J.-G. Merigot jeune, quai des Augustins, MDCCLXXXV, in-8° de 60 pages, avec cette épigraphe :

Quod genus hoc hominum ? Quæve hunc tam barbara morem, Permittit patria ?

VIRG. *Æn.* »

Maximilien de Robespierre

conservation des droits de l'homme, le bonheur et la tranquillité des citoyens. »

L'année 1789 trouva Robespierre directeur de l'Académie d'Arras. Il entra résolument dans l'arène politique ouverte par la convocation des États généraux et il rédigea une *Adresse à la nation artésienne* sur la nécessité de réformer les États d'Artois. — Il y avait, on le sait, dans les pays d'état une sorte de représentation. Mais la plupart du temps cette représentation était tout illusoire, les membres qui composaient les états n'ayant pas été librement éluspar leurs concitoyens. C'était là un des principaux griefs de Robespierre contre les états d'Artois. Appréhendant que pareil abus ne s'étendît du particulier au général, et que les états généraux ne devinssent également une duperie, il proposait de couper le mal dans sa racine et de commencer par réformer les assemblées provinciales.

Les états d'Artois étaient fictivement composés de la réunion de députés des trois ordres, mais en réalité aucun n'y était sérieusement représenté. C'est ce qu'établissait avec beaucoup de vivacité Robespierre, et il s'écriait : « Ah ! saisissons l'unique moment que la Providence nous ait réservé dans l'espace des siècles pour recouvrer ces droits imprescriptibles et sacrés dont la perte est à la fois un opprobre et une source de calamités. »

Ces semblants d'états nationaux se recrutaient par l'intrigue, par la faveur, par toutes sortes de moyens odieux ; aussi voyait-on s'en éloigner les meilleurs citoyens. Dans l'impuissance de remédier à de tels maux, ils se contentaient de gémir en silence sur les malheurs et la servitude de la patrie, et « laissaient une libre carrière à l'ambition de quelques aristocrates toujours soigneux d'écarter quiconque est soupçonné d'avoir une âme, pour établir sans obstacle leur élévation sur la misère et sur l'abaissement de tous. »

Si en présence de l'orgueil, de la bassesse, de l'égoïsme des classes privilégiées, le peuple laisse le découragement et l'indifférence s'emparer de lui, « il s'accoutumera à gémir en silence sous le poids de l'oppression, et deviendra vil et rampant à mesure qu'il sera plus malheureux. » Au contraire, quand il est en possession de choisir lui-même ses représentants, quand il est compté pour quelque chose, « il apprend à s'estimer lui-même, ses idées et ses sentiments s'élèvent ; il est plus respecté des administrateurs qui lui doivent leur pouvoir… L'abondance et le bonheur renaissent sous les auspices

INTRODUCTION HISTORIQUE

d'une administration patriotique, chère à tous les citoyens, parce que tous peuvent y être appelés par le choix de tous. La voix des vrais représentants du peuple peut arrêter le ministre le plus audacieux dans ses injustes projets, parce qu'elle est celle du peuple même dont les puissantes réclamations peuvent facilement entraîner sa chûte. »

Le plus grand inconvénient des assemblées qui ne sont pas issues du libre suffrage de la nation est d'être entre les mains des despotes un instrument docile, d'autant plus dangereux qu'il semble donner aux empiétements du pouvoir une apparence de légalité.

Passant aux faits particuliers, Robespierre dénonce les charges énormes dont on a accablé la province ; il rappelle les libéralités inutiles votées au détriment de la province, et entr'autres une somme immense, donnée en dot à la fille d'un gouverneur excessivement riche, quand on ne trouvait pas d'argent pour fournir au peuple l'éducation et le pain. On se disait pauvre lorsqu'il s'agissait d'encourager la valeur, de soulager l'humanité ; mais il semblait que la province fût inépuisable quand il s'agissait de courtiser quelqu'intrigant en crédit.

Aussi quel spectacle présente cette province désolée ! « Nos campagnes, » s'écrie-t-il, « offrent de toutes parts à nos yeux des infortunés qui arrosent des larmes du désespoir cette terre que leurs sueurs avaient en vain fertilisée ; la plus grande partie des hommes qui habitent nos villes et nos campagnes sont abaissés par l'indigence à ce dernier degré de l'avilissement où l'homme, absorbé tout entier par les soins qu'exige la conservation de son existence, est incapable de réfléchir sur les causes de ses malheurs et de reconnaître les droits que la nature lui a donnés. Et nous trouvons encore des sommes immenses pour fournir aux vaines dépenses du luxe et à des largesses aussi indécentes que ridicules ! Et je pourrais contenir la douleur qu'un tel spectacle doit exciter dans l'âme de tous les honnêtes gens ! Et tandis que tous les ennemis du peuple ont assez d'audace pour se jouer de l'humanité, je manquerai du courage nécessaire pour réclamer ses droits ! Et je garderais devant eux un lâche silence, dans le seul moment où depuis tant de siècles la voix de la vérité ait pu se faire entendre avec énergie, dans le moment où le vice, armé d'un injuste pouvoir, doit apprendre lui-même à trembler devant la justice et la raison triomphantes !… »

Robespierre engage donc vivement ses concitoyens à renverser les prétendus états d'Artois, malgré la prétention de leurs membres d'obtenir de l'Assemblée nationale le maintien de leur constitution ;

Maximilien de Robespierre

car c'est pour les peuples un droit imprescriptible et inaliénable de révoquer leurs mandataires infidèles. Puis il se raille de cette autre prétention des états d'Artois de nommer eux-mêmes les députés aux états généraux, auxquels le clergé de la province, faisant échange de compliments avec la noblesse, recommandait comme un devoir de conserver les privilèges d'un ordre gardien du bonheur et de la prospérité du pays. « Ah ! certes, » dit avec raison Robespierre, « il faut que l'habitude du despotisme inspire un mépris bien profond pour les hommes, puisqu'on les croit assez stupides pour entendre, de sang-froid, vanter leur bonheur lorsqu'ils gémissent dans l'oppression et qu'ils commencent à s'indigner de leurs fers ! » Mais, ajoute-t-il, au peuple seul il appartient de choisir ses représentants avec une entière liberté et surtout avec discernement. Qu'il se garde des pièges grossiers que lui tendent certains privilégiés qui, sous le masque du patriotisme, cherchent à capter ses suffrages pour le trahir bientôt. Ce n'est pas sur ceux qui sont intéressés à maintenir les abus qu'il peut compter pour en demander la suppression. Qu'il déjoue donc les intrigues et les menées à l'aide desquelles les membres des états d'Artois osent espérer de lui imposer leurs choix ; c'est de son propre sein qu'il doit tirer les instruments de son salut.

Or, le moment est solennel, car on touche à l'heure où le pays doit décider de sa liberté ou de sa servitude, de son bonheur ou de sa misère. Tout, dit Robespierre, dépend du caractère et des principes des représentants chargés de régler les futures destinées de la patrie et du zèle que montrera le peuple pour recouvrer les droits sacrés et imprescriptibles dont il a été dépouillé. Il conseille donc vivement à ses concitoyens de secouer l'indolence habituelle, de dérober quelques instants à leurs plaisirs et à leurs affaires pour réfléchir mûrement sur leurs choix, sur la nature des vœux et des demandes à porter dans les comices « où la France allait se régénérer où périr sans retour. »

Par cette brochure vigoureuse, Robespierre avait posé directement sa candidature, et il fut dès lors un des membres désignés pour les futurs états généraux. En mars 1789 il publia une nouvelle adresse *Au peuple de l'Artois, par un habitant de la province*, dans laquelle, sans solliciter directement les suffrages de ses concitoyens, il s'attachait à les éclairer sur leurs choix et définissait les qualités indispensables à un député de ce tiers état, riche en vertus et en talents, et sur lequel les autres ordres avaient la prétention de continuer leur injuste domination. S'il ne se croit pas un mérite suffisant pour représenter ses compatriotes, il croit pouvoir du moins leur donner de sages conseils et mettre au jour quelques idées utiles dans une aussi grave circonstance : « J'ai un cœur droit, une âme ferme ; je n'ai jamais su plier sous le joug de la bassesse et de la corruption… Si l'on a un reproche à me faire, c'est celui de n'avoir jamais su déguiser ma façon de penser, de n'avoir jamais dit : Oui, lorsque ma conscience me criait de dire : Non… ; de n'avoir jamais fait ma cour aux puissances de mon pays, dont je me suis toujours cru indépendant, quelques efforts que l'on ait tentés pour me persuader qu'il n'en coûte rien pour se présenter, en se courbant, dans l'antichambre d'un grand, que particulier l'on n'aime pas, que citoyen on déteste. Voilà, mes chers compatriotes, l'homme qui va vous parler. Voici ce qu'il a à vous dire : Vous allez avoir à nommer des représentants, et sûrement vous y avez déjà pensé. Vous allez confier à un petit nombre d'entre vous vos libertés, vos droits, vos intérêts les plus précieux ; sans doute vous vous proposez de les remettre en des mains pures ; mais quels soins, quelle vigilance vous devez apporter pour apercevoir la plus légère tache qui aurait pu les flétrir ! Prenez-y garde, le choix est difficile ; il m'épouvante lorsque j'entreprends l'énumération des vertus que doit avoir un représentant du tiers état. » Suit alors la longue énumération des qualités requises : la plus scrupuleuse probité ; une élévation d'âme peu commune et n'ayant pas attendu les circonstances présentes pour se développer tout à coup ; une inébranlable fermeté ; une indépendance absolue ; de grandes vues ; un coup d'œil pénétrant, sachant découvrir dans le lointain les vérités utiles ; le talent nécessaire pour défendre et faire triompher ces vérités ; l'éloquence du cœur, sans laquelle on n'arrive pas à persuader. Il faut enfin que l'élu de la nation soit incapable de rétrograder, se montre inabordable à toutes les séductions, soit incorruptible, en un mot. « Incorruptible ! c'est le nom dont lui-même il sera bientôt universellement baptisé ; et, il faut bien le reconnaître, ces qualités exquises dont il exige qu'un représentant du peuple soit pourvu, il les posséda toutes au plus haut degré. » (HAMEL, *Histoire de Robespierre.*)

« Défiez-vous, » ajoutait-il, « du patriotisme de fraîche date, de ceux qui vont partout prônant leur dévouement intéressé, et des hypocrites qui vous méprisaient hier et qui vous flattent aujourd'hui pour vous trahir demain. Interrogez la conduite passée des candidats : elle doit être le garant de leur conduite future. Pour servir dignement son pays,

Maximilien de Robespierre

il faut être pur de tout reproche. » Quant à lui, s'il n'était besoin que
d'être animé du sincère amour du peuple et de la ferme volonté de le
défendre, il pourrait aussi aspirer en secret à la gloire de représenter
ses concitoyens, mais son insuffisance lui commande la modestie ; il se
borne donc à former des vœux pour le bonheur de la France. Ces vœux,
dit-il en terminant par un mot où l'on peut déjà deviner le Robespierre
de la Convention, ces vœux, « l'*Être suprême* les entendra ; il en connaît
la ferveur et la sincérité ; je dois espérer qu'il les exaucera. »

La première réunion électorale du tiers état de la ville d'Arras eut lieu
le lundi 27 mars. Elle fut très-orageuse. Les officiers municipaux qui
étaient présents, et dont les pouvoirs avaient été vivement contestés,
donnèrent leur démission dans la soirée. On s'était plaint surtout de ce
que quelques-uns d'entre eux avaient pénétré dans l'assemblée, quoique
appartenant à l'ordre de la noblesse. Le duc de Guines, gouverneur de
la province, arrêta, afin de calmer l'effervescence des esprits, que les
seuls membres de l'échevinage, faisant partie du tiers état, auraient
droit d'assister aux réunions suivantes. La séance du lendemain fut
plus paisible ; mais, sur la motion d'un membre, on décida qu'on
demanderait une loi aux états généraux, afin que les officiers municipaux
fussent désormais nommés directement par les communes. L'assemblée
électorale du tiers état de la ville d'Arras termina ses opérations le 30
mars, fort avant dans la nuit, par la nomination de vingt-quatre députés
ou plutôt électeurs du second degré, au nombre desquels figurait
Robespierre qui avait pris une part active aux discussions de ces quatre
jours.[1]

Il a raconté lui-même toutes les scènes dont cette assemblée fut
le théâtre, dans une brochure intitulée : *Les Ennemis de la patrie*,
démasqués par le récit de ce qui s'est passé dans les assemblées du
tiers état de la ville d'Arras, in-8° de 58 pages. C'est le récit de toutes
les intrigues dont usèrent les gens de la noblesse pour exclure les
candidats démocratiques. On y lit entre autres choses qui caractérisent
bien l'homme « Ô citoyens ! la patrie est en danger ; des ennemis
domestiques plus redoutables que les armées étrangères trament en
secret sa ruine. Volons à son secours, et rallions tous ses défenseurs
au cri de l'honneur, de la raison et de l'humanité… Que m'importe
que, fondant sur leur multitude ou sur leurs intrigues l'espoir de nous

---

1 Au scrutin pour l'élection des députés du tiers-état aux états généraux, ouvert le 24
avril, Robespierre fut élu le cinquième.

replonger dans tous les maux dont nous voulons nous délivrer, ils méditent déjà de changer en martyrs tous les défenseurs du peuple ! Fussent-ils assez puissants pour m'enlever tous les biens qu'on envie, me raviront-ils mon âme et la conscience du bien que j'aurai voulu faire?[1] ... »

C'est Étienne Dumont, de Genève, qui dans ses *Souvenirs sur les deux premières Assemblées législatives* rapporte le début oratoire de Robespierre aux États généraux. Dans les débats qui s'élevèrent au

---

1 M. Ernest Hamel rapporte que, quelque temps avant l'ouverture du scrutin, ayant à plaider la cause d'un malheureux qui avait été longtemps enfermé à la sollicitation de ses parents, il prit texte de cette affaire pour réclamer hautement la complète abolition des lettres de cachet. Puis, traçant par avance le tableau des bienfaits que, selon lui, la nation était en droit d'attendre des prochains états-généraux, il s'écriait, en s'adressant au roi lui-même, et après avoir dicté en quelque sorte les principes fondamentaux du nouveau droit des Français : « Oh ! quel jour brillant, sire, que celui où ces principes, gravés dans le cœur de Votre Majesté, proclamés par sa bouche auguste recevront la sanction inviolable de la plus belle nation de l'Europe ; ce jour où, non content d'assurer ce bienfait à votre nation, vous lui sacrifierez encore tous les autres abus, source fatale de tant de crimes et de tant de maux... Conduire les hommes au bonheur par la vertu et à la vertu par une législation fondée sur les principes immuables de la morale universelle, et faite pour rétablir la nature humaine dans tous ses droits et sa dignité première ; renouer la chaine immortelle qui doit unir l'homme à Dieu et à ses semblables, en détruisant toutes les causes de l'oppression et de la tyrannie, qui sème sur la terre la crainte, l'orgueil, la défiance, la bassesse, l'égoïsme, la haine, la cupidité et tous les vices qui entraînent l'homme loin du but que le législateur éternel avait assigné à la société ; voilà, sire, la glorieuse entreprise à laquelle il vous a appelé. » — Ce discours fut publié en brochure :*Mémoire pour le sieur Louis-Marie-Hyacinthe Dupond, détenu pendant douze ans dans une prison, en vertu d'une lettre de cachet, interdit durant sa captivité, spolié par suite de vexations qui embrassent le cours de plus de vingt ans, Arras, 1789, in-4° de 93 pages. — On a pareillement de Robespierre, avocat à Arras ; Plaidoyers pour le sieur de Vissery de Bois-Valé, appelant d'un jugement des échevins de Saint-Omer, qui avait ordonné la destruction d'un paratonnerre élevé sur sa maison,* imprimés en 1783, avec cette épigraphe, tirée de Lemierre :

L'usage appuyé sur le temps

Et les préjugés indociles

Ne se retire qu'à pas lents

Devant les vérités utiles.

Mémoire pour François Deteuf, demeurant au village de Marchiennes, contre les grand prieur et religieux de l'abbaye d'Auchin, Arras, 1784, in-8° de 21 pages.

Maximilien de Robespierre

sujet de la prétention de la noblesse et du clergé de vérifier isolément les pouvoirs, l'archevêque d'Aix, pour détourner l'attention publique, et pour obtenir par surprise une réunion des ordres, était venu dans la salle du tiers s'apitoyer sur les malheurs du peuple et il invita les communes à envoyer quelques députés pour conférer avec ceux du clergé et de la noblesse sur les moyens d'adoucir le sort des indigents.

» Les communes qui voulaient garder leur immobilité, poursuit Étienne Dumont, sentirent le piège, et n'osaient pas rejeter ouvertement une proposition dont le refus pouvait les compromettre aux yeux de la multitude. Un député prit la parole et renchérit sur le sentiment du prélat en faveur de la classe indigente ; mais il jeta un doute avec adresse sur les sentiments du clergé : « Allez, dit-il à l'archevêque, et dites à vos collègues que, s'ils ont tant d'impatience à soulager le peuple, ils viennent se joindre dans cette salle aux amis du peuple, dites-leur de ne plus retarder nos opérations par des délais affectés ; dites-leur de ne plus employer de petits moyens pour nous faire abandonner les résolutions que nous avons prises ; ou plutôt, ministres de la religion, dignes imitateurs de votre maître, renoncez à ce luxe qui vous entoure, à cet éclat qui blesse l'indigence ; reprenez la modestie de votre origine ; renvoyez ces laquais orgueilleux qui vous escortent, vendez ces équipages superbes, et convertissez ce vil superflu en aliments pour les pauvres. » À ce discours qui entrait si bien dans les passions du moment, il se fit, non pas un applaudissement qui aurait été une bravade, mais un murmure confus beaucoup plus flatteur. On demandait partout quel était l'orateur ; il n'était pas connu, et ce ne fut qu'après quelques moments de recherche qu'on fit circuler dans la salle et les galeries un nom, qui trois ans après, faisait trembler toute la France : c'était Robespierre ».[1]

Dans le compte rendu de la séance du 20 juillet 1789, le *Moniteur* fait mention pour la première fois du nom de Robespierre. Lally-Tollendal,

---

[1] Étienne Dumont a laissé de Robespierre, dans ses *Souvenirs,* un portrait qui n'est point flatté : « Il avait un aspect sinistre, il ne regardait point en face, il avait dans les yeux un clignotement continuel et pénible… Je le pressai de prendre la parole ; il me dit qu'il avait une timidité d'enfant, qu'il tremblait toujours en s'approchant de la tribune. » On peut rapprocher de ce jugement celui de madame de Staël : « J'ai causé une fois avec lui chez mon père, en 1789, lorsqu'on ne le connaissait que comme un avocat de l'Artois, très-exagéré dans ses principes démocratiques. Ses traits étaient ignobles, son teint pâle, ses veines d'une couleur verte ; il soutenait les thèses les plus absurdes avec un sang-froid qui avait l'air de la conviction. »

après avoir dénoncé les scènes de violence dont plusieurs provinces avaient été le théâtre, proposait d'adresser au peuple une proclamation pour lui rappeler les bienfaits du roi, et l'inviter à ne plus troubler la paix publique. Robespierre se leva pour combattre cette motion :

« Il faut aimer la paix, » dit-il, « mais aussi il faut aimer la liberté ! On parle d'émeute ! mais, avant tout, examinons la motion de M. Lally. Je la trouve déplacée, parce qu'elle est dans le cas de faire sonner le tocsin. Déclarer d'avance que des hommes sont coupables, qu'ils sont rebelles, est une injustice. Elle présente des dispositions facilement applicables à ceux qui ont servi la liberté et qui se sont soulevés pour repousser une terrible conjuration de la cour. »

Son opinion fut soutenue par Buzot, et l'Assemblée ne vota la motion de Lally-Tollendal qu'avec de profondes modifications.[1]

Année 1789.

_____

[1] Dans ce même mois de juillet, tombèrent sous les coups du peuple, les murs de l'ancienne Bastille. On peut penser que la nouvelle en fut accueillie avec satisfaction par Robespierre. Cependant, à cette époque, il ne désespérait pas de pouvoir concilier la cause populaire avec celle de la vieille monarchie. Quand le roi, accompagné de ses deux frères, vint sans escorte déclarer à l'Assemblée nationale, qu'il se fiait à elle, Robespierre ne fut pas un des moins enthousiastes à l'acclamer. « Nous le reçûmes avec des applaudissements incroyables, écrit-il à un de ses amis dans une lettre que cite M. Hamel ; et le monarque fut reconduit de la salle nationale à son château, avec des démonstrations d'enthousiasme et d'ivresse qu'il est impossible d'imaginer. » — Le 17 juillet, Louis XVI s'étant décidé à se rendre au désir des Parisiens, et à aller visiter sa bonne ville de Paris, il fut au nombre des députés chargés d'accompagner le roi et y entra avec lui à l'hôtel de ville, où, raconte-t-il dans la même correspondance, le président du corps électoral, Moreau de Saint-Méry, lui adressa ces paroles libres dans un discours flatteur : « Vous deviez votre couronne à votre naissance, vous ne la devez plus qu'à vos vertus et à la fidélité de vos sujets. » Il déclare aussi, avec complaisance, qu'on prodigua au monarque les démonstrations de joie et de tendresse les plus expressives. — Robespierre ne retourna pas à Versailles avec le roi : il resta à Paris, et voulut aller visiter la Bastille qu'on venait de livrer à la pioche des démolisseurs : « J'ai vu la Bastille, écrit-il ; j'y ai été conduit par un détachement de cette bonne milice bourgeoise qui l'avoit prise ; car après que l'on fut sorti de l'hôtel de ville, le jour du voiage du roi, les citoyens armés se fesoient un plaisir d'escorter par honneur les députés qu'ils rencontroient, et ils ne pouvoient marcher qu'aux acclamations du peuple. Que la Bastille est un séjour délicieux, depuis qu'elle est au pouvoir du peuple, que ses cachots sont vuides, et qu'une multitude d'ouvriers travaillent sans relâche à démolir ce monument odieux de la tyrannie ! Je ne pouvois m'arracher de ce lieu, dont la vue me donne plus que des sensations de plaisir, et des idées de liberté à tous les citoyens. »

Maximilien de Robespierre

Séance du 25 juillet. — Des dépêches du comte d'Artois saisies sur le baron de Castelnau, ministre de France à Genève, avaient été envoyées par le maire de Paris, Bailly, au président de l'Assemblée. L'inviolabilité du secret des lettres, défendue par Mirabeau, est combattue par Robespierre. « Sans doute, dit-il, les lettres sont inviolables ; mais lorsque toute une nation est en danger, lorsqu'on trame contre sa liberté, ce qui est un crime dans un autre temps devient une action louable… Les ménagements pour les conspirateurs sont une trahison envers le peuple. »[1]

Séance du 31 juillet. — Il s'oppose à l'amnistie de Bézenval.

« Je réclame dans toute leur rigueur les principes qui doivent soumettre les hommes suspects à la nation, à des jugements exemplaires. Voulez-vous calmer le peuple ? parlez-lui le langage de la justice et de la raison, qu'il soit sûr que ses ennemis n'échapperont pas à la vengeance des lois, et les sentiments de la justice succéderont à ceux de la haine. »

Séance du 24 août. — Dans les discussions sur la déclaration des droits, il revendique vigoureusement la liberté de la presse : « Vous ne devez pas balancer à déclarer franchement la liberté de la presse. Il n'est jamais permis à des hommes libres de prononcer leurs droits d'une manière ambiguë… La liberté de la presse est une partie inséparable de celle de communiquer ses pensées. »

Séance du 26 août — « M. *Robert-Pierre*,[2] dit le *Point du jour*, (journal rédigée par Barère), en rendant compte de cette séance, a représenté avec énergie des principes très-vrais sur le droit qu'a la nation de faire seule la loi de l'impôt. »

---

1 « Il est juste d'observer qu'en une autre circonstance, le 28 janvier 1791, Robespierre se fit le défenseur du secret des lettres. Il s'agissait de papiers destinés à divers départements, et renvoyés au président de l'Assemblée, comme contenant des attaques contre la représentation nationale. « Comment sait-on, s'écria Robespierre, que ce sont des écrits contre l'Assemblée nationale ? on a donc violé le sceau des cachets ? c'est un attentat contre la foi publique. » — À ce propos M. Hamel, dans son *Histoire de Robespierre*, s'élève très amèrement contre les affirmations de quelques historiens, que Robespierre aurait conseillé dès 1789 la violation du secret des lettres. Des deux opinions contradictoires que nous venons de citer, il résulte du moins qu'il n'avait pas à cet égard des principes fort arrêtés, et qu'il était disposé à passer outre toutes les fois que cela pouvait paraître utile. C'est bien là l'esprit de la jurisprudence qui est encore suivie aujourd'hui.

2 Le nom de Robespierre est assez communément défiguré dans les journaux du temps : les uns l'appellent *Robert-Pierre*, les autres *Robertspierre*, d'autres *Robetz-Pierre*.

« La nation, avait dit Robespierre, n'a pas seulement le droit de consentir l'impôt ; elle a encore celui de le répartir, de veiller a son emploi et de s'en faire rendre compte ; » et il avait proposé la rédaction suivante de l'article constitutionnel sur ce point : « Toute contribution publique étant une portion des biens des citoyens mise en commun pour subvenir aux dépenses de la sûreté publique, la nation seule a le droit d'établir l'impôt, d'en régler la nature, la quotité, l'emploi et la durée. »

Séance du 11 septembre. — Robespierre appuie, « avec beaucoup de force et d'éloquence, » dit le *Moniteur*, la motion de Lepelletier de Saint-Fargeau, que les pouvoirs des représentants du peuple n'excèdent pas une année : « Dans une grande monarchie, le peuple ne peut exercer sa toute-puissance qu'en nommant ses représentants ; il est juste que le peuple les change souvent ; rien n'est plus naturel que ce désir d'exercer ses droits, de faire connaître ses sentiments, de recommander souvent son vœu. Ce sont là les bases de la liberté. »

Octobre, — La discussion sur le *veto* ayant été close avant que son tour de parole fût venu, Robespierre fit imprimer le discours qu'il avait préparé à cette occasion. Il s'y prononce contre toute espèce de *veto* soit absolu, soit suspensif :

« Celui qui dit qu'un homme a le droit de s'opposer à la loi dit que la volonté d'un seul est au-dessus de la volonté de tous. Il dit que la nation n'est rien, et qu'un seul homme est tout. S'il ajoute que ce droit appartient à celui qui est revêtu du pouvoir exécutif, il dit que l'homme établi par la nation pour faire exécuter les volontés de la nation a le droit de contrarier et d'enchaîner les volontés de la nation ; il a créé un monstre inconcevable en morale et en politique, et ce monstre n'est autre chose que le veto royal. » Nous remarquons dans ce discours cette définition de la monarchie : « Le mot *monarchie*, dans sa véritable signification, exprime uniquement un État où le pouvoir exécutif est confié à un seul. Il faut se rappeler que les gouvernements, quels qu'ils soient, sont établis par le peuple et pour le peuple ; que tous ceux qui gouvernent, et par conséquent les rois eux-mêmes, ne sont que les mandataires et les délégués du peuple. »

Séance du 21 octobre. — Il s'oppose à la loi martiale, et il demande la création d'un tribunal national, dont les membres seront pris dans le sein même de l'Assemblée, pour juger les crimes commis envers la nation.

Maximilien de Robespierre

Séance du 22 octobre. — Il s'oppose au décret du marc d'argent qui fait dépendre la qualité de citoyen actif, c'est-à-dire d'électeur et d'éligible, du payement d'une contribution directe de la valeur de trois journées de travail, — et il réclame le suffrage universel : « Tous les citoyens, quels qu'ils soient, ont droit de prétendre à tous les degrés de représentation… La constitution établit que la souveraineté réside dans le peuple, dans tous les individus du peuple, chaque individu a donc droit de concourir à la loi par laquelle il est obligé, et à l'administration de la chose publique qui est la sienne. Sinon il n'est pas vrai que les hommes sont égaux en droits, que tout homme est citoyen. »

Séance du 18 novembre. — Il demande que le nombre des membres de l'Assemblée administrative de chaque département soit porté à quatre-vingts au lieu de trente-six, chiffre proposé par le comité de constitution. « Un peuple qui veut se régénérer, » disait-il, « et qui veut fonder sa liberté sur les ruines de toutes les aristocraties, doit avoir des assemblées nombreuses pour que ses représentants soient plus impartiaux. »

En vertu du même principe, il voulait que l'on portât à mille le nombre des députés aux Assemblées nationales.

Séance du 19 novembre. — Les états du Cambrésis avaient pris un arrêté séditieux par lequel ils révoquaient les députés de la province. Quelques députés voulaient qu'on déférât les auteurs de cet acte à la justice. Robespierre est d'avis que les états se sont montrés plus ignorants que coupables : « Ils n'ont pu se dépouiller encore des préjugés gothiques dans lesquels ils ont vécu ; les sentiments de justice et d'honneur, la raison et le patriotisme n'ont pas encore pénétré jusqu'à eux. Ce sont des orgueilleux qu'il faut humilier, des ignorants qu'il faut instruire. Je vous propose donc d'inviter les députés des communes du Cambrésis, ses véritables défenseurs, à écrire aux membres des états une lettre capable de dissiper leur ignorance, de les rappeler aux sentiments patriotiques et aux idées raisonnables. »

Séances du 14 décembre 1789 et du 16 janvier 1790. — Il prend la défense des habitants de Toulon qui s'étaient révoltés contre le commandant d'Albert de Rioms et l'avaient mis au cachot : « M. d'Albert de Rioms ayant manifesté des principes contraires à ceux de la Révolution et s'étant permis des procédés contraires aux droits de la liberté publique, la conduite des habitants de Toulon offre le caractère d'une résistance légitime contre l'oppression. »

Séance du 23 décembre. — Il se fait le défenseur contre l'abbé Maury des non-catholiques, juifs et protestants, et des comédiens, et soutient leur aptitude à occuper des fonctions municipales et à siéger au sein de la représentation nationale : « Les comédiens mériteront davantage l'estime publique quand un absurde préjugé ne s'opposera plus à ce qu'ils l'obtiennent ; alors les vertus des individus contribueront à épurer les spectacles, et les théâtres deviendront des écoles publiques de principes, de bonnes mœurs et de patriotisme… On vous a dit sur les Juifs des choses infiniment exagérées et souvent contraires à l'histoire. Les vices des Juifs naissent de l'avilissement dans lequel vous les avez plongés ! Ils seront bons quand ils pourront trouver quelque avantage à l'être… Je pense qu'on ne peut priver aucun des individus de ces classes, des droits sacrés que leur donne le titre d'hommes. Cette cause est la cause générale ; il faut décréter le principe ! »

ANNÉE 1790.

Séance du 18 janvier, — Il appuie la motion de M. de la Salcette de réduire tous les ecclésiastiques bénéficiaires au revenu de 3,000 livres : « Les biens ecclésiastiques appartiennent au peuple. Demander aux ecclésiastiques des secours pour le peuple, c'est ramener ces biens à leur propre destination. »

Séance du 25 janvier. — Il proteste de nouveau contre le décret du marc d'argent, à propos des difficultés que subit l'exécution de ce décret, dans diverses provinces.

Séance du 22 février. — Le comité de constitution avait présenté un projet de loi contenant des mesures rigoureuses contre les officiers municipaux qui, dans les cas d'attroupements séditieux, auraient, par négligence ou par faiblesse, omis de proclamer la loi martiale. Robespierre s'élève très-vivement contre l'aggravation implicite de la loi martiale contenue dans ce projet : « Il faut qu'on me pardonne de n'avoir pu concevoir encore comment la liberté pourrait être établie ou consolidée par le terrible exercice de la force militaire, qui fut toujours l'instrument dont on s'est servi pour l'opprimer, et de n'avoir pu concilier encore des mesures si arbitraires, si dangereuses avec le zèle et la sage défiance qui doivent caractériser les auteurs d'une révolution fatale au despotisme. Je n'ai pu oublier encore que cette révolution n'était autre chose que le combat de la liberté contre le pouvoir ministériel et aristocratique. Je n'ai point oublié que c'était par la terreur des armes que l'un et l'autre avaient retenu le peuple dans l'oppression, que c'était en punissant tous ses murmures et les réclamations même des individus, comme des actes de révolte, qu'ils ont prolongé pendant des siècles l'esclavage de la nation, honoré alors du nom d'ordre et de tranquillité. »

Sans doute les troubles dénoncés sont regrettables. Mais les faits n'ont-ils pas été exagérés ? Et la fermentation n'est-elle pas entretenue par les partisans de l'aristocratie ? « Qu'on ne vienne donc pas calomnier le peuple ! J'appelle le témoignage de la France entière : je laisse ses ennemis exagérer les voies de fait, s'écrier que la Révolution a été signalée par des barbaries : moi j'atteste tous les bons citoyens, tous les amis de la raison, que jamais Révolution n'a coûté si peu de sang et de cruautés. Vous avez vu un peuple immense, maître de sa destinée, rentrer dans l'ordre au milieu de tous les pouvoirs abattus, de ces pouvoirs qui l'ont opprimé pendant tant de siècles ; sa douceur, sa modération inaltérables ont seules déconcerté les manœuvres de ses ennemis, et on l'accuse devant ses représentants ! »

Séance du 19 février. — Robespierre attaque la parcimonie du comité ecclésiastique dans le règlement des pensions faites aux moines dépossédés de leurs biens.

Séance du 23 février. — Il s'oppose à l'emploi de la force armée pour le recouvrement des impôts.

Séance du 13 mars. — Il réclame la mise en liberté immédiate des prisonniers retenus par des lettres de cachet : « Si quelque chose peut nous affecter, c'est le regret de siéger depuis six mois sans avoir encore prononcé la liberté de ces malheureuses victimes du pouvoir arbitraire. »[1]

Séance du 26 mars. — Il parle contre la contribution patriotique.

Séance du 29 mars.[2] — Il s'oppose à l'envoi de commissaires du roi

---

[1] Revenant dans la séance du 16 mars sur la position des prisonniers détenus par lettres de cachet, Robespierre emploie pour les désigner une expression pittoresque : « ceux qui ont été *escamotés* par le despotisme. »

[2] Robespierre jouissait dès cette époque d'une certaine popularité. La société des Amis de la constitution, autrement dit le club des Jacobins, venait de le nommer à l'unanimité, son président. Il écrivait à ce propos à un de ses amis (1er avril) : Je trouve un dédommagement suffisant de la haine aristocratique, qui s'est attachée à moi dans les témoignages de bienveillance dont m'honorent tous les bons citoyens. Je viens

dans les provinces et veut qu'on laisse les municipalités s'organiser librement : « De cette organisation dépend, on peut le dire, le triomphe des principes proclamés par l'Assemblée nationale, et la solidité de son ouvrage. »

Séance du 20 avril. — Il réclame l'établissement du jury en toute matière, au civil aussi bien qu'au criminel. — Un député ayant demandé : « Avant de discuter, qu'on me définisse donc ce que c'est que des jurés ? » — Ce fut Robespierre qui se chargea de lui répondre : « D'après tout ce qui a été dit, il semble que pour fixer l'opinion il suffit de répondre à la question du préopinant en définissant l'essence et en déterminant le principal caractère de la procédure par juré. Supposez donc, à la place de ces tribunaux permanens auxquels nous sommes accoutumés, et qui prononcent à la fois sur le fait et sur le droit, des citoyens jugeant le fait et des juges appliquant ensuite la loi. D'après cette seule définition, on saisira aisément la grande différence qui se trouve entre les jurés et les différentes institutions qu'on voudrait vous proposer. Les juges des tribunaux permanens, investis pour un temps du pouvoir terrible de juger, adopteront nécessairement un esprit de corps d'autant plus redoutable que, s'alliant avec l'orgueil, il devient le despotisme. Il est trop souvent impossible d'obtenir justice contre des magistrats en les attaquant soit comme citoyens, soit comme juges. Quand ma fortune dépendra d'un juré, je me rassurerai en pensant qu'il rentrera dans la société ; je necraindrai plus le juge qui, réduit à appliquer la loi, ne pourra jamais s'écarter de la loi : je regarde donc comme un point incontestable que les jurés sont la base la plus essentielle de la liberté ; sans cette institution je ne puis croire que je sois libre, quelque belle que soit votre constitution.

» Tous les opinans adoptent l'établissement des jurés au criminel. Eh ! quelle différence peut-on trouver entre les deux parties distinctes de notre procédure ? Dans l'une, il s'agit de l'honneur et de la vie ; dans l'autre, de l'honneur et de la fortune. Si l'ordre judiciaire au criminel sans jurés est insuffisant pour garantir ma vie et mon honneur, il l'est également au civil, et je réclame les jurés pour mon honneur et pour ma fortune. On dit que cette institution au civil est impossible : des hommes qui veulent être libres et qui en ont senti le besoin sont

---

d'en recevoir un récent de la société des Amis de la constitution, composée de tous les députés patriotes de l'Assemblée nationale et des plus illustres citoyens de la capitale ; ils viennent de me nommer président de cette société… »

Maximilien de Robespierre

capables de surmonter toutes les difficultés ; et s'il est une preuve de la possibilité d'exécuter l'institution qu'on attaque, je la trouve dans cette observation que beaucoup d'hommes instruits ont parlé dans cette affaire sans présenter une objection soutenable ! Peut-on prouver qu'il est impossible de faire ce que l'on fait ailleurs, qu'il est impossible de trouver des juges assez éclairés pour juger des faits ? Mais partout, malgré la complication de nos lois, malgré tous nos commentaires, les faits sont toujours des faits ; toute question de fait sur une vente se réduira toujours à ce point : La vente a-t-elle été faite ? (*Murmures.*) J'éprouve en ce moment même que l'on confond encore le fait et le droit. Quelle est la nature de la vente ? Voilà ce qui appartient à la loi et aux juges. N'avez-vous pas vendu ? Cette question appartient aux jurés… Quoi ! vous voulez donc que le bon sens, que la raison soit exclusivement affecté aux hommes qui portent une certaine robe ? »

Séance du 18 avril. — À propos de troubles survenus à Saint-Jean-de-Luz, il renouvelle ses protestations contre le décret du marc d'argent, qui tendrait à établir l'aristocratie pure dans les municipalités.

Séance du 20 avril. — Il réclame la liberté illimitée de la chasse, le droit de chasse n'étant point une faculté dérivant de la propriété, — sauf les mesures à prendre dans l'intérêt des récoltes et de la sûreté publique.

Séance du 28 avril. — Le décret sur l'organisation des conseils de guerre se bornait, dans ses principales dispositions, à rendre la procédure publique et à donner un conseil à l'accusé. Robespierre demandait une réforme plus radicale : il veut que les conseils de guerre soient composés d'un nombre égal de soldats et d'officiers, afin que les soldats soient vraiment jugés par leurs pairs.

Séance du 3 mai. — Le comité de constitution pensait que la permanence des districts, qui était une cause d'agitation et de désordre, avait perdu sa raison d'être par l'organisation municipale. Robespierre soutint vivement la permanence des districts : « Dans cette ville, le séjour des principes et des factions opposés, il ne faut pas se reposer sur la ressource des moyens ordinaires contre ce qui pourrait menacer la liberté… Qui de vous pourrait nous garantir que sans la surveillance active des sections on n'aurait pas employé des moyens plus efficaces pour ralentir vos opérations ? » Mirabeau, qui répondit à Robespierre, lui reprocha d'avoir apporté à la tribune un zèle plus patriotique que réfléchi : « Ne prenez pas, dit-il, l'exaltation des principes pour le sublime des principes. »

Séance des 15 et 18 mai. — Dans la discussion sur le droit de décider la paix ou la guerre, Robespierre est d'avis que ce droit appartient aux représentants de la nation. Le roi, fit-il observer, n'est pas le représentant, mais le *commis* de la nation. Ce mot soulève une tempête formidable et plusieurs membres du côté droit demandent le rappel à l'ordre de l'orateur. Robespierre dit qu'il n'a pas voulu manquer de respect à la majesté royale : il a voulu direseulement que le roi était chargé d'exécuter la volonté générale, et qu'on ne représente la nation que quand on est spécialement chargé par elle d'exprimer sa volonté. Il ajoute à ce motif une autre considération : Le roi sera toujours tenté de déclarer la guerre pour augmenter sa prérogative : les représentants de la nation auront toujours un intérêt direct et même personnel à empêcher la guerre. Dans un instant, ils vont rentrer dans la classe de citoyens, et la guerre frappe sur tous les citoyens.

Séance du 25 mai. — Robespierre émet l'opinion que le tribunal de cassation ne soit pas distinct du corps législatif, mais placé dans ce corps même. Un tribunal de cassation n'est point un tribunal judiciaire : il ne juge point sur le fond des procès. Au Corps-Législatif seul appartient le droit de maintenir la législation et sa propre autorité, soit par cassation, soit autrement.

Séance du 31 mai. — Robespierre appuie le plan du comité ecclésiastique sur la constitution civile du clergé. Il y a, à ses yeux, entre l'institution civile et l'institution religieuse des rapports nécessaires : « Les prêtres sont, dans l'ordre social, des magistrats destinés au maintien et au service du culte. » De cette notion découle tout son système, qu'il expose en trois points : 1°. On ne devait conserver en France dans l'ordre ecclésiastique, que les évêques et les curés : 2° le peuple devrait élire ses pasteurs comme il nommait ses autres magistrats ; 3°. Les traitements accordés aux évêques et aux curés devraient êtres subordonnés à l'intérêt général, et non au désir d'enrichir ceux qui se destinaient aux fonctions ecclésiastiques. Enfin il terminait en demandant l'abolition du célibat ecclésiastique. Il faut, dit-il « donner à ces magistrats, à ces officiers ecclésiastiques, des motifs qui unissent plus particulièrement leur intérêt à l'intérêt public. Il est donc nécessaire de les attacher à la société par tous les liens… » Mais ici il est interrompu par des murmures et des applaudissements, et il ne peut achever de développer ses idées sur cette matière.

Séance du 9 Juin. — Il combat la proposition qui voulait confier l'élection des évêques au clergé de chaque département convoqué en synode. Chargés de fonctions publiques relatives au culte et à la morale, au même titre que les autres fonctionnaires, les évêques, dans son opinion, devaient comme eux être nommés par le peuple à qui il appartenait de déléguer tous les pouvoirs publics. Confier aux prêtres, comme ecclésiastiques, le soin d'élire leurs chefs, c'était rompre l'égalité des droits politiques, reconstituer le clergé en corps isolé, lui donner une importance politique particulière, c'était, en un mot, porter une atteinte révoltante à la constitution.

Séance du 16 Juin. — Il s'élève contre le traitement exagéré attribué aux évêques par le comité, et trouve que la somme de 12, 000 livres est une rétribution suffisante. On avait donné pour motif au traitement considérable attribué aux évêques les charités dont l'Église est la dispensatrice. Le vrai moyen de soulager les pauvres n'était pas, au sens de Robespierre, de remettre des sommes considérables aux ministres de la religion et de leur confier le soin de les répandre. Il appartenait au législateur de diminuer le nombre des malheureux au moyen de sages lois économiques, de bonnes mesures administratives ; mais faire dépendre du caprice et de l'arbitraire de quelques hommes la vie et le bonheur du peuple lui paraissait une souveraine imprudence : « La véritable bienfaisance consiste à réformer les lois antisociales, à assurer l'existence à chacun par des lois égales pour tous les citoyens sans distinction. »

Séance du 25 Juin. — Il réclame l'inviolabilité des représentants de la nation, à propos du décret rendu contre M. de Lautrec. « Pour que les représentants de la nation jouissent de l'inviolabilité, il faut qu'ils ne puissent être attaqués par aucun pouvoir particulier : aucune décision ne peut les frapper, si elle ne vient d'un pouvoir égal à eux, et il n'y a point de pouvoir de cette nature. Il n'existe qu'un pouvoir supérieur aux représentants de la nation, c'est la nation elle-même. Si elle pouvait se rassembler en corps, elle serait leur véritable juge... Si vous ne consacrez ces principes, vous rendez le corps législatif dépendant d'un pouvoir inférieur qui, pour le dissoudre, n'aurait qu'à décréter chacun de ses membres. Il peut le réduire à la nullité, et toutes ces idées si vraies, si grandes, d'indépendance et de liberté, ne sont plus que des chimères. Je conclus à ce qu'il soit déclaré qu'aucun représentant de la nation ne peut être poursuivi devant un tribunal, à moins qu'il ne soit intervenu un acte du corps législatif, qui déclare qu'il y a lieu à accusation. »

Séance du 28 Juin. — Robespierre invoque la justice de l'Assemblée en faveur des ecclésiastiques qui ont vieilli dans le ministère et qui, à la suite d'une longue carrière, n'ont recueilli de leurs longs travaux que des infirmités. Ils ont pour eux le titre d'ecclésiastique et quelque chose de plus, l'indigence. En conséquence, il demande qu'il soit pourvu à la subsistance des prêtres âgés de soixante-dix ans, n'ayant ni pensions ni bénéfices.

Séance du 19 Juin. — Il s'élève contre les projets supposés au ministère d'ourdir la guerre, et il s'oppose aux armements demandés à propos de troubles survenus dans la colonie de Tabago.

Séance du 3 juillet — Il s'oppose à la prise en considération de la proposition faite par quelques membres d'armer plusieurs frégates, pour protéger notre commerce et surveiller les intentions de nos voisins, sur le bruit qu'une flotte anglaise avait paru en mer. « On cherche de toutes parts les moyens de vous amener à un parti qui rendrait la guerre nécessaire, par ce qu'il est des gens qui l'envisagent comme le meilleur moyen de s'opposer à une révolution qui les désespère. »

Séance du 10 juillet. — Il appuie la demande faite par une députation d'Américains d'assister à la séance.

Séance du 28 juillet. — Il accuse les ministres, à l'occasion de la demande faite par l'Autriche pour le passage de ses troupes sur le territoire Français, et il demande qu'il soit fixé un jour pour s'occuper des moyens d'exterminer tous les ennemis de la révolution. Dans la même séance il combat la motion faite par Mirabeau de déclarer Condé traître à la patrie s'il ne désavoue son manifeste : Le prince de Condé était-il donc le seul qui eût donné des preuves d'opposition ? « Et s'il fallait un exemple exclusif, je le demande à tous les hommes impartiaux, faudrait-il tomber sur un homme qui, attaché par toutes les relations possibles aux abus de tous genres, n'a pas goûté nos principes ? »

Séance du 9 août. — Il s'oppose à la nomination du ministère public par le roi. « L'accusation individuelle est un acte public, tout délit qui attaque la société attaque la nation ; c'est donc à la nation à en poursuivre seule la vengeance, où à la poursuivre concurremment avec la partie lésée ; le pouvoir exécutif ne peut agir que quand les deux autres pouvoirs ont déterminé son action. Songez d'ailleurs au danger qui n'est pas imaginaire, de confier aux ministres ou à leurs agents une arme terrible qui frapperait sans cesse sur les vrais amis de la liberté. »

Maximilien de Robespierre

Séance du 19 août. — Il demande que les officiers de marine soient punis des mêmes peines que les soldats, et si on juge ces peines trop sévères pour les officiers, qu'on les supprime pour les soldats.

Séance du 23 août. — Il s'oppose à la mise en liberté de l'abbé de Barmond, accusé d'avoir favorisé l'évasion de Bonne-Savardin, agent des princes émigrés. Le discours prononcé à cette occasion par Robespierre, est remarquable, à cause de cette doctrine du salut public dominant tous les sentiments individuels : « Tout le monde sent trop que le salut public est la loi suprême. L'amitié ne consiste pas à partager les fautes d'un ami : le sentiment de l'humanité n'est pas relatif à un seul homme. Quand l'utilité générale rend nuisible à la société un service rendu à un individu, ce n'est point un bienfait pour cet individu, c'est une barbarie pour la société entière. J'en veux moins aux hommes qui, par un enthousiasme et une exagération romanesque, justifient leurs attachements à d'anciens principes qu'ils ne peuvent encore abandonner, qu'à ceux qui couvrent des desseins perfides sous les dehors du patriotisme et de la vertu. Examinons quel est le délit dont il s'agit aujourd'hui. Un accusé s'échappe et demande un asile. Sans doute il est innocent de s'être échappé : mais quels sont les devoirs de l'homme auquel il a recours ? Le sentiment de l'humanité lui défend de repousser celui qui s'est jeté dans ses bras et cet homme est plus près du vice que de la vertu, s'il dénonce celui qui est venu chercher un asile dans sa maison. Voyons s'il en est de même quand il s'agit d'un crime de lèse-nation : tout homme qui connaît un crime public, qui recèle son auteur, qui fait tout ce qui dépend de lui pour le soustraire à la vengeance des lois ne remplit pas ses devoirs de citoyen. Il compromet le salut de la patrie. » À cette occasion, Robespierre demande l'organisation d'un tribunal national pour juger les crimes de lèse-nation.

Séance du 31 août. — Il défend la garnison de Nancy.

Séance du 5 octobre. — Le parlement de Toulouse avait fait une protestation séditieuse contre le décret de l'Assemblée qui supprimait les parlements, « Cet arrêté, dit Robespierre, n'est qu'un acte de délire qui ne peut exciter que le mépris. L'Assemblée peut déclarer aux membres de l'ancien parlement de Toulouse qu'elle leur permet de continuer à être mauvais citoyens. » L'Assemblée ne se montra point aussi tolérante, et elle renvoya les auteurs de la protestation devant la haute cour nationale, sous la prévention de rébellion et de forfaiture.

Séance du 25 octobre. — Discours sur l'organisation de la haute cour nationale. Robespierre définit ainsi les crimes de lèse-nation qu'aura à juger le tribunal qu'il s'agit d'instituer. « Les crimes de lèse-nation sont des attentats commis directement contre les droits du corps social. Il en est de deux espèces ; ceux qui attaquent son existence physique, et ceux qui cherchent à vicier son existence morale. Ces derniers sont aussi coupables que les premiers. Celui qui attente à la liberté d'une nation, est autant son ennemi que celui qui voudrait la faire périr par le fer. Dans ce cas, ce n'est plus une nation, ce n'est plus un roi ; il n'y a que des esclaves et un tyran. Les crimes de lèse-nation sont rares quand la constitution de l'État est affermie parce qu'elle comprime de toutes parts, avec la force générale, les individus qui seraient tentés d'être factieux. Il n'y a alors que les hommes publics armés de grands pouvoirs qui puissent ruiner l'édifice de la liberté publique. C'est donc sur eux qu'il est utile de fixer surtout la défiance du tribunal. » — C'est au peuple seul qu'il appartient de nommer les juges chargés de cette mission, et il ne peut être donné au roi aucune influence sur eux.

Séance du 18 novembre. — L'ordre du jour ramène la discussion sur le tribunal de cassation. Robespierre, voyant l'Assemblée décidée à établir ce tribunal en dehors du corps législatif, demande au moins qu'il soit renouvelé souvent et en entier, pour le préserver autant que possible de l'esprit de corps.

Dans la même séance Robespierre prononce un discours important sur la réunion du Comtat Venaissin à la France. Il s'agissait de statuer sur la demande des Avignonnais qui, ayant brisé d'eux-mêmes l'autorité du saint siège, sollicitaient l'honneur d'entrer dans la grande famille française. Quelques objections étaient faites soit sur le droit de l'Assemblée à prononcer cette réunion, soit sur les conditions auxquelles elle pourrait avoir lieu. Robespierre établit le droit incontestable des peuples à changer la nature de leur gouvernement : « On a prétendu qu'Avignon ne faisait pas, ne pouvait pas faire un État séparé des autres États du pape. Quoi ! deux peuples n'en sont devenus qu'un, ont perdu leur indépendance mutuelle parce qu'ils ont choisi le même individu pour tenir les rênes de leur gouvernement ! les habitants d'Angleterre et de Hanovre, pour avoir le même roi, ne sont-ils pas deux peuples distincts ? Il semble que les peuples se confondent sous la main d'un même roi comme deux troupeaux sous la direction d'un même pasteur... Non, les peuples sont libres de choisir les mêmes chefs, et de rester indépendants entre eux. Il montre ensuite les raisons

Maximilien de Robespierre

économiques et politiques qui doivent faire accueillir cette réunion par la France. Enfin il repousse l'idée d'accorder aucune indemnité au pape :

« Il ne peut en être dû pour la perte d'une usurpation, et pour la cessation d'un long outrage fait au droit des nations et à l'humanité… Une longue puissance injuste exige plutôt une grande restitution qu'une indemnité (On applaudit.) »

Séance du 14 décembre. — Discours sur la suppression des offices ministériels et sur le droit de défense devant les tribunaux. Le comité de constitution avait eu l'idée de fondre ensemble les fonctions jadis attribuées aux procureurs et celles exercées par les avocats, et d'en investir, moyennant certaines conditions de stage, un petit nombre d'individus désignés dans chaque district par trois juges et deux hommes de lois. Robespierre combattit ce projet par un discours où prenant la question de haut, il proclame le droit qu'a tous citoyen de défendre ses intérêts en justice, soit par lui-même, soit par celui à qu'il voudra donner sa confiance. L'assemblée modifia en partie le projet de comité et rendit sur la proposition de Tronchet, un décret qui instituait des avoués auprès des tribunaux pour représenter les parties, et reconnaissait à celles-ci le droit de se défendre elles-mêmes ou d'employer le ministère d'un défenseur officieux.

Le discours de Robespierre est intéressant par les applications que l'on peut y trouver contre la corporation des avocats telle qu'elle a été rétablie en 1810 et telle qu'elle est encore organisée aujourd'hui : « À qui appartient le droit de défendre les intérêts des citoyens ? Aux citoyens eux-mêmes, ou à ceux en qui ils ont mis leur confiance. Ce droit est fondé sur les premiers principes de la raison et de la justice : il n'est autre chose que le droit essentiel et imprescriptible de la défense naturelle. S'il ne m'est pas permis de défendre mon honneur, ma vie, ma liberté, ma fortune par moi-même, quand je le veux et quand je le puis, et, dans le cas où je n'en ai pas les moyens, par l'organe de celui que je regarde comme le plus éclairé, le plus vertueux, le plus humain, le plus attaché à mes intérêts ; si vous me forcez à les livrer à une certaine classe d'individus que d'autres auront désignés, alors vous violez à la fois et cette loi sacrée de la nature et de la justice, et toutes les notions de l'ordre social, qui, en dernière analyse, ne peuvent reposer que sur elles… Ces principes sont incontestables. »

Robespierre rend hommage à l'ancien barreau, mais c'est pour mieux faire ressortir combien toutes les restrictions en cette matière sont contraires aux principes qui ont prévalu en 1789 : « Cette fonction seule échappa à la fiscalité et au pouvoir absolu du monarque. La loi tint toujours cette carrière libre à tous les citoyens ; du moins n'exigea-t-elle d'eux que la condition de parcourir un cours d'études faciles, ouvert à tout le monde, tant le droit de la défense naturelle paraissait sacré dans ce temps-là ? Aussi, en déclarant, sans aucune peine, que cette profession même n'était pas exempte des abus qui désoleront toujours les peuples qui ne vivront point sous le régime de la liberté, suis-je du moins forcé de convenir que le barreau semblait montrer encore les dernières traces de la liberté exilée du reste de la société ; que c'était là où se trouvait encore le courage de la vérité, qui osait réclamer les droits du faible opprimé contre les crimes de l'oppresseur puissant ; enfin ces sentiments généreux qui n'ont pas peu contribué à une révolution, qui ne s'est faite dans le gouvernement que parce qu'elle était préparée dans les esprits. Si la loi avait mis au droit de défendre la cause de ceux qui veulent nous la confier, une certaine restriction, en exigeant un cours d'études dégénéré presque entièrement en formalité, elle semblait s'être absoute elle-même de cette erreur par la frivolité évidente du motif... En dépit des maximes qui jusqu'à ce moment avaient paru le résultat d'une profonde sagesse, vous convenez tous que, sous aucun prétexte, pas même sous le prétexte d'ignorance, d'impéritie, la loi ne peut interdire aux citoyens la liberté de défendre eux-mêmes leur propre cause. » S'attaquant alors directement au plan de l'arrêté : « Voilà, continua-t-il, les privilèges que vous avez proscrits rétablis sur la ruine du droit le plus sacré de l'homme et du citoyen ; voilà, en dépit du décret qui proscrit jusqu'au costume des gens de loi, par la raison qu'ils ne doivent point former une classe particulière, voilà le corps des gens de loi récréé sous une forme beaucoup plus vicieuse que l'ancienne !... Chez quel peuple libre a-t-on jamais conçu l'idée d'une pareille institution ? Ces citoyens illustres qui, en sortant des premières magistratures, où ils avaient sauvé l'État, venaient devant les tribunaux sauver un citoyen opprimé, avaient-ils pris l'attache des édiles, ou des juges qu'ils venaient éclairer ? Les Romains avaient-ils des tableaux, des concours et des privilèges ? Quand Cicéron foudroyait Verrès, avait-il été obligé de postuler un certificat auprès d'un directoire et de faire un cours de pratique chez un homme de loi ? Oh ! les Verrès de nos jours peuvent être assez tranquilles ; car le système du comité n'enfantera pas des Cicérons. Ne vous y trompez pas, on ne va point à la liberté par des routes diamétralementopposées. Si le législateur ne se défend pas de la manie qu'on a reprochée au gouvernement, de vouloir tout régler, s'il veut donner à l'autorité ce qui appartient à la confiance individuelle, s'il veut faire lui-même les affaires des particuliers, et mettre pour ainsi dire les citoyens en curatelle, s'il veut se mettre à ma place pour choisir mon défenseur et mon homme de confiance, sous le prétexte qu'il sera plus éclairé que moi sur mes propres intérêts, alors, loin d'établir la liberté politique, il anéantit la liberté individuelle et appesantit à chaque instant sur nos têtes le plus ridicule et le plus insupportable de tous les jougs… Je conclus et je me borne à établir ce principe, qui me paraît devoir être l'objet actuel de votre délibération et de votre premier décret : « Tout citoyen a le droit de défendre ses intérêts en justice, soit par lui-même, soit par celui à qui il voudra donner sa confiance. »

Séance du 27 décembre. — Robespierre s'élève contre la disposition du plan du comité qui érige les officiers de la maréchaussée en magistrats de police. Il soutient qu'ils ne peuvent être que les exécuteurs des ordonnances de police, mais qu'ils ne peuvent avoir aucune initiative. À ce propos il présente des considérations élevées sur le caractère de la police, qu'il définit une *justice provisoire* :

« Le juge absout ou condamne ; le magistrat de police décide si un citoyen est assez suspect pour perdre provisoirement sa liberté et pour être remis sous la main de la justice : l'une et l'autre ont un objet commun, la sûreté publique ; leurs moyens diffèrent en ce que la marche de la police est soumise à des formes moins scrupuleuses, en ce que ses décisions ont quelque chose de plus expéditif et de plus arbitraire. Mais remarquez que l'une et l'autre doivent concilier, autant qu'il est possible, la nécessité de réprimer le crime avec les droits de l'innocence et de la liberté civile, et que la police même ne peut, sans crime, outre-passer le degré de rigueur ou de précipitation qui peut être absolument indispensable pour remplir son objet ; remarquez surtout que de cela même que la loi est obligée de laisser plus de latitude à la volonté et à la conscience de l'homme qu'elle charge de veiller au maintien de la police, plus elle doit mettre de soin et de sollicitude dans le choix de ce magistrat, plus elle doit chercher toutes les présomptions morales et politiques qui garantissent l'impartialité, le respect pour les droits du citoyen, l'éloignement de toute espèce d'injustice, de violence et de despotisme. « Ce danger, ce malheur de perdre la liberté avant d'être convaincu, et quoique l'on soit innocent, dit le rapporteur des deux comités, est un droit que tout citoyen a remis à la société, c'est un sacrifice qu'il lui doit. » Mais c'est précisément par cette raison qu'il faut prendre toutes les précautions possibles pour s'assurer que ce sera l'intérêt général, que ce sera le vœu et le besoin public, et non les passions particulières qui commanderont ces sacrifices et qui réclameront ce droit ; c'est-à-dire, pour ne pas faire d'une institution faite pour maintenir la sûreté des citoyens le plus terrible fléau qui puisse la menacer. Si ces principes sont incontestables, mon opinion est déjà justifiée.

« J'en tire déjà la conséquence que des officiers militaires ne doivent pas être magistrats de police : ce n'est que sous le despotisme que des fonctions aussi disparates, que des pouvoirs aussi incompatibles peuvent être réunis, ou plutôt cette réunion monstrueuse serait elle-même le despotisme le plus violent, c'est-à-dire le despotisme militaire... Il est surtout une garantie qu'il n'est pas permis de négliger, ajoute Robespierre ; c'est celle que vous avez vous même cherchée en exigeant que les fonctionnaires publics qui doivent décider des intérêts des citoyens soient nommés par le peuple. Quand les citoyens soumettent leur liberté aux soupçons, à la volonté d'un homme, la moindre condition qui puissent mettre à ce sacrifice, c'est sans doute qu'ils choisiront eux-mêmes cet homme-là ; or les officiers de la maréchaussée ne sont pas choisis par le peuple... Je cherche en vain, je l'avoue, conclut l'orateur, en quoi l'ancien régime était plus vicieux que celui-là ; je ne sais pas même s'il ne pourrait pas nous faire regretter jusqu'à la juridiction prévôtale, moins odieuse sous beaucoup de rapports, et qui parut un monstre politique, précisément parce qu'elle remettait dans les mêmes mains une magistrature civile et le pouvoir militaire. »

ANNÉE 1791.

Séance du 4 janvier. — Dans la discussion sur l'organisation des jurés, il réclame l'admission des preuves écrites : il veut que les dépositions des témoins soient rédigées par écrit, afin d'être plus facilement pesées et discutées par les jurés : il lui paraît périlleux que ceux-ci puissent statuer sur le sort d'un accusé d'après les traces fugitives que de simples déclarations verbales peuvent laisser dans leur esprit.

Maximilien de Robespierre

Séance du 13 janvier. — Il réclame la liberté des théâtres. « Rien ne doit porter atteinte à la liberté des théâtres... Ce n'est pas assez que beaucoup de citoyens puissent élever des théâtres, il ne faut point qu'ils soient soumis à une inspection arbitraire. L'opinion publique est seule juge de ce qui est conforme au bien. Je ne veux donc pas que par une disposition vague on donne à un officier municipal le droit d'adopter ou de rejeter tout ce qui pourrait lui plaire ou lui déplaire : par là on favorise les intérêts particuliers et non les mœurs publiques.»[1]

Séance du 2 février. — Il insiste pour qu'aucune condamnation ne puisse être prononcée que par l'unanimité des jurés.

Séance du 5 février. — Il veut que tout citoyen puisse être juré, et il renouvelle à cette occasion ses protestations contre les distinctions funestes de citoyens actifs et de citoyens passifs qui rendent, pour ainsi dire, étrangère à la patrie une partie de la population.

Séance du 28 février. — Il s'oppose à la loi contre les émigrations, mais il ne veut pas qu'on la repousse par la question préalable : il faut, par de solennels débats, constater l'impossibilité ou les dangers d'une telle loi afin que l'on ne croie pas que la question ait été écartée pour d'autres motifs que ceux de la raison et de l'intérêt public.

Il s'oppose très-vivement, dans la même séance, à ce que dans la déclaration des principes constitutionnels, il soit dit que « toute invitation faite au peuple pour l'exciter à désobéir à la loi est un crime contre la constitution. » « Ne voit-on pas, dit-il, qu'une pareille loi serait destructive de la liberté ? Ne voyons-nous pas que des juges prévenus, partiaux, pourraient facilement trouver dans les expressions de cette loi les moyens d'opprimer un écrivain patriote et courageux ? Vous avez fait, lui dirait-on, une déclaration si véhémente contre la loi, vous avez fait des réflexions si amères qu'elles ont dû naturellement exciter à la révolte. Vous voyez que, par cette loi, vous ouvrez la porte à l'arbitraire, que vous préparez la destruction de la liberté de la presse. »

Séance du 5 mars. — Il s'oppose à la loi qui mettait les corps administratifs inférieurs sous la dépendance des directoires de département, et qui soumettait les décisions des directoires de département à l'approbation

---

1 Robespierre devait plus tard se départir de ses opinions absolues sur la liberté des théâtres, aussi bien que sur la liberté de la presse. Dans l'un de ses discours à la Convention contre les Girondins, il leur reproche « d'avoir fait ordonner par un décret la représentation d'une pièce aristocratique (*l'Ami des lois*), qui avait déjà fait couler le sang, et que la sagesse des magistrats du peuple avait interdite. »

du roi : « Le comité vous propose d'annuler les corps administratifs inférieurs pour les mettre dans une dépendance passive et absolue... Je dis qu'on ne propose de mettre les corps administratifs inférieurs dans la dépendance absolue des directoires de département que pour mettre ensuits ceux-ci sous la dépendance du ministre. »

Séance du 7 mars. — Il parle contre la tontine La Farge.

Séance du 9 mars. — Il demande que les administrateurs du trésor public soient nommés par la nation, ou par ses représentants, mais non par le roi.

Séance du 19 mars. — À propos de troubles survenus à Douai et provoqués, disait-on, par des prêtres réactionnaires, un membre réclamait un décret portant des peines spéciales contre les ecclésiastiques qui soit par leurs discours, soit par leurs écrits, exciteraient le peuple à la révolte. Robespierre combattit très-vivement cette dernière proposition : « Des considérations particulières, » dit-il, « ne doivent jamais l'emporter sur les principes de la justice et de la liberté. Un ecclésiastique est un citoyen, et aucun citoyen ne peut être soumis à des peines pour ses discours ; il est absurde de faire une loi uniquement dirigée contre les discours des ecclésiastiques. »

Séance du 3 avril. — Il appuie « de tout son pouvoir et de toute sa sensibilité » la pétition du département de Paris sur les honneurs funèbres à rendre à Mirabeau et sur le dépôt de son corps au Panthéon dont la nouvelle destination devait être ainsi inaugurée : « Ce n'est pas au moment où les regrets qu'excite la perte d'un homme illustre sont les plus vifs, ce n'est pas lorsqu'il s'agit d'un homme qui, dans les moments critiques de la Révolution, a opposé la plus grande force au despotisme, qu'il faut se montrer difficile sur les moyens de l'honorer et arrêter l'effusion du sentiment qu'excite une fête aussi intéressante.»[1]

---

1 Il faut observer que Robespierre s'était à peu près constamment montré d'accord avec Mirabeau, et que personne n'avait plus fait que Mirabeau pour mettre en lumière les débuts de Robespierre. Le *Courrier de Provence* notamment signale et appuie chaleureusement ses discours, à un moment où il était fort peu connu. M. Hamel, dans son *Histoire de Robespierre*, s'efforce d'établir entre ces deux hommes des dissentiments qui tendraient à faire ressortir la supériorité du patriotisme de Robespierre : mais en réalité Robespierre fut d'accord avec Mirabeau sur toutes les questions les plus délicates, notamment sur la loi d'émigration, et il est assez curieux, d'observer qu'il se montra, en quelques circonstances, plus modéré que lui : en repoussant des rigueurs spéciales contre le prince de Condé et contre les états du Cambrésis. Quant au dissentiment qui exista entre eux sur la loi martiale, il est plus apparent que réel,

Séance du 5 avril. — Robespierre soutient contre les partisans de l'ancien régime, l'opinion posthume de Mirabeau sur le droit de tester, lue à l'Assemblée par M. de Talleyrand-Périgord.

Séances du 6 au 13 avril. — Discussion sur l'organisation ministérielle. Robespierre proteste contre le caractère du projet présenté « qui est d'anéantir la liberté et les principes constitutionnels, en donnant aux ministres un pouvoir immense. » Il fait la motion qu'aucun membre de l'Assemblée ne puisse être porté au ministère pendant les trois années qui suivront la session, ni avoir aucuns dons, pensions, places, traitements ou commissions du pouvoir exécutif pendant le même délai : « Un philosophe dont vous honorez les principes disait que, pour inspirer du respect et de la confiance, le Législateur devait s'isoler de son œuvre ; c'est l'application de cette maxime que je veux vous proposer. »

Dans l'opinion de Robespierre, les ministres devaient être absolument dépendants du pouvoir exécutif, auquel il appartenait de les nommer et de répartir leurs attributions. Il s'éleva donc contre les articles proposés par le comité sur les fonctions des différents ministres. Prétendait-on élever un pouvoir distinct à côté de l'autorité royale ? Il ne fallait pas que les ministres pussent peser en aucune façon sur les corps constitutionnels. « Par exemple, disait-il pour rendre son opinion plus saisissante, le ministre de la justice n'avilirait-il pas les magistrats par de prétendus avertissements nécessaires, sous prétexte de les rappeler à la décence et à la règle de leurs fonctions ? » Les mêmes principes lui firent repousser toute espèce de contrôle par les ministres sur les corps administratifs et aussi le pouvoir de mettre la

---

et il suffit de se reporter au texte des discours que l'un et l'autre prononcèrent à cette occasion pour s'assurer qu'ils tinrent à peu près le même langage. Si sur la question constitutionnelle de la sanction royale, ils soutinrent en théorie deux opinions opposées, ils se trouvèrent parfaitement d'accord, dans l'application, à quelques jours de là dans la séance du 5 octobre pour combattre les raisons dilatoires par lesquelles le roi voulait entraver la constitution. Enfin nous allons le voir appuyer l'opinion posthume de Mirabeau sur le droit de tester. La vérité est qu'à cette époque Robespierre, qui était ouvertement monarchiste et qui devait jusqu'au dernier moment repousser les idées républicaines comme des innovations dangereuses, suivait une politique identique à celle que conserva toujours Mirabeau, et pour le radicalisme des principes, était beaucoup moins avancé que lui, quoique dès cette époque il se montre plus avide de popularité. — Quant au mot que l'on prête à Mirabeau sur Robespierre : « Cet homme ira loin, il croit tout ce qu'il dit, » rien ne prouve qu'il soit beaucoup plus authentique que tous les *concetti* de cette nature communément en circulation.

gendarmerie en mouvement : c'était aux seuls corps administratifs à diriger la gendarmerie nationale. Il est assez curieux de noter qu'à ce sujet Beaumetz reproche à Robespierre de vouloir détruire l'unité monarchique au profit d'un système fédératif.[1]

Robespierre s'éleva non moins vivement contre les traitements énormes attribués aux ministres.

Séance du 19 avril. — Sortie véhémente de Robespierre contre les ministres et contre le comité diplomatique, à propos d'une adresse par laquelle les habitants de Porentruy informaient l'Assemblée d'une concentration de troupes autrichiennes sur leur territoire : les ministres sont inactifs, dit Robespierre, et cependant, depuis plus de six mois, il n'est pas permis de douter de l'intelligence des ennemis de l'extérieur avec ceux du dedans. Et c'est une nation étrangère qui nous avertit des dangers que nous courons ! Il incrimine les membres du comité diplomatique, les commissaires chargés de surveiller les ministres, et qui, infidèles à leurs devoirs, gardaient le silence ou trompaient l'Assemblée. « C'est le moment pour l'Assemblée de savoir que chacun de ses membres doit se regarder comme chargé personnellement des intérêts de la nation. C'est le moment de sortir de la tutelle des comités et de ne pas prolonger les dangers publics par une funeste sécurité. »

Séance du 23 avril. — On donne lecture à l'Assemblée d'une lettre écrite au nom du roi par le ministre des affaires étrangères à tous les ambassadeurs près les diverses cours de l'Europe, lettre où, afin de détruire des bruits mal fondés, le ministre annonce à ses agents que Sa Majesté a accepté librement la nouvelle forme du gouvernement français, qu'elle s'estime parfaitement heureuse du présent état de choses, qu'enfin elle est sincèrement attachée à la constitution et aux principes de la Révolution. Des transports d'enthousiasme accueillent

---

1 On a beaucoup abusé dans la Révolution de cette accusation de fédéralisme. Dans le principe ce furent les royalistes qui la mirent en avant contre les révolutionnaires. On peut lire à ce sujet les plaintes de M. de Clermont-Tonnerre, dans le Recueil de ses opinions, publiée en 1791, contre « le système qui a livré la France aux munici-palités, et énervé le pouvoir en le partageant. » — « Il a changé la monarchie en une multitude de petites portions détachées, qui ont leurs intérêts, leurs prétentions, leur régime, n'obéissent à personne, et qui regardent ce qui reste du pouvoir exécutif plutôt comme un ennemi commun que comme un centre de réunion. » — Nous voilà bien loin de l'idéal centralisateur qu'une certaine école historique attribue à la Révolution. On verra que les idées exprimées par Robespierre à la Convention, dans son discours sur la Constitution, ne diffèrent pas de celles qu'il manifestait en 1790 et en 1791.

Maximilien de Robespierre

celle lecture. Plusieurs membres proposent qu'on envoie à Louis XVI une députation pour le remercier d'avoir, en quelque sorte, appris à l'univers, son attachement à la constitution. Robespierre, « toujours sévère comme les principes et la raison, » dit un journal du temps (*Le Point du Jour*), s'efforça de calmer cette effervescence, et dit qu'il fallait, non *remercier*, mais*féliciter* le roi du parfait accord de ses sentiments avec ceux de la nation. L'Assemblée chargea une députation d'aller immédiatement porter au roi ses félicitations, dans les termes mêmes proposés par Robespierre. La majorité du côté droit, déconcertée, refusa de prendre part à la délibération.

Séance du 27 avril. — Discours sur l'organisation des gardes nationales.

Séance du 9 mai. — Le comité de constitution voulait restreindre le droit de pétition aux seuls citoyens actifs, et que ce droit fût purement individuel, et ne pût-être exercé collectivement par nulle corporation, nulle société, nulle commune. Robespierre s'éleva vivement contre ces restrictions : « Le droit de pétition est le droit imprescriptible de tout homme en société. Les Français en jouissaient avant que vous fussiez assemblés ; les despotes les plus absolus n'ont jamais osé contester formellement ce droit à ce qu'ils appelaient leurs sujets. Plusieurs se sont fait une gloire d'être accessibles et de rendre justice à tous. C'est ainsi que Frédéric II écoutait les plaintes de tous les citoyens. Et vous, législateurs d'un peuple libre, vous ne voudrez pas que des Français vous adressent des observations, des demandes, des prières, comme vous voudrez les appeler ! Non, ce n'est point pour exciter les citoyens à la révolte que je parle à cette tribune, c'est pour défendre les droits des citoyens ; et si quelqu'un voulait m'accuser, je voudrais qu'il mît toutes ses actions en parallèle. Je défends les droits les plus sacrés de mes commettans ; car mes commettans sont tous Français, et je ne ferai sous ce rapport aucune distinction entre eux : je défendrai surtout les plus pauvres. Plus un homme est faible et malheureux, plus il a besoin du droit de pétition ; et c'est parce qu'il est faible et malheureux que vous le lui ôteriez ! Dieu accueille les demandes non-seulement des plus malheureux des hommes, mais des plus coupables. Or, il n'y a de lois sages et justes que celles qui dérivent des lois simples de la nature. Si vos sentiments n'étaient point conformes à ces lois, vous ne seriez plus les législateurs, vous seriez plutôt les oppresseurs des peuples. Je crois donc qu'à titre de législateurs et de représentants de la nation, vous êtes incompétents pour ôter à une partie des citoyens les droits imprescriptibles qu'ils tiennent de la nature. »

Les autres restrictions que le comité voudrait apporter au droit de pétition ne sont pas davantage motivées : « Il suffit qu'une société ait une existence légitime pour qu'elle ait le droit de pétition ; car si elle a le droit d'exister reconnu par la loi, elle a le droit d'agir comme une collection d'êtres raisonnables, qui peuvent publier leur opinion commune et manifester leur vœu. » « Je le demande à tout homme de bonne foi qui veut sincèrement le bien, mais qui ne cache pas sous un langage spécieux le dessein de dominer la liberté, disait en terminant Robespierre, je demande si ce n'est pas chercher à troubler l'ordre public par des lois oppressives, et porter le coup le plus funeste à la liberté. »

Robespierre monta de nouveau à la tribune dans la séance du lendemain pour combattre l'interdiction proposée par le comité contre les citoyens non actifs : « Il est évident que le droit de pétition n'est autre chose que le droit d'émettre son vœu ; que ce n'est donc pas un droit politique, mais le droit de tout être pensant. Bien loin d'être, comme on vous l'a dit, l'exercice de la souveraineté, de devoir être exclusivement attribué à tous les citoyens actifs, le droit de pétition au contraire suppose l'absence de l'activité, l'infériorité, la dépendance. Celui qui a l'autorité en main ordonne ; celui qui est dans l'inactivité, dans la dépendance, adresse des vœux. La pétition n'est donc point l'exercice d'un droit politique, c'est l'acte de tout homme qui a des besoins. (Les tribunes applaudissent.) « On vit dans cette discussion, chose assez rare pour être signalé, l'abbé Maury, soutenir l'opinion de Robespierre.

Robespierre prit une troisième fois la parole, à propos de l'article du projet, portant que les citoyens ne pourraient demander le rassemblement de la commune ou de leur section qu'avec de certaines formalités et pour objet d'intérêt municipal, déterminé d'une manière précise : « C'est ainsi qu'on parvient à anéantir insensiblement les droits des citoyens, à leur ôter toute influence, à les mettre dans la dépendance de leurs délégués et sous le despotisme des municipalités. (On murmure.) Les objections banales qu'on fait contre ces raisonnements sont le désordre et l'anarchie. Eh bien ! aurez-vous jamais autre chose que le désordre et l'anarchie si vous établissez les formes despotiques qu'on vous propose ! D'un côté, oppression, de l'autre, indignation des citoyens ; lutte perpétuelle entre les mandataires et le peuple ; voilà ce qui résultera de cet ordre de choses. Lorsqu'au contraire les citoyens

Maximilien de Robespierre

ont le droit de faire des représentations, d'éclairer les représentants, alors l'ordre se soutient sur les bases de la justice et de la confiance. »

Séance du 12 mai. — Robespierre réclame l'égalité des droits politiques pour les hommes de couleur. La discussion fut très-vive : elle paraissait se poser entre ; l'existence des colonies et les principes. « Si vous voulez de la déclaration des droits quant à nous, s'était écrié le créole Moreau de Saint-Méri, il n'y a plus de colonies. » La phrase vulgairement attribuée à Robespierre : « Périssent les colonies plutôt qu'un principe, » n'est pas de lui, mais bien de Duport. Cependant dans son discours à cette occasion on retrouve un mouvement à peu près analogue : « L'intérêt suprême de la nation et des colonies est que vous demeuriez libres, et que vous ne renversiez pas de vos propres mains les bases de la liberté. Périssent les colonies… (Il s'élève de violents murmures.)) s'il doit vous en coûter votre bonheur, votre gloire, votre liberté ! Je le répète, périssent les colonies ! si les colons veulent, par les menaces, nous forcer à décréter ce qui convient le plus à leurs intérêts. »

Séances du 16 et du 18 mai. — Motion de Robespierre sur la non rééligibilité des membres de l'Assemblée à la prochaine législature, et discours pour la soutenir.

Séance du 27 mai. — D'après le projet de loi présenté par les comités sur la convocation de la première législature, les directoires de districts étaient autorisés à déterminer eux mêmes, suivant les circonstances, le lieu où se réuniraient les assemblées électorales. Robespierre combat cette disposition contraire, selon lui, à la liberté électorale, et l'assemblée, tenant compte de ses observations, décide que les assemblées primaires se tiendront au chef-lieu de canton.

Séance du 28 mai. — Il demande la réforme du décret du marc d'argent.

Séance du 30 mai. — Discours sur l'abolition de la peine de mort.

Séance du 31 mai. — Un philosophe qui avait pris une part importante au mouvement du XVIIIe siècle, l'auteur de l'*Histoire philosophique des deux Indes*, l'abbé Raynal, alors âgé de quatre vingts-ans, avait envoyé au président de l'assemblée une lettre qui était une censure amère des travaux de l'Assemblée, une sorte de pamphlet contre la Révolution. Le président donna lecture de cette lettre. Rœderer interpella rudement à ce propos le président, l'accusant de s'être moqué de l'Assemblée en lui proposant d'écouter cette lecture. Mais Robespierre émit au contraire l'opinion que l'Assemblée s'était honorée en entendant cette lecture. Jamais elle ne lui avait paru autant au-dessus de ses ennemis qu'au moment où il l'a vue écouter, avec une tranquillité si expressive, la censure la plus véhémente de sa conduite et de la révolution qu'elle a faite. Il excuse l'abbé Raynal sur son grand âge ; et il est persuadé que cette démarche produira dans le public un effet tout contraire à celui qu'on en attend.

Séance du 1er juin. — Robespierre s'oppose aux poursuites réclamées par le ministre Montmorin contre le *Moniteur*, pour une correspondance d'Allemagne, insérée dans le numéro 151 de ce journal, et dans laquelle on prêtait au roi *le projet d'évasion le plus absurde*, disait le ministre. La fuite à Varennes eut lieu vingt jours plus tard.

Séance du 9 Juin. — Robespierre soutient l'incompatibilité des fonctions municipales avec les fonctions législatives, par ce motif que le même homme ne peut-être inviolable et responsable à la fois.

Séance du 10 Juin. — Il insiste pour le licenciement des officiers de l'armée:[1] « Au milieu des ruines de toutes les aristocraties, quelle est cette puissance qui seule élève encore un front audacieux et menaçant ? Vous avez reconstitué toutes les fonctions publiques suivant les principes de la liberté et de l'égalité, et vous conservez un corps de fonctionnaires publics armés, créé par le despotisme, dont la constitution est fondée sur les maximes les plus extravagantes du despotisme et de l'aristocratie ; qui est à la fois l'appui et l'instrument du despotisme, le triomphe de l'aristocratie, le démenti le plus formel de la constitution, et l'insulte la plus révoltante à la dignité du peuple. Sur quel puissant motif est fondé ce hideux contraste de l'ancien régime et du nouveau. Croyez-vous qu'une armée nombreuse et permanente soit un objet indifférent pour la liberté ? Ignorez-vous que tous les peuples qui l'ont connue ont réprouvé cette institution, ou ne l'ont envisagée qu'avec effroi ? Combien de précautions ne devez-vous donc pas prendre pour préserver d'une influence dangereuse la liberté ! Vous savez que c'est par elles que les gouvernements ont partout subjugué les nations ; vous connaissez l'esprit des cours ; vous ne croyez point aux conversions miraculeuses de ces hommes dont le cœur est dépravé et endurci par

1 Quelques jours auparavant Robespierre, parlant sur cette question aux Jacobins, avait prononcé cette phrase : « Je le dis avec franchise, peut-être même avec rudesse : quiconque ne veut pas, ne conseille pas le licenciement est un traître. » À ces mots, un membre, saisi de transport, interrompit l'orateur et demanda, aux applaudissements de l'assemblée, que ces derniers mots fussent inscrits en gros caractères aux quatre coins de la salle.

Maximilien de Robespierre

l'habitude du pouvoir absolu, et vous soumettez l'armée à des chefs attachés naturellement au régime que la Révolution a détruit ! »

18 juin. — Robespierre est élu accusateur public au tribunal de Paris.[1]

Séance du 23 juin. — Robespierre demande que des couronnes civiques soient décernées aux citoyens qui ont arrêté le roi à Varennes.[2]

Séance du 26 juin. — Il parle contre le projet de décret qui ordonne que des commissaires nommés par l'Assemblée recevront les déclarations du roi et de la reine ; c'était déroger aux principes de l'égalité des citoyens devant la loi. La reine est une citoyenne, le roi est un citoyen comptable de la nation, et en qualité de premier fonctionnaire public, il doit être soumis à la loi. C'est donc aux juges du tribunal de l'arrondissement des Tuileries, chargés de l'information, qu'appartient également le droit de recevoir les déclarations du roi et de la reine.[3]

---

1 Les électeurs de Versailles et de Paris le nommèrent en même temps accusateur public du département. Il déclina avec regret l'honneur que lui faisaient « ses chers citoyens de Versailles, » et il les en remercia par une longue lettre où il leur exprime tous ses sentiments de gratitude. Mais il accepta ces fonctions à Paris. À ce sujet, il écrirait à un de ses amis d'Arras : « Les électeurs de Paris viennent de me nommer accusateur public du département de Paris, à mon insu et malgré les cabales. Quelque honorable que soit un pareil choix, je n'envisage qu'avec frayeur les travaux pénibles auxquels cette place importante va me condamner, dans un temps où le repos m'était nécessaire. Mais je suis appelé à une destinée orageuse, il faut en suivre le cours ; jusqu'à ce que j'aie fait le dernier sacrifice que je pourrai offrir à ma patrie. »

2 À la suite de l'événement de Varennes l'Assemblée résolut de choisir un gouverneur au dauphin. À cette occasion Marat, dans l'*Ami du peuple*, désigna pour ce choix, à défaut de Montesquieu, Robespierre, « le seul homme, disait-il, qui pût le suppléer par la pureté du cœur, l'amour de l'humanité et les vues politiques. »

3 Le 22 juin, Robespierre avait prononcé au club des Jacobins un grand discours où il dénonçait la fuite du roi comme une conspiration évidente des ennemis de l'extérieur coalisés avec les ennemis de l'intérieur : « Ce qui m'épouvante, moi, messieurs, c'est cela même qui me paraît rassurer tout le monde. Ici j'ai besoin qu'on m'entende jusqu'au bout. Ce qui m'épouvante, encore une fois, c'est précisément cela même qui paraît rassurer tous les autres : c'est que depuis ce matin, tous nos ennemis parlent le même langage que nous. Tout le monde est réuni ; tous ont le même visage et pourtant il est clair qu'un roi qui avait quarante millions de rente, qui disposait encore de toutes les places, qui avait encore la plus belle couronne de l'univers et la mieux affermie sur sa tête, n'a pu renoncer à tant d'avantages sans être sûr de les recouvrer. Or, ce ne peut pas être sur l'appui de Léopold et du roi de Suède, et sur l'armée d'outre-Rhin qu'il fonde ses espérances : que tous les brigands d'Europe se liguent, et encore une fois ils seront vaincus. C'est donc au milieu de nous, c'est dans cette capitale que le roi fugitif a laissé les appuis sur lesquels il compte pour sa rentrée triomphante ; autre-

ment sa fuite serait trop insensée. Vous savez que trois millions d'hommes armés pour la liberté seraient invincibles : il a donc un parti puissant et de grandes intelligences au milieu de nous, et cependant regardez autour de vous, et partagez mon effroi en considérant que tous ont le même masque de patriotisme. » Robespierre « démontre » que le comité militaire « regorge de traîtres, » que les ministres s'entendent avec l'Assemblée pour vendre la France aux étrangers. Il prévoit les plus grands malheurs : « Comment pourrions-nous échapper ? Antoine commande les légions qui vont venger César ! et c'est Octave qui commande les légions de la république. On nous parle de réunion, de nécessité de se serrer autour des mêmes hommes. Mais quand Antoine fut venu camper à côté de Lépidus, et parla aussi de se réunir, il n'y eut bientôt plus que le camp d'Antoine, et il ne resta plus à Brutus et à Cassius qu'à se donner la mort.

« Ce que je viens de dire, je jure que c'est dans tous les points l'exacte vérité. Vous pensez bien qu'on ne l'eût pas entendue dans l'Assemblée nationale. Ici même, parmi vous, je sens que ces vérités ne sauveront point la nation, sans un miracle de la Providence, qui daigne veiller mieux que vos chefs sur les gages de la liberté. Mais j'ai voulu du moins déposer dans votre procès-verbal un monument de tout ce qui va vous arriver. Du moins, je vous aurai tout prédit ; je vous aurai tracé la marche de vos ennemis, et on n'aura rien à me reprocher. Je sais que par une dénonciation, pour moi dangereuse à faire, mais non dangereuse pour la chose publique ; je sais qu'en accusant, dis-je, ainsi la presqu'universalité de mes confrères, les membres de l'Assemblée, d'être contre-révolutionnaires, les uns par ignorance, les autres par terreur, d'autres par ressentiment, par un orgueil blessé, d'autres par une confiance aveugle, beaucoup parce qu'ils sont corrompus, je soulève contre moi tous les amours-propres, j'aiguise mille poignards, et je me dévoue à toutes les haines ; je sais le sort qu'on me garde ; mais si dans les commencements de la révolution, et lorsque j'étais à peine aperçu dans l'Assemblée nationale, si lorsque je n'étais vu que de ma conscience, j'ai fait le sacrifice de ma vie à la vérité, à la liberté, à la patrie ; aujourd'hui, que les suffrages de mes concitoyens, qu'une bienveillance universelle, que trop d'indulgence, de reconnaissance, d'attachement, m'ont bien payé de ce sacrifice, je recevrai presque comme un bienfait, une mort qui m'empêchera d'être témoin des maux que je vois inévitables. » — Camille Desmoulins, qui rapporte ce discours dans les *Révolutions de France et de Brabant*, ajoute qu'alors il se leva les yeux pleins de larmes, en s'écriant : « Nous mourrons tous avant toi, » et toute l'assemblée entraînée comme lui par un mouvement involontaire fit un serment de se rallier autour de Robespierre. — À partir du 21 juin se dessine vraiment le rôle politique de Robespierre : il se sépare des constitutionnels, il s'identifie dans la cause du peuple mais on peut dire aussi qu'il identifie à la cause du peuple, ses propres sentiments. « Dans ces journées, dit M. Edgar Quinet dans son livre : la *Révolution*, je crois surprendre le fond de la nature de Robespierre. Il fit alors ce qu'il a fait dans toutes les occasions où il fallait agir : il vit partout des traîtres. Ses discours, encore contenus dans l'Assemblée, sont d'autant plus effarés au dehors. Il dénonce, aux clubs, tous ses collègues de la Constituante. S'il eut pu le 22 juin 1791, mettre ses paroles en pratique, en sortant des Jacobins il aurait dû faire arrêter tous les membres de l'Assemblée et les mener à l'échafaud, puisqu'il les tenait pour complices. Ainsi le principe de terreur qu'il contenait en lui se manifeste à ce moment. Terreur sans motif, sans fondement, sans raison comme l'événement le montra le lendemain. Mais cette même crise de panique que Robespierre a subie par l'évasion du roi, il la subira plus tard en d'autres circonstances ;

Maximilien de Robespierre

Séance du 14 juillet. — Discours sur l'inviolabilité royale. — Robespierre se prononce formellement contre l'inviolabilité, qui ne lui paraît pas être autre chose que la consécration d'une impunité monstrueuse : « Le crime légalement impuni est en soi une monstruosité révoltante dans l'ordre social, ou plutôt il est le renversement absolu de l'ordre social. Si le crime est commis par le premier fonctionnaire public, par le magistrat suprême, je ne vois là que deux raisons de plus de sévir : la première, que le coupable était lié à la patrie par un devoir plus saint ; la seconde, que comme il est armé d'un grand pouvoir, il est bien plus dangereux de ne pas réprimer ses attentats. Le roi est inviolable, dites-vous : il ne peut pas être puni : telle est la loi… Vous vous calomniez vous-mêmes ! Non, jamais vous n'avez décrété qu'il y eût un homme au-dessus des lois, un homme qui pourrait impunément attenter à la liberté, à l'existence de la nation, et insulter paisiblement, dans l'opulence et dans la gloire, au désespoir d'un peuple malheureux et dégradé ! Non, vous ne l'avez pas fait : si vous aviez osé porter une pareille loi, le peuple français n'y aurait pas cru, ou un cri d'indignation universelle vous eût appris que le souverain reprenait ses droits ! L'inviolabilité du roi décrétée dans la constitution est intimement liée à la responsabilité des ministres. Il en résulte que le roi ne peut commettre aucun mal en administration, puisque aucun acte du gouvernement ne peut émaner de lui. Mais il ne peut s'agir d'un acte personnel à un individu revêtu du titre de roi. La meilleure preuve qu'un système est absurde, c'est lorsque ceux qui le professent n'oseraient avouer les conséquences qui en résultent. Or, c'est à vous que je le demande… Législateurs, répondez vous-mêmes, sur vous-mêmes : Si un roi égorgeait votre fils sous vos yeux (*murmure*), s'il outrageait votre femme et votre fille, lui diriez-vous : Sire, vous usez de votre droit ; nous vous avons tout permis !… Permettriez-vous au citoyen de se venger ? Alors vous substituez la violence particulière, la justice privée de chaque individu à la justice calme et salutaire de la loi ; et vous appelez cela établir l'ordre public, et vous osez dire que l'inviolabilité absolue est le soutien, la base immuable de l'ordre social !… Mais, messieurs, qu'est-ce que toutes ces hypothèses particulières, qu'est-ce que tous ces forfaits auprès de ceux qui menacent le salut et le bonheur du peuple ?… Le roi est

---

et, devenu alors plus puissant, il pourra alors réaliser ses paroles et ses menaces, sans qu'il soit mieux démontré que l'établissement de la Terreur ait eu sa nécessité ailleurs que dans l'esprit ébranlé et les imaginations ombrageuses de celui qui lui a donné son nom. »

INTRODUCTION HISTORIQUE

inviolable ! Mais avez-vous étendu cette inviolabilité jusqu'à la faculté de commettre le crime ? Et oserez-vous dire que les représentants du souverain ont des droits moins étendus pour leur sûreté individuelle que celui dont ils sont venus restreindre le pouvoir, celui à qui ils ont délégué, au nom de la nation, le pouvoir dont il est revêtu ? Le roi est inviolable ! Mais les peuples ne le sont-ils pas aussi ? Le roi est inviolable par une fiction ; les peuples le sont par le droit sacré de la nature ; et que faites-vous en couvrant le roi de l'égide de l'inviolabilité, si vous n'immolez l'inviolabilité des peuples à celle des rois ! (*Applaudissements de la minorité du côté gauche.*) Il faut eu convenir, on ne raisonne de cette manière que dans la cause des rois… Comment justifier d'ailleurs, dans le système du comité, l'accusation dirigée contre les trois gardes-du-corps et le gouvernement du dauphin, contre M. de Bouillé lui-même ? Si le roi n'est pas coupable, il n'y a point de délit ; où il n'y a point de délit, il n'y a pas de complice : messieurs, si épargner un coupable est une faiblesse, immoler un coupable plus faible au coupable puissant, c'est une injustice. Vous ne pensez pas que le peuple français soit assez vil pour se repaître du spectacle du supplice de quelques victimes subalternes ; ne pensez pas qu'il voie sans douleurs ses représentants suivre encore la marche ordinaire des esclaves, qui cherchent toujours à sacrifier le faible au fort, et ne cherchent qu'à tromper et à abuser le peuple pour prolonger impunément l'injustice et la tyrannie ! (*Applaudissements.*) Non, messieurs, il faut ou prononcer sur tous les coupables, ou prononcer l'absolution générale de tous les coupables. »

Robespierre concluait donc à ce que l'Assemblée décrétât qu'elle consultera le vœu de la nation pour statuer sur le sort du roi. Il concluait aussi à ce que l'Assemblée convoquât promptement la nomination de ses successeurs : indépendamment des factions qui se coalisent contre le peuple la perpétuité du pouvoir dans les mêmes mains pourrait alarmer la liberté publique : « Il faut rassurer la nation contre la trop longue durée d'un gouvernement oligarchique.»[1]

---

1 Robespierre, d'ailleurs, ne consentait pas encore à envisager le changement de la forme du gouvernement. « Qu'on m'accuse si l'on veut de républicanisme, disait-il dans ce discours, je déclare que j'aborrhe toute espèce de gouvernement où les factieux règnent. Il ne suffit pas de secouer le joug d'un despote, si l'on doit retomber sous le joug d'un autre despotisme : l'Angleterre ne s'affranchit du joug de l'un de ses rois, que pour retomber sous le joug plus avilissant encore d'un petit nombre de ses concitoyens. » — « Je ne suis pas effrayé des mots de roi, de monarchie, disait-il encore ; la liberté n'a rien à craindre pourvu que la loi règne et non les hommes. »

Maximilien de Robespierre

Séance du 15 juillet. — Il demande la mise en accusation de Monsieur, frère du roi.

Séance du 10 août. — Discussion sur la souveraineté. Le premier article du projet du comité était ainsi conçu : « La souveraineté est une, indivisible, et appartient à la nation ; aucune section du peuple ne peut s'en attribuer l'exercice. » Le mot *inaliénable*, omis par le comité, fut ajouté sur la demande de Robespierre aux qualifications de la souveraineté. Il discute ensuite l'article par lequel il est dit que la nation ne peut exercer ses pouvoirs que par délégation : « Les *pouvoirs* doivent être bien distingués des *fonctions* : les pouvoirs ne peuvent être ni aliénés ni délégués. Si l'on pouvait déléguer les pouvoirs en détail, il s'ensuivrait que la souveraineté pourrait être déléguée, puisque ces pouvoirs ne sont autre chose que des diverses parties essentielles et constitutives de la souveraineté ; et alors remarquez que, contre vos propres intentions, vous décréteriez que la nation a aliéné sa souveraineté. » Robespierre

---

On lui faisait trop d'honneur, disait-il aux Jacobins, en le traitant de républicain. Le mot *république* pouvait, selon lui, s'appliquer à tout gouvernement d'hommes libres : « Qu'est-ce que la constitution actuelle ? C'est une république, avec un monarque. Elle n'est ni monarchie, ni république, elle est l'une et l'autre. » — Aussi fut-il opposé à la fameuse pétition rédigée par Laclos et Brissot pour demander la déchéance du roi et qui provoqua les déplorables massacres du champ de Mars. Il dit formellement le 15 juillet : « Quant à la pétition de M. Laclos ; elle me parait devoir être, si non rejetée, du moins modifiée. » Voici en quels termes, le 1ᵉʳ août, il s'exprimait sur ces événements : « Ah ! citoyens, qui que vous soyez, hâtez-vous d'ensevelir dans l'oubli cet horrible jour… Veillez sur les ennemis de la patrie, sur ses faux amis ; que les factieux soient partout confondus ; que la paix et la justice l'emportent : que la liberté, brillant des charmes de la vertu, attire tous les cœurs, réunisse tous les partis, nos vœux seront remplis. » Néanmoins Robespierre que son attitude générale rendait suspect, craignit d'être compromis dans cette affaire, et il ne rentra pas chez lui, dans la soirée du 17 juin. Roland et sa femme, avec lesquels il était alors en fort bons rapports, lui offrirent un asile chez eux. Mais il accepta de préférence la proposition du menuisier Duplay, chez lequel il ne cessa de demeurer depuis cette époque. — Peu de temps après, pour justifier sa conduite, Robespierre publia une *Adresse aux Français* dans laquelle il repousse toute participation aux événements du champ de Mars, et il fait une profession de foi très-nettement monarchique. Répondant au reproche dont il avait été souvent l'objet, de chercher à renverser la royauté pour y substituer la république, il déclare hautement n'avoir point partagé, quant à lui, l'effroi inspiré à toutes les nations libres par le titre de roi. Il ne redoute même pas l'hérédité des fonctions royales dans une famille, à la condition toutefois que la majesté du peuple ne soit jamais abaissée devant son délégué, et que le monarque n'ait entre les mains ni assez de forces ni assez de trésors pour opprimer la liberté. Telles étaient ses opinions sur cette matière, et il ajoutait : « Elles peuvent n'être que des erreurs, mais à coup sûr ce ne sont point celles des esclaves ni des tyrans. »

observe encore que les articles du comité blessent les premiers principes de la constitution en présentant le roi comme un représentant héréditaire qui exerce le pouvoir législatif conjointement avec les véritables représentants du peuple. Il demande, en conséquence, qu'au mot de *pouvoirs*soit substitué celui de *fonctions* ; que le roi soit appelé le *premier fonctionnaire public*, le *chef du pouvoir exécutif*, mais point du tout le *représentant de la nation* ; — et qu'il soit exprimé d'une manière claire que le droit de faire les actes de la législation appartient exclusivement aux représentants élus par le peuple.

Séance du 11 août. — Il insiste à nouveau sur la nécessité de révoquer le décret du marc d'argent.

Séance du 15 août. — Il s'oppose à la présence des ministres dans le corps législatif.

Séance du 22 août. — Discours sur la liberté de la presse.

Séance du 24 août. — Il s'oppose au rétablissement des gardes du roi.

Séance du 26 août. — Sur la condition des membres de la famille royale dans la constitution nouvelle. Le comité proposait de leur interdire les droits de citoyen actif, en maintenant pour eux le titre de prince. Robespierre demande quelle importance il y a à chercher un titre pour les parents du roi : à l'héritier présomptif de la couronne appartient celui de prince royal, mais les autres membres de la famille sont tout simplement... les parents du roi. Il ne comprend pas qu'on puisse s'arrêter à de pareilles puérilités : « L'Europe sera étonnée d'apprendre qu'à cette époque de sa carrière l'une des délibérations de l'Assemblée à laquelle on ait attaché le plus d'importance a eu pour objet de donner aux parents du roi le titre de princes. »

Séance du 31 août. — Robespierre demande que l'on détermine la manière dont pourront être convoquées les conventions nationales : « Si la nation à le droit de changer en son entier la constitution, il faut lui laisser un autre moyen de le faire que celui de l'insurrection... Je dis que n'indiquer aucune espèce de moyen par lequel la nation puisse exercer son droit de faire changer la constitution, c'est évidemment ne lui laisser que le moyen de l'insurrection. » Il est d'ailleurs une autre fonction des conventions : c'est d'examiner si les pouvoirs constitués n'ont pas franchi les bornes qui leur avaient été prescrites et de les y faire rentrer : « Dans ce cas, comment espère-t-on que le corps législatif, qui aura usurpé des pouvoirs qu'il ne devait pas exercer, appelle lui-même une convention nationale pour réprimer l'abus dont il profite ? Ne faut-il pas alors à la nation un moyen d'avoir des conventions nationales indépendant du corps législatif lui-même ? En ordonner autrement ne serait-ce pas anéantir le principe de la souveraineté nationale pour en revêtir le corps législatif ? »

Séance du 11 septembre. — Discours sur la présentation de la constitution au roi. Pourquoi présenter comme un problème la manière dont la constitution serait soumise à l'acceptation du roi ? Cette acceptation est-elle douteuse ? quelle raison de supposer que le peuple ferait violence à un homme pour le forcer à être roi ou pour le punir de ne pas vouloir l'être ? que signifient tous ces bizarres scrupules sur la liberté de l'acceptation d'une couronne ? Robespierre saisit cette occasion pour s'élever contre les faux ennemis de la constitution qui ont tâché dans les dernières discussions de pervertir les premiers décrets de l'Assemblée : « Si l'on peut attaquer encore notre constitution après qu'elle a été arrêtée deux fois, s'écrie-t-il, que nous reste-t-il à faire que de reprendre ou nos fers ou nos armes. » (*Applaudissements dans une partie du côté gauche ; murmures dans les autres parties de la salle.*) Un incident assez singulier interrompt ici le discours de Robespierre. « M. le président, dit l'orateur, je vous prie d'ordonner à M. Duport de ne point m'insulter, s'il veut rester auprès de moi… » *M. Lavie* : « C'est une méchanceté, une calomnie ; je suis à côté et je jure que M. Duport ne lui a rien dit. » — Robespierre poursuit son discours : « Je ne présume pas qu'il existe dans cette assemblée un homme assez lâche pour transiger avec la cour sur aucun article de notre code constitutionnel, assez perfide pour faire proposer par elle des changements nouveaux que la pudeur ne lui permettrait pas de proposer lui-même, assez ennemi de la patrie pour chercher à décréditer la constitution parce qu'elle mettrait quelque borne à son ambition ou à sa cupidité, assez impudent pour avouer aux yeux de la nation qu'il n'a cherché dans la Révolution qu'un moyen de s'agrandir et de s'élever ; car je ne veux regarder certain écrit et certain discours qui pourraient présenter ce sens quecomme l'explosion passagère du dépit déjà expié par le repentir.

« Nous du moins, » poursuit Robespierre, « nous ne serons ni assez stupides ni assez indifférents à la chose publique pour consentir à être les jouets éternels de l'intrigue, pour renverser successivement les différentes parties de notre ouvrage au gré de quelques ambitieux, jusqu'à ce qu'ils nous aient dit : Le voilà tel qu'il nous convient. Nous avons été envoyés pour défendre les droits de la nation, non pour élever la fortune de quelques individus ; pour renverser la dernière digue qui reste encore à la corruption, non pour favoriser la coalition des intrigants avec la cour, et leur assurer nous-mêmes le prix de leur complaisance et de leur trahison. Je demande que chacun de nous jure qu'il ne consentira jamais à composer avec le pouvoir exécutif sur aucun article de la constitution, et que quiconque osera faire une semblable proposition soit déclaré traître à la patrie. » Ce discours est fréquemment interrompu par les applaudissements frénétiques de l'extrême gauche et par les rires du centre.

Séance du 5 septembre. — Véhémente réplique de Robespierre à Barnave qui demandait que l'Assemblée rapportât son décret par lequel elle avait reconnu les droits des hommes de couleur.

Séance du 17 septembre. — Un huissier, porteur d'un décret de prise de corps contre Danton, s'était permis, afin de mettre à exécution ce décret, de pénétrer dans l'enceinte où les électeurs de Paris procédaient aux élections législatives. L'assemblée électorale avait ordonné l'arrestation de l'huissier. Le fait déféré à l'Assemblée, Robespierre, invoquant le respect dû à la liberté des élections, fut d'avis qu'il était impossible de blâmer l'assemblée électorale, dont l'enceinte avait été violée par un huissier, quelque irrégularité de forme qu'il pût y avoir d'ailleurs dans la conduite des électeurs.

Séance du 29 septembre. — Discours sur les sociétés populaires. Le comité de constitution, par l'application du même principe qui lui avait fait repousser toutes pétitions collectives et qui refusait toute existence politique aux associations de citoyens, proposa un décret qui interdisait aux sociétés populaires toute manifestation collective et toute action sur les actes des pouvoirs constitués et des autorités légales, en laissant subsister d'ailleurs dans son intégrité le droit de réunion. Robespierre s'opposa très-vivement à ce décret et surtout à l'impression et à la distribution comme *instruction* du rapport de Chapelier qui l'accompagnait, et qui réprouvait les clubs en général, mais surtout les affiliations de sociétés et les journaux de leurs débats. Il fait l'apologie de ces sociétés du sein desquelles sont sortis un très-grand nombre des représentants qui vont succéder à la présente assemblée et qui sont l'espoir de la future Assemblée. Puis abordant la question de principes : « La constitution garantit aux Français le droit de s'assembler paisiblement et sans armes ; la constitution garantit aux

Maximilien de Robespierre

Français la communication libre des pensées, toutes les fois qu'on ne fait point tort à autrui : d'après ces principes, je demande comment on ose vous dire que la correspondance d'une réunion d'hommes paisibles et sans armes avec d'autres assemblées de la même nature, peut-être proscrite par les principes de la constitution. Si les assemblées d'hommes sans armes sont légitimes, si la communication des pensées est consacrée par la constitution, comment osera-t-on me soutenir qu'il soit défendu à ces sociétés de correspondre entre elles ?... L'affiliation n'est autre chose que la relation d'une société légitime avec une autre société légitime, par laquelle elles conviennent de correspondre entre elles sur les objets de l'intérêt public ; comment y a-t-il là quelque chose d'inconstitutionnel, ou plutôt qu'on me prouve que les principes de la constitution que j'ai développés ne consacrent pas ces vérités ? » Robespierre continue en faisant une charge à fond de train contre ceux qui ne parlent le langage de la liberté et de la constitution que pour l'anéantir ; « qui cachent des vues personnelles, des ressentiments particuliers sous le prétexte du bien et de la justice ; » qui combattent moins pour la cause de la révolution que pour envahir le pouvoir de dominer sous le nom du monarque ; « il dénonce amèrement les critiques, les sophismes, les calomnies, et tous les petits moyens employés par de petits hommes qui sont à la fois l'opprobre et le fléau des révolutions. » On se plaint que ces sociétés puissent disposer de la réputation d'un homme : ne serait-ce pas que ce décret est provoqué par l'injure personnelle qu'on a faite à certaines personnes qui avaient acquis une trop grande influence dans l'opinion publique qui les repousse maintenant ? — « Est-ce donc un si grand malheur que dans les circonstances où nous sommes l'opinion publique, l'esprit public se développent aux dépens même de la réputation de quelques hommes qui, après avoir servi la cause de la patrie en apparence, ne l'ont trahie qu'avec plus d'audace ! Je sais tout ce que ma franchise a de dur, mais c'est la seule consolation qui puisse rester aux bons citoyens, dans le danger où ces hommes ont mis la chose publique, de les juger d'une manière sévère. » — On dit que la révolution est finie ! Pour lui, il ne le croit pas : « Loin d'approuver l'esprit d'ivresse qui anime ceux qui m'entourent, je n'y vois que l'esprit de vertige qui propage l'esclavage des nations et le despotisme des tyrans !... Si je ne suis pas convaincu que ceux qui pensent ainsi sont des insensés, des imbéciles, ma raison me force à les regarder comme des perfides ! S'il faut que je tienne un autre langage, s'il faut que je cesse de réclamer contre les ennemis de la patrie, s'il faut que j'applaudisse à la ruine de mon pays, ordonnez-moi ce que vous voudrez ; faites-moi périr avant la perte de la liberté ! » Le 30 septembre, le président Thouret proclama que l'Assemblée constituante avait terminé sa session. À la sortie de la salle, un peuple enthousiaste fit une ovation triomphale à Robespierre et à Pétion ; il leur mit sur la tête des couronnes de chênes ; les fit monter dans un carrosse dont les chevaux avaient été dételés, et les ramena en triomphe chez eux, en criant : « Voilà les véritables amis, les défenseurs des droits du peuple.»[1] Après la clôture de la session, Robespierre retourna dans son pays, où il fut aussi l'objet d'une véritable ovation. Le 16 octobre, il écrivait à son hôte et ami Duplay : « De Bapaume, plusieurs officiers des deux corps, joints à une partie des officiers de la garde nationale d'Arras, qui étaient venus à ma rencontre, me reconduisirent à Arras, où le peuple me reçut avec des démonstrations d'un attachement que je ne puis exprimer et auquel je ne puis songer sans attendrissement.»[2]

Robespierre ne resta que quelques semaines à Arras. De retour à Paris, il partagea son temps entre ses occupations comme accusateur public près le tribunal criminel de la Seine, et la tribune des Jacobins. Le jour où il reparut dans cette société, Collot d'Herbois, qui présidait, se leva à son entrée : « Je demande, dit-il, que ce membre de l'Assemblée constituante, justement surnommé l'incorruptible, préside la société. » Cette motion fut adoptée par acclamation. Robespierre, prenant alors la parole, dénonça l'empereur d'Autriche, les électeurs de Mayence, de Trèves, de Suisse et de Cologne comme les ennemis de la France. La liberté, s'écria-t-il, ne peut se conserver que par le courage et par le mépris des tyrans : « Il faut dire à Léopold : Vousviolez le droit des gens en souffrant les rassemblements de quelques rebelles que nous sommes loin de craindre, mais qui sont insultants pour la nation. Nous vous sommons de les dissiper dans tel délai… Il faut tracer autour de lui le cercle que Popilius traça autour de Mithridate. »

Robespierre cependant n'était point partisan de la guerre. Tout le

---

1 On jouait à cette époque (septembre 1791) au théâtre Molière, une pièce où Rohan et Condé se trouvaient aux prises avec Robespierre, qui les foudroyait, dit un critique du temps, par sa logique et sa vertu. (*Révolutions de Paris*, n° 113, p.450.)

2 Après le 9 thermidor, la Société populaire d'Arras fut une des plus empressées à envoyer à la Convention ses félicitations pour « avoir par leur énergie délivré la France d'un tyran. »

monde connaît les fameux discours qu'il prononça aux Jacobins pour s'opposer à ce que la guerre fût déclarée. Ce dissentiment fut l'origine de sa rupture avec les Girondins : ce fut du moins la première circonstance où cet antagonisme s'accusa ostensiblement.

Nous reproduisons plus loin les deux discours que Robespierre prononça, sur la guerre. Brissot et Guadet qu'il avait personnellement attaqués ainsi que leurs amis,[1] prirent à leur tour l'offensive et accusèrent Robespierre qui leur répondit par un discours, dont le retentissement ne fut pas moindre que celui des précédents : « Je ne viens pas vous occuper ici, quoiqu'on en puisse dire, disait-il dans son exorde, de l'intérêt de quelques individus, ni du mien. C'est la cause publique qui est l'unique objet de toute cette contestation. Gardez-vous de penser que les destinées du peuple soient attachées à quelques hommes ; gardez-vous de redouter le choc des opinions, et les orages des discussions politiques, qui ne sont que les douleurs de l'enfantement de la liberté. Cette pusillanimité, reste honteux de nos anciennes mœurs, serait-il l'écueil de l'esprit public et la sauvegarde de tous les crimes ? Élevons-nous, une fois pour toutes, à la hauteur des âmes antiques, et songeons que le courage et la vérité peuvent seuls achever cette grande révolution. Je suis calomnié à l'envi par les journaux de tous les partis ligués contre moi, je ne m'en plains pas, je ne cabale pas contre mes accusateurs ; j'aime bien que l'on m'accuse ; je regarde la liberté des dénonciations, dans tous les temps, comme la sauvegarde du peuple, comme le droit sacré de tout citoyen ; et je prends ici l'engagement formel de ne jamais porter mes plaintes à d'autre tribunal qu'à celui

1 Les Girondins apportèrent d'abord une grande réserve dans cette lutte et traitèrent Robespierre avec tous les égards dus à un patriote sincère. « Robespierre, disait Louvet, vous tenez seul l'opinion publique en suspens. Cet excès de gloire vous était réservé sans doute. Vos discours appartiennent à la postérité, la postérité viendra entre vous et moi. Mais enfin vous attirez sur vous la plus grande responsabilité en persistant dans votre opinion. Vous êtes comptable à vos contemporains et même aux générations futures. Oui, la postérité viendra se mettre entre vous et moi, quelque indigne que j'en sois. Elle dira : un homme parut dans l'Assemblée constituante, inaccessible à toutes les passions, un des plus fidèles défenseurs du peuple. Il fallait estimer et chérir ses vertus, admirer son courage ; il était adoré du peuple qu'il avait constamment servi, et, ce qui est mieux encore, il en était digne. Un précipice s'ouvrit. Distrait par trop de soins, cet homme crut voir le péril où il n'était pas, et ne le vit pas où il était. Un homme obscur était là uniquement occupé du moment présent ; éclairé par d'autres citoyens, il découvrit le danger, ne put se résoudre à garder le silence, il alla à Robespierre, il voulut le lui faire toucher du doigt. Robespierre détourna les yeux et retira sa main ; l'inconnu persiste et sauve son pays... »

INTRODUCTION HISTORIQUE

de l'opinion publique ; mais il est juste au moins que je rende un hommage à ce tribunal vraiment souverain, en répondant devant lui à mes adversaires. Je le dois d'autant plus que, dans les temps où nous sommes, ces sortes d'attaques sont moins dirigées contre les personnes que contre la cause et les principes qu'elles défendent. *Chef de parti, agitateur du peuple, agent du comité autrichien, payé ou tout au moins égaré.*[1] Si l'absurdité de ces inculpations me défend de les réfuter, leur nature, l'influence et le caractère de leurs auteurs méritent au moins une réponse.

« Je ne ferai point celle de Scipion, ou de Lafayette, qui, accusé dans cette même tribune de plusieurs crimes de lèse-nation, ne répondit rien. Je répondrai sérieusement à cette question de Brissot : Qu'avez-vous fait pour avoir le droit de censurer ma conduite et celle de mes amis ? Il est vrai que tout en m'interrogeant, il semble lui-même m'avoir fermé la bouche, en répétant éternellement, avec tous mes ennemis, que je sacrifiais la chose publique à mon orgueil ; que je ne cessais de vanter mes services, quoiqu'il sache bien que je n'ai jamais parlé de moi que lorsqu'on m'a forcé de repousser la calomnie et de défendre mes principes. Mais enfin, comme le droit d'interroger et de calomnier suppose celui de répondre, je vais lui dire franchement et sans orgueil ce que j'ai fait. Jamais personne ne m'accusa d'avoir exercé un métier lâche, ou flétri mon nom par des liaisons honteuses, ou par des procès scandaleux, mais on m'accusa de défendre, avec trop de chaleur, la cause des faibles opprimés contre les oppresseurs puissants ; on m'accusa, avec raison, d'avoir violé le respect dû aux tribunaux tyranniques de l'ancien régime, pour les forcer à être justes par pudeur ; d'avoir immolé à l'innocence outragée, l'orgueil de l'aristocratie bourgeoise, municipale, nobiliaire, ecclésiastique. » Robespierre rappelle avec détail sa conduite lorsqu'il était juge au tribunal de l'évêque d'Arras ; les persécutions qu'il subit « de la part de toutes les puissances conjurées contre lui, » et auxquelles alors « le peuple l'arracha pour le porter dans le sein de l'Assemblée nationale. » Il fait ensuite l'apologie de son attitude à l'Assemblée, où « des courtisans ambitieux, habiles dans l'art de tromper et cachés sous le masque du patriotisme, se réunissaient

1 « Trois opinions partagent le public sur M. de Robespierre, écrivait Brissot dans le *Patriote français* (18 avril 1792) : les uns le croient fou, les autres attribuent sa conduite à une vanité blessée, une troisième partie le croit mis en œuvre par la liste civile. Nous ne croyons jamais à la corruption qu'elle ne soit bien prouvée. »

Maximilien de Robespierre

souvent aux phalanges aristocratiques pour étouffer sa voix. »

Brissot lui avait reproché d'avoir calomnié Condorcet, rappelant la part importante qu'il avait prise avec Voltaire et d'Alembert aux luttes philosophiques desquelles, en définitive, était sortie la Révolution. Voici comment Robespierre répond à ce reproche : « Je pourrais observer que la Révolution a rapetissé bien des grands hommes de l'ancien régime, que, si les académiciens et les géomètres que M. Brissot nous propose pour modèles, ont combattu et ridiculisé les prêtres, ils n'en ont pas moins courtisé les grands et adoré les rois dont ils ont tiré un assez bon parti, et qui ne sait avec quel acharnement ils ont persécuté la vertu et le génie de la liberté dans la personne de ce Jean-Jacques, dont j'aperçois ici l'image sacrée, de ce vrai philosophe qui seul, à mon avis, entre tous les hommes célèbres de ce temps-là, mérita les honneurs publics, prostitués depuis par l'intrigue à des charlatans politiques et à de misérables héros. »

» Vous me demandez tout ce que j'ai fait, poursuit Robespierre, et vous m'avez adressé cette question dans cette tribune, dans cette société, dont l'existence même est un monument de ce que j'ai fait ! Vous n'étiez pas ici lorsque, sous le glaive de la proscription, environné de pièges et de baïonnettes, je la défendais, et contre les fureurs de nos modernes Sylla, et même contre toute la puissance de l'Assemblée constituante. Interrogez donc ceux qui m'entendirent ; interrogez tous les amis de la constitution répandus sur toute la surface de l'empire ; demandez-leur quels sont les noms auxquels ils se sont ralliés dans ces temps orageux. Sans ce que j'ai fait, vous ne m'auriez point outragé dans cette tribune, car elle n'existerait plus, et ce n'est pas vous qui l'auriez sauvée. Demandez leur qui a consolé les patriotes persécutés, ranimé l'esprit public, dénoncé à la France entière une coalition perfide et toute-puissante, arrêté le cours de ses sinistres projets, et converti ses jours de triomphe en jours d'angoisses et d'ignominie. J'ai fait tout ce qu'à fait le magistrat intègre que vous louez dans les mêmes feuilles où vous me déchirez.[1] C'est en vain que vous vous efforcez de séparer des hommes que l'opinion publique et l'amour de la patrie ont unis. Les outrages que vous me prodiguez sont dirigés contre lui-même, et les calomniateurs sont les fléaux de tous les bons citoyens. Vous jetez un nuage sur la conduite et sur les principes de mon compagnon d'armes, vous enchérissez sur les calomnies de nos ennemis communs, quand

---

1 Pétion, dont Robespierre ne devait pas tarder à se séparer avec éclat.

vous osez m'accuser de vouloir égarer et flatter le peuple ! Et comment le pourrais-je ? je ne suis ni le courtisan, ni le modérateur, ni le tribun, ni le défenseur du peuple ! Je suis peuple moi-même. »

Guadet avait dénoncé Robespierre comme étant devenu, « soit malheur, soit ambition, l'idole du peuple, » et ajoutait il : « par amour pour la liberté de notre patrie, il devrait peut-être s'imposer à lui-même la loi de l'ostracisme : car c'est servir le peuple que se dérober à son idolâtrie. » — « Ah ! ce sont les ambitieux et les tyrans qu'il faudrait bannir ! répond Robespierre. Pour moi, où voulez-vous que je me retire ? Quel est le peuple où je trouverai la liberté établie ? et quel despote voudra me donner asile ! Ah ! on peut abandonner sa patrie heureuse et triomphante ; mais menacée, mais déchirée, mais opprimée ? on ne la fuit pas, on la sauve, ou on meurt pour elle. Le ciel qui me donna une âme passionnée pour la liberté, et qui me fît naître sous la domination des tyrans, le ciel qui prolongea mon existence jusqu'au règne des factions et des crimes, m'appelle peut-être à tracer de mon sang la route qui doit conduire mon pays au bonheur et à la liberté ; j'accepte avec transport cette douce et glorieuse destinée. Exigez-vous de moi un autre sacrifice ? Oui, il en est un que vous pouvez demander encore, je l'offre à ma patrie : c'est celui de ma réputation. Je vous la livre, réunissez-vous tous pour la déchirer, joignez-vous à la foule innombrable de tous les ennemis de la liberté, unissez, multipliez vos libelles périodiques, je ne voulais de réputation que pour le bien de mon pays : si, pour la conserver, il faut trahir, par un coupable silence, la cause de la vérité et du peuple, je vous l'abandonne ; je l'abandonne à tous les esprits faibles et versatiles que l'imposture peut égarer, à tous les méchants qui la répandent. J'aurai l'orgueil encore de préférer, à leurs frivoles applaudissements, le suffrage de ma conscience et l'estime de tous les hommes vertueux et éclairés ; appuyé sur elle et sur la vérité, j'attendrai le secours tardif du temps qui doit venger l'humanité trahie et les peuples opprimés.

» Voilà mon apologie, c'est vous dire assez sans doute que je n'en avais pas besoin. »

Cependant en terminant son discours, Robespierre offrait la paix à ses adversaires, à la condition de s'unir ensemble pour combattre les partis ligués contre l'égalité et la constitution. « De tous ces partis, le plus dangereux, à mon avis, disait-il, est celui qui a pour chef le héros qui, après avoir assisté à la révolution du Nouveau-Monde, ne s'est appliqué jusqu'ici qu'à arrêter les progrès de la liberté dans l'ancien, en opprimant ses concitoyens. Voilà, à mon avis, le plus grand des dangers qui menacent la liberté. Unissez-vous à nous pour le prévenir. Dévoilez, comme députés et comme écrivains, et cette faction et ce chef ! » Lorsque Lafayette, après le 20 juin, ayant voulu exercer une pression réactionnaire sur l'Assemblée, fut universellement blâmé, Robespierre se réconcilia publiquement aux Jacobins avec Brissot et Guadet : « J'ai senti, dit-il, que l'oubli et l'union étaient dans mon cœur, au plaisir que m'a fait ce matin le discours de Guadet à l'Assemblée et au plaisir que j'éprouve en ce moment en entendant Brissot ! Unissons-nous pour accuser Lafayette ! » Mais cette réconciliation ne fut pas de longue durée.

Parmi les incidents auxquels donna lieu au club des Jacobins la lutte de Robespierre et des Girondins, il en est un qui est trop caractéristique pour qu'on puisse le passer sous silence. Dans la séance du 26 mars, Robespierre proposa une adresse aux sociétés patriotiques sur les événements qui venaient de s'accomplir. Guadet s'opposa à l'envoi de cette adresse, et parmi les motifs qu'il fit valoir se trouvait celui-ci : « J'ai entendu souvent, dans cette adresse, répéter le mot Providence, je crois même qu'il y est dit que la Providence nous a sauvés malgré nous. J'avoue que, ne voyant aucun sens à cette idée, je n'aurais jamais pensé qu'un homme qui a travaillé avec tant de courage, pendant trois ans, pour tirer le peuple de l'esclavage du despotisme, pût concourir à le remettre ensuite sous l'esclavage de la superstition. »

Voici en quels termes Robespierre répondit à ce reproche : « La superstition, il est vrai, est un des appuis du despotisme, mais ce n'est pas induire les citoyens dans la superstition que de prononcer le nom de la Divinité. J'abhorre, autant que personne, toutes ces sectes impies qui sont répandues dans l'univers pour favoriser l'ambition, le fanatisme et toutes les passions, en se couvrant du pouvoir sacré de l'Éternel qui a créé la nature et l'humanité ; mais je suis bien loin de la confondre avec ces imbéciles dont le despotisme s'est armé. Je soutiens, moi, ces éternels principes sur lesquels s'étaie la faiblesse humaine pour s'élancer à la vertu. Ce n'est point un vain langage dans ma bouche, pas plus que dans celle de tous les hommes illustres qui n'en avaient pas moins de morale, pour croire à l'existence de Dieu. (*Plusieurs voix :* — *À l'ordre du jour !* — *Brouhaha.*) Non, messieurs, vous n'étoufferez pas ma voix, il n'y a pas d'ordre du jour qui puisse étouffer cette vérité : je vais continuer de développer un des principes puisés dans mon cœur, et avoués par tous les défenseurs de la liberté ; je ne crois pas qu'il puisse jamais déplaire à aucun membre de l'Assemblée nationale d'entendre ces principes, et ceux qui ont défendu la liberté à l'Assemblée constituante ne doivent pas trouver d'opposition au sein des Amis de la constitution. Loin de moi d'entamer ici aucune discussion religieuse qui pourrait jeter de la division parmi ceux qui aiment le bien public, mais je dois justifier tout ce qui est attaché sous ce rapport à l'adresse présentée à la Société. Oui, invoquer la Providence et émettre l'idée de l'Être éternel qui influe essentiellement sur les destins des nations, qui me parait à moi veiller d'une manière toute particulière sur la révolution française, n'est point une idée trop hasardée, mais un sentiment de mon cœur, un sentiment qui m'est nécessaire à moi, qui, livré dans l'Assemblée constituante à toutes les passions et à toutes les viles intrigues, et environné de si nombreux ennemis, me suis toujours soutenu. Seul avec mon âme, comment aurais-je pu suffire à des luttes qui sont au-dessus de la force humaine, si je n'avais point élevé mon âme à Dieu. Sains trop approfondir cette idée encourageante, ce sentiment divin m'a bien dédommagé de tous les avantages offerts à ceux qui voulaient trahir le peuple. »

Il faut signaler encore la manifestation de Robespierre dans la séance du 19 mars, contre le bonnet rouge, que portait chaque membre des Jacobins : « En déposant le bonnet rouge, les citoyens qui l'avaient pris par un patriotisme louable, ne perdront rien. Les amis de la liberté continueront à se reconnaître sans peine au même langage, au signe de la raison et de la vertu, tandis que tous les autres emblèmes peuvent être adoptés par les aristocrates et les traîtres. Il faut, dit-on, employer de nouveaux moyens pour ranimer le peuple. Non, car il a conservé le sentiment le plus profond de la patrie… Le peuple n'a pas besoin d'être excité, il faut seulement qu'il soit bien défendu. C'est le dégrader que de croire qu'il est sensible à des marques extérieures. Elles ne pourraient que le détourner de l'attention qu'il donne aux principes de liberté etaux actes des mandataires auxquels il a confié sa destinée. »

C'est dans cette même séance qu'il donna l'accolade à Dumouriez, aux applaudissements de la société et des tribunes.

À la suite de ces discussions, Robespierre avait donné sa démission d'accusateur public, pour se consacrer entièrement, dit-il, « à plaider la cause de l'humanité et de la liberté, comme homme et comme citoyen, au tribunal de l'univers et de la postérité. » Il fonda un journal, le *Défenseur de la constitution*, dont le premier numéro parut dans le courant de mai 1792.

« Le 10 août, dit M. Ernest Hamel, le peuple fit violemment ce qu'il eût voulu voir exécuter par la puissance législative. » Dans le douzième et dernier numéro de son journal, il le félicita de son heureuse initiative, et complimenta l'Assemblée d'avoir enfin effacé, au bruit du canon qui détruisait la vieille monarchie, l'injurieuse distinction établie par la précédente Assemblée entre les citoyens actifs et les citoyens non actifs. Quant aux vainqueurs, il les engageait à tirer de leur triomphe des résultats dignes d'une grande nation : « Vous ne serez heureux que quand vous aurez des lois ; vous n'aurez des lois que quand la volonté générale sera entendue et respectée, et quand les délégués du peuple ne pourront plus la violer impunément en usurpant la souveraineté. »

Nommé dans la soirée du 10, membre du nouveau conseil général de la Commune par sa section (celle de la place Vendôme), il alla, le 14 août, à la tête de cette section, prier l'Assemblée législative de décréter qu'à la place de la statue de Louis XIV, on érigerait sur la place Vendôme un monument en l'honneur des citoyens morts en combattant pour la liberté ; le lendemain, au nom de la Commune, il reparut devant l'Assemblée pour lui demander de prendre des mesures afin que la punition des coupables soit prompte et certaine : « Le décret rendu est insuffisant et il n'y est parlé que des crimes commis dans la journée du 10 août… C'est trop restreindre la vengeance du peuple… Les plus coupables des conspirateurs n'ont point paru dans la journée du 10… Ces hommes qui se sont couverts du masque du patriotisme pour tuer le patriotisme ; ces hommes qui affectaient le langage des lois pour renverser toutes les lois ; et Lafayette, qui n'était peut-être pas à Paris, mais qui pouvait y être ; ils échapperaient donc à la vengeance nationale ! Ne confondons plus les temps. Voyons les principes, voyons la nécessité publique, voyons les efforts que le peuple a faits pour être libre. Il faut au peuple un gouvernement digne de lui… Nous vous prions de nous débarrasser des autorités constituées en qui nous n'avons point de confiance, d'effacer ce double degré de juridiction qui, en établissant des lenteurs, assure l'impunité ; nous demandons que les coupables soient jugés par des commissaires pris dans chaque section, souverainement et en dernier ressort. » Conformément à cette demande, un tribunal extraordinaire fut institué pour juger les conspirateurs, duquel Robespierre fut élu président, en même temps qu'il était appelé à faire partie du conseil de justice auprès du ministre de ce département. Il donna immédiatement sa démission des fonctions de président du tribunal, en disant qu'il ne pouvait être juge de ceux qu'il avait dénoncés, et qui « s'ils étaient les ennemis de la patrie s'étaient aussi déclarés les siens. » D'ailleurs, l'exercice de ces nouvelles fonctions était incompatible avec celles de représentant de la Commune, et il était convaincu que c'était à ce dernier poste « qu'il devait actuellement servir la patrie »[1]

La Convention fut installée le 21 septembre. Dès les premières séances (le 25 septembre), Rebecqui dénonce Robespierre comme le chef d'un parti qui aspire à la dictature ; Barbaroux l'appuie. Voici comment Robespierre lui-même résume, en substance, sa réponse à Rebecqui, dans le *Tableau des opérations de la Convention nationale* publié à la suite des *Lettres à ses commettants* : « Je commence par remercier nos accusateurs. La calomnie sert la chose publique lorsqu'elle se démasque par sa propre adresse. Vous n'attendez pas, sans doute, que je m'abaisse à me justifier d'une inculpation contradictoire et extravagante, dont ceux-mêmes, qui ont consenti à en être l'organe, rougissent déjà, j'en suis sûr ; car j'aime à leur croire quelque pudeur. La seule justification qui pourrait me convenir serait ma vie entière. Celui qui, non content de défendre les principes de l'égalité et les droits du peuple contre toutes les factions qui se sont succédé, a repoussé, loin de lui, tous les objets de l'ambition et les récompenses même du patriotisme par le double décret qui interdisait aux membres de l'Assemblée constituante, et l'accès du ministère, et l'entrée de la seconde législature ; celui-là, dis-je, ne peut être réduit à se disculper du reproche d'une ambition coupable autant qu'insensée. Je ne puis pas même appeler des calomniateurs, les hommes en délire qui ont présenté cette idée. Quand ces hommes pourraient concevoir quelque possibilité d'attacher les quatre-vingt-trois départements qui composent cet empire immense, au joug d'un simple citoyen sans trésors, sans armées, sans autorité, qui compte autant d'ennemis qu'il existe en France d'aristocrates et d'intrigans, connaissent-ils quelque moyen de faire qu'un défenseur de la liberté voulût descendre jusqu'à la dictature, c'est-à-dire, jusqu'à la puissance absolue ? Autant vaudrait dire que les destructeurs des rois pourraient consentir à se souiller, en s'asseyant sur un trône. » Quelques voix se

---

[1] Lettre insérée dans le *Moniteur* du 28 août 1792.

Maximilien de Robespierre

font entendre : « Robespierre ne nous parle point de ta vie passée, contente-toi de nier le fait qu'on t'impute. » « Qu'ai-je fait autre chose que le nier ? Je n'en avais pas besoin sans doute ; car, pense-t-on que je me regarde ici comme accusé ? Non, ce serait à moi d'accuser. Car, qu'est-ce autre chose que cette prétendue dénonciation, si ce n'est le résultat grossier de la plus lâche de toutes les intrigues ? Ce serait à moi de vous dévoiler la coalition criminelle qui, depuis longtemps, ne cesse de faire circuler l'erreur et l'imposture dans les quatre-vingt-trois départements, par le canal des papiers périodiques dont elle dispose, et qui déjà, peut-être, avait armé un grand nombre d'entre vous de préventions sinistres, avant que vous fussiez arrivés sur ce théâtre de la révolution. C'est elle qui cherche à semer la division dans le sein de cette assemblée, en déclarant une guerre absurde aux membres qui la connaissent et qu'elle craint. C'est elle qui cherche à déchirer la république, en calomniant sans cesse le peuple de Paris et tous les mandataires qu'il a honorés de sa confiance ; c'est elle, en un mot, qui s'attache à vous faire regarder les bons citoyens comme une faction, pour empêcher que l'on aperçoive la seule faction véritable qui s'oppose encore à l'établissement de la liberté. Il me suffit, dans ce moment, de vous inviter à observer avec attention toutes ces démarches ; ne jugez les hommes et les choses que par ce que vous aurez vu et entendu vous-mêmes ; prévenez au moins, par une sage impartialité, les conséquences funestes d'un système d'intrigue et de calomnie, qui semble nous présager les plus grands maux. Occupez-vous uniquement du bonheur d'un grand peuple et de l'humanité. Combien de lois salutaires auraient pu enfanter ces séances perdues et déshonorées par des déclamations imbéciles contre la ville de Paris, c'est-à-dire à peu près contre la vingt-cinquième partie de la population qui compose le peuple français ! Commencez dès ce moment par décréter l'unité et l'indivisibilité de la république, comme on vous l'a déjà proposé. Décrétez même, si vous le jugez convenable, la peine de mort contre ceux qui pourraient proposer la dictature ; et parcourons ensuite d'un pas rapide, la carrière glorieuse où le peuple nous a appelés. »

Barbaroux monta ensuite à la tribune pour prouver la dénonciation faite contre Robespierre. Il raconte qu'avant le 10 août, lorsqu'il vint à Paris à la tête des Marseillais, on les invita à venir chez Robespierre ; là, on leur dit qu'il fallait se rallier aux citoyens qui avaient acquis le plus de popularité : « Le citoyen Panis nous désigna nommément

Robespierre comme l'homme vertueux qui devait être le dictateur de la France. Nous lui répondîmes que les Marseillais ne baisseraient jamais le front ni devant un roi, ni devant un dictateur. Voilà ce que je signerai, et ce que je défie Robespierre de démentir. » Ce fut Panis qui se chargea de démentir le récit de Barbaroux : « Je ne lui ai jamais dit un mot de dictature, ni de Robespierre. Je ne sais ce que je dois admirer le plus ou de la lâcheté, ou de l'invraisemblance, ou de la fausseté de sa délation ! Quelles sont les preuves qu'il vous a données ? quels sont ses témoins ? (*Moi !* s'écria Rebecqui.[1]) Vous êtes l'ami de Barbaroux et de plus dénonciateur, je vous récuse. » L'incident en resta là, Marat ayant pris la parole pour se disculper à son tour des accusations dont il avait aussi été l'objet.

Séance du 29 octobre. — Le ministre de l'intérieur Roland lit un rapport sur la situation de Paris, dans lequel il signale l'état anarchique entretenu par les anticipations de la Commune sur les autorités constituées : « L'idée de la souveraineté du peuple, disait Roland, rappelée avec affectation par les hommes qui ont intérêt à persuader au peuple qu'il peut tout pour lui faire faire ce qu'ils veulent ; cette idée, mal appliquée, détachée de la suite des principes dont elle fait partie, a familiarisé avec l'insurrection, et en a inspiré l'habitude comme si l'usage devait en être journalier ; on a perdu de vue qu'elle est un devoir sacré contre l'oppression, mais une révolte condamnable dans l'état de liberté. » Roland termine son rapport en donnant lecture d'une lettre adressée au ministre de la justice, qui indique le dessein de renouveler contre certains

1 Rebecqui avait ouvert le feu contre Robespierre : il avait pris si à cœur cette lutte que le 9 avril il envoya sa démission de la Convention par la lettre suivante :

« Il existe une loi qui condamne à la mort quiconque oserait porter atteinte à la liberté, en vous proposant un roi. Eh bien ! Robespierre vous a proposé un chef, un régulateur, et Robespierre n'a pas porté sa tête sur l'échafaud. Vous avez porté la peine de mort contre quiconque attenterait à la représentation nationale. Eh bien, le 27 décembre 1792 et le 10 mars 1793, on a formé aux Jacobins le projet d'assassiner les représentants du peuple, et tous ces crimes sont impunis. Comme je ne puis, ni ne veux, siéger plus longtemps dans une assemblée qui n'a pas le courage de frapper les coupables, je donne ma démission. » La démission de Rebecqui fut acceptée, sans discussion.

Maximilien de Robespierre

membres de la Convention les massacres de septembre. Il était dit à ce sujet dans cette lettre : « Buzot, Vergniaud, Lasource, etc, voilà ceux que l'on nomme pour être de la cabale Roland ; ils ne veulent entendre parler que de Robespierre. » On demande l'impression du rapport et son envoi aux départements. Robespierre s'y oppose en soutenant que ce rapport n'est qu'un roman diffamatoire contre la Commune de Paris. Les murmures couvrent sa voix ; il s'élève contre le président qui ne veut lui conserver ni la parole, ni le silence. Il parvient à obtenir un peu de calme. Il porte à tous ses collègues le défi de l'accuser en face, en articulant des faits positifs contre lui. — À ces mots, Louvet s'écrie : « Je demande la parole pour accuser Robespierre. » — Et nous aussi, s'écrièrent Barbaroux et Rebecqui. — Voici comment Robespierre rend compte lui-même de cet incident : « Robespierre s'écrie qu'il est temps d'arrêter enfin un système de calomnie dont le ministre Roland est un des principaux artisans, et dont le but est de favoriser les projets d'une coalition qui cherche à démembrer la république. La coalition déploie toutes ses forces pour étouffer sa voix. Il somme tous les complices de la diffamation de monter à la tribune pour articuler des faits précis. Louvet se présente et tire de sa poche un discours volumineux ; il parle deux heures contre les Jacobins, contre la Commune, contre toutes les autorités constituées de Paris, contre la députation de ce département, et surtout contre Robespierre qu'il accuse formellement d'avoir aspiré à la dictature. Robespierre demande qu'il lui soit fixé un jour pour répondre. L'Assemblée ajourne la discussion au lundi suivant… » Il résulte du *Moniteur* que c'est lui-même qui, après avoir demandé la parole, redoutant sans doute la disposition où se trouvait l'Assemblée, réclama un ajournement à huitaine.

Robespierre répondit à Louvet dans la séance du 5 novembre. Les accusations dirigées contre lui étaient vagues : il lui fut facile de les repousser. On l'accuse d'avoir conspiré pour parvenir au pouvoir suprême. Mais n'avait-il pas le premier, avant le 10 août, appelé la Convention comme le seul remède des maux de la patrie. Cette accusation d'ailleurs est invraisemblable. Où étaient ses trésors ? où étaient ses armées ? où était la force qui l'eût rendu capable d'exécuter un pareil projet ? On lui reproche ses rapports avec Marat ; mais ils n'ont eu ensemble qu'une unique entrevue, au mois de janvier 1792, et ils furent si loin de s'entendre, que Marat écrivit en toutes lettres dans son journal, « qu'il l'avait quitté, parfaitement convaincu qu'il n'avait *ni les vues, ni l'audace d'un homme d'État.*»[1] On lui reproche d'avoir exercé aux Jacobins un despotisme d'opinion qui ne pouvait être regardé que comme l'avant-coureur de la dictature. Mais qu'est-ce que le despotisme de l'opinion, à moins que ce ne soit l'empire naturel des principes ! Or cet empire n'est point personnel à tel homme qui les énonce ; il appartient à la raison universelle et à tous les hommes qui veulent écouter sa voix. Ça a été la force de la société des Jacobins d'avoir dénoncé les ennemis de la patrie, abattu le despotisme. Et s'il était vrai qu'il eût en effet obtenu aux Jacobins cette influence qu'on lui suppose gratuitement, que pourrait-on en induire contre lui ? Élevant le débat à la véritable hauteur où il eût dû rester, il justifie le conseil général révolutionnaire de la Commune de Paris, aux actes duquel il était fier de s'être associé. « Citoyens, voulez-vous une révolution sans révolution ? quel est cet esprit de persécution qui est venu réviser pour ainsi dire celle qui a brisé nos fers ? Mais comment peut-on soumettre à un jugement certain les effets que peuvent entraîner ces grandes commotions ? Qui peut après coup marquer le point précis où devaient se briser les flots de l'insurrection populaire ? À ce prix, quel peuple pourrait jamais secouer le joug du despotisme ? Car s'il est vrai qu'une grande nation ne peut se lever par un mouvement simultané, et que la tyrannie ne peut être frappée que par la portion des citoyens qui est plus près d'elle, comment ceux-ci oseront-ils l'attaquer, si après la victoire les délégués, venant des parties éloignées de l'État, peuvent les rendre responsables de la durée ou de la violence de la tourmente politique qui a sauvé la patrie ? Ils doivent être regardés comme fondés de procuration tacite pour la société tout entière. Les Français, amis de la liberté, réunis à Paris, au mois d'août dernier, ont agi à ce titre au nom de tous les départements ; il faut les approuver ou les désavouer tout à fait. Leur faire un crime de quelques désordres apparents ou réels, inséparables d'une grande secousse, ce serait les punir de leur dévouement. Ils auraient droit de dire à leur juges : si vous désavouez les moyens que nous avons employés pour vaincre, laissez-nous les fruits de la victoire. Reprenez votre constitution et toutes vos lois anciennes : mais restituez-nous le prix de nos sacrifices et de nos combats. Rendez-nous nos concitoyens, nos frères, nos enfants qui sont morts pour la

---

1 Voici en quels termes Marat s'exprimait à ce sujet : « Cette entrevue me confirma dans l'opinion que j'avais toujours eue de lui, qu'il réunissait aux lumières d'un sage sénateur l'intégrité d'un véritable homme de bien et le zèle d'un vrai patriote, mais qu'il manquait également et des vues et de l'audace d'un homme d'État. »

Maximilien de Robespierre

cause commune. Citoyens, le peuple qui vous a envoyés a tout ratifié. Votre présence ici en est la preuve ; il ne vous a pas chargés de porter l'œil sévère de l'inquisition sur les faits qui tiennent à l'insurrection, mais de cimenter par des lois justes la liberté qu'elle lui a rendue. L'univers, la postérité ne verra dans ces événements que leur cause sacrée et leur sublime résultat ; vous devez les voir comme elle. Vous devez les juger, non en juges de paix, mais en hommes d'État et en législateurs du monde. Et ne pensez pas que j'aie invoqué ces principes éternels, parce que nous avons besoin de couvrir d'un voile quelques actions répréhensibles. Non, nous n'avons point failli, j'en jure par le trône renversé, et par la république qui s'élève. »

On lui reproche d'avoir eu part aux massacres de septembre : « Ceux qui ont dit qu'il avait eu la moindre part à ces événements sont des hommes ou excessivement modestes ou excessivement pervers. Quant à l'homme qui, comptant sur le succès de la diffamation dont il avait d'avance arrangé tout le plan, a cru pouvoir imprimer impunément que je les avais dirigés, je me contenterais de l'abandonner au remords, si le remords ne supposait une âme. Je dirai pour ceux que l'imposture a pu égarer, qu'avant l'époque où ces événements sont arrivés, j'avais omis de fréquenter le conseil général de la Commune ; l'Assemblée électorale dont j'étais membre avait commencé ses séances ; je n'ai appris ce qui se passait dans les prisons que par le bruit public, et plus tard que la plus grande partie des citoyens, car j'étais habituellement chez moi ou dans les lieux où mes fonctions publiques m'appelaient. » Mais ces événements aussi, tout déplorables qu'ils puissent paraître, il faut les envisager d'un point de vue plus élevé : « On assure qu'un innocent a péri, on s'est plu à en exagérer le nombre ; mais un seul c'est beaucoup trop, sans doute ; citoyens, pleurez cette méprise cruelle, nous l'avons pleurée dès longtemps ; c'était un bon citoyen ; c'était donc l'un de nos amis. Pleurez même les victimes coupables réservées à la vengeance des lois, qui ont tombé sous le glaive de la justice populaire ; mais que votre douleur ait un terme comme toutes les choses humaines. Gardons quelques larmes pour des calamités plus touchantes. Pleurez cent mille patriotes immolés par la tyrannie ; pleurez nos citoyens expirants sous leurs toits embrasés ; et les fils des citoyens massacrés au berceau ou dans les bras de leurs mères. N'avez-vous pas aussi des frères, des enfants, des épouses à venger ? La famille des législateurs français, c'est la patrie, c'est le genre humain tout entier, moins les tyrans et leurs complices. Pleurez donc, pleurez l'humanité abattue sous leur joug odieux. Mais consolez-vous, si, imposant silence à toutes les viles passions, vous voulez assurer le bonheur de votre pays et préparer celui du monde. Consolez-vous, si vous voulez rappeler sur la terre l'égalité et la justice exilées, et tarir, par des lois justes, la source des crimes et des malheurs de vos semblables. La sensibilité qui gémit presque exclusivement pour les ennemis de la liberté m'est suspecte. Cessez d'agiter sous mes yeux la robe sanglante du tyran, ou je croirai que vous voulez remettre Rome dans les fers. En voyant ces peintures pathétiques des Lamballe, des Montmorin, de la consternation des mauvais citoyens, et ces déclamations furieuses contre des hommes connus sous des rapports tout à fait opposés, n'avez-vous pas cru lire un manifeste de Brunswick ou de Condé ? Calomniateurs éternels, voulez-vous donc venger le despotisme ? voulez-vous flétrir le berceau de la république ? voulez-vous déshonorer aux yeux de l'Europe la révolution qui l'a enfantée, et fournir des armes à tous les ennemis de la liberté ? Amour de l'humanité, vraiment admirable, qui tend à cimenter la misère et la servitude des peuples, et qui cache le désir barbare de se baigner dans le sang des patriotes ! » D'accusé, Robespierre se fait accusateur à son tour. Il termine en ces termes : « Vous saurez un jour quel prix vous devez attacher à la modération de l'ennemi que vous vouliez perdre. Et croyez-vous que si je voulais m'abaisser à de pareilles plaintes, il me serait difficile de vous présenter des dénonciations un peu plus précises et mieux appuyées ? je les ai dédaignées jusqu'ici. Je sais qu'il y a loin du dessein profondément conçu de commettre un grand crime à certaines velléités, à certaines menaces de mes ennemis, dont j'aurais pu faire beaucoup de bruit. D'ailleurs, je n'ai jamais cru au courage des méchants. Mais réfléchissez sur vous-même ; et voyez avec quelle maladresse vous vous embarrassez vous-mêmes dans vos propres pièges... ... Vous vous tourmentez depuis longtemps pour arracher à l'assemblée une loi contre les provocateurs au meurtre : qu'elle soit portée ; qu'elle est la première victime qu'elle doit frapper ? N'est-ce pas vous qui avez dit calomnieusement, ridiculement, que j'aspirais à la tyrannie ? N'avez-vous pas juré par Brutus, d'assassiner les tyrans ? Vous voilà donc convaincu par votre propre aveu, d'avoir provoqué tous les citoyens à m'assassiner. N'ai-je pas déjà entendu de cette tribune même, des cris de fureur répondre à vos exhortations ? Et ces promenades de gens armés, qui bravent au milieu de nous l'autorité des

Maximilien de Robespierre

lois et des magistrats ! Et ces cris qui demandent les têtes de quelques représentants du peuple, qui mêlent à des imprécations contre moi, vos louanges et l'apologie de Louis XVI ! Qui les a appelés ! qui les égare ! qui les excite ! Et vous parlez de lois, de vertu, d'agitateurs… … Mais sortons de ce cercle d'infamies que vous nous avez fait parcourir, et arrivons à la conclusion de votre libelle. Indépendamment de ce décret sur la force armée, que vous cherchez à extorquer par tant de moyens, indépendamment de cette loi tyrannique contre la liberté individuelle et contre celle de la presse, que vous déguisez sous le spécieux prétexte de la provocation au meurtre, vous demandez pour le ministre une espèce de dictature militaire, vous demandez une loi de proscription contre les citoyens qui vous déplaisent, sous le nom d'ostracisme. Ainsi vous ne rougissez plus d'avouer ouvertement le motif honteux de tant d'impostures et de machinations ; ainsi vous ne parlez de dictature que pour l'exercer vous-mêmes sans aucun frein ; ainsi vous ne parlez que de proscriptions et de tyrannie, que pour proscrire et tyranniser ; ainsi vous avez pensé que, pour faire de la Convention nationale l'aveugle instrument de vos coupables desseins, il vous suffirait de prononcer devant elle un roman bien astucieux, et de lui proposer de décréter sans désemparer, la perte de la liberté et son propre déshonneur ! Que me reste-t-il à dire contre des accusateurs qui s'accusent eux-mêmes ?… Ensevelissons, s'il est possible, ces méprisables manœuvres dans un éternel oubli. Puissions-nous dérober aux regards de la postérité ces jours peu glorieux de notre histoire, où les représentants du peuple, égarés par de lâches intrigues, ont paru oublier les grandes destinées auxquelles ils étaient appelés. Pour moi, je ne prendrai aucunes conclusions qui me soient personnelles ; j'ai renoncé au facile avantage de répondre aux calomnies de mes adversaires par des dénonciations plus redoutables. J'ai voulu supprimer la partie offensive de ma justification. Je renonce à la juste vengeance que j'aurais le droit de poursuivre contre mes calomniateurs. Je n'en demande point d'autre que le retour de la paix et le triomphe de la liberté. Citoyens, parcourez d'un pas ferme et rapide votre superbe carrière. Et puissé-je, aux dépens de ma vie et de ma réputation même, concourir avec vous à la gloire et au bonheur de notre commune patrie ! »

Louvet voulut répliquer, mais il ne put obtenir la parole. Barbaroux se présenta à son tour pour dénoncer Robespierre. « Il signera sa déclaration, il la gravera sur le marbre, » dit-il. On refuse également de l'entendre. Il descend à la barre pour soutenir son accusation en qualité de pétitionnaire et réclame la faculté que l'on accorde à tout simple citoyen. Un grand tumulte s'élève dans l'Assemblée. Une voix s'élève dans le bruit : « Si Robespierre était pur, il demanderait la parole pour ses adversaires ! » Barère propose de décréter l'ordre du jour, motivé ainsi qu'il suit : « Considérant que la Convention nationale ne doit s'occuper que des intérêts de la république, etc. » « Je ne veux pas de votre ordre du jour, s'écria Robespierre, si vous mettez un préambule qui me soit injurieux ! » La Convention adopte l'ordre du jour pur et simple, après avoir voté l'impression du discours de Robespierre ; et le soir, les Jacobins célébrèrent le triomphe de Robespierre. Robespierre dit dans ses *Lettres à ses commettants*, en rapportant les incidents de cette séance de la Convention que « sa justification fut éclatante et le triomphe de la vérité complet. »

L'instruction du procès du roi devant la Convention fut commencée dans la séance du 7 novembre, par un rapport de Mailhe présenté au nom du comité de législation. Des débats qui se prolongèrent pendant plusieurs séances, s'engagèrent d'abord sur cette question : le roi peut-il être jugé ? Ce fut dans la séance du 30 novembre, à l'occasion d'une discussion sur les moyens de rétablir la tranquillité publique, que Robespierre opina pour la première fois dans le procès : « Je demande qu'au sein de cette Assemblée reviennent pour jamais l'impartialité et la concorde ; je demande de proposer un moyen sûr de confondre les complots de tous les ennemis de la Convention nationale, c'est-à-dire de tous les partisans du royalisme et de l'aristocratie !… Ce moyen, le voici. Je demande que demain le tyran des français, le chef, le point de ralliement de tous les conspirateurs, soit condamné à la peine de ses forfaits. Je demande à prouver en dix minutes que tant que la Convention différera la décision de ce procès, elle réveillera toutes les factions ; elle ranimera toutes les espérances des amis de la royauté. Après demain vous concilierez les droits de la propriété avec la vie des hommes, vous prononcerez sur les subsistances ; le jour suivant vous poserez les bases de toute constitution libre. Alors tous les ennemis de la liberté tomberont à vos pieds ! Mais étouffons les petites passions, car c'est là que nous donnons le signal de la discorde. »

Séance du 2 décembre. — Discours sur les subsistances. Robespierre repousse la théorie de la liberté absolue dont les auteurs, dissertant plus sur le commerce des grains que sur la subsistance du peuple, n'ont mis aucune différence entre le commerce du blé et celui de l'indigo. Si les denrées qui ne tiennent point aux besoins de la vie peuvent être abandonnées aux spéculations les plus illimitées du commerçant, la vie des hommes ne peut être soumise aux mêmes chances. Nul homme n'a le droit d'entasser des monceaux de blé à côté de son semblable qui meurt de faim : « Quel est le premier objet de la société ? C'est de maintenir les droits imprescriptibles de l'homme. Quel est le premier de ces droits ? celui d'exister. La première loi sociale est donc celle qui garantit à tous les membres de la société les moyens d'exister ; toutes les autres sont subordonnées à celle-là ; la propriété n'a été instituée ou garantie que pour la cimenter ; c'est pour vivre d'abord que l'on a des propriétés. Il n'est pas vrai que la propriété puisse jamais être en opposition avec la subsistance des hommes. Les aliments nécessaires à l'homme sont aussi sacrés que la vie elle-même. Tout ce qui est indispensable pour la conserver est une propriété commune à la société entière. Il n'y a que l'excédant qui soit une propriété individuelle et qui soit abandonné à l'industrie des commerçants. Toute spéculation mercantile que je fais aux dépens de la vie de mon semblable n'est point un trafic, c'est un brigandage et un fratricide. D'après ce principe, quel est le problème à résoudre en matière de législation sur les subsistances ? le voici : assurer à tous les membres de la société la jouissance de la portion des fruits de la terre qui est nécessaire à leur existence ; aux propriétaires ou aux cultivateurs le prix de leur industrie, et livrer le superflu à la liberté du commerce. Je défie le plus scrupuleux défenseur de la propriété de contester ces principes, à moins de déclarer ouvertement qu'il entend par ce mot le droit de dépouiller et d'assassiner ses semblables. Comment donc a-t-on pu prétendre que toute espèce de gêne, ou plutôt que toute règle sur la vente du blé était une atteinte à la propriété, et déguiser ce système barbare sous le nom spécieux de la liberté du commerce. » Il demande donc que des précautions soient prises contre le monopole : « J'ai déjà prouvé que ces mesures et les principes sur lesquels elles sont fondées sont nécessaires au peuple. Je vais prouver qu'elles sont utiles aux riches et à tous les propriétaires. Je ne leur ôte aucun profit honnête, aucune propriété légitime ; je ne détruis point le commerce, mais le brigandage du monopole ; je ne les condamne qu'à la peine de laisser vivre leurs semblables. Or, rien sans doute ne peut leur être plus avantageux ; le plus grand service que le législateur puisse rendre aux hommes, c'est de les forcer à être honnêtes gens. Le plus grand intérêt de l'homme n'est pas d'amasser des trésors, et la plus douce propriété n'est point de dévorer la subsistance de cent familles infortunées. Le plaisir de soulager ses semblables, et la gloire de servir sa patrie, valent bien ce déplorable avantage. À quoi peut servir aux spéculateurs les plus avides la liberté indéfinie de leur odieux trafic ? à être ou opprimés, ou oppresseurs. Cette dernière destinée, surtout, est affreuse. Riches égoïstes, sachez prévoir et prévenir d'avance les résultats terribles de la lutte de l'orgueil et des passions lâches contre la justice et contre l'humanité. Que l'exemple des nobles et des rois vous instruise. Apprenez à goûter les charmes de l'égalité et les délices de la vertu ; ou du moins contentez-vous des avantages que la fortune vous donne, et laissez au peuple du pain, du travail et des mœurs. C'est en vain que les ennemis de la liberté s'agitent pour déchirer le sein de leur patrie : ils n'arrêteront pas plus le cours de la raison humaine, que celui du soleil ; la lâcheté ne triomphera point du courage ; c'est au génie de l'intrigue à fuir devant le génie de la liberté. Et vous, législateurs, souvenez-vous que vous n'êtes point les représentants d'une caste privilégiée, mais ceux du peuple français, n'oubliez pas que la source de l'ordre, c'est la justice, que le plus sûr garant de la tranquillité publique, c'est le bonheur des citoyens, et que les longues convulsions qui déchirent les États ne sont que le combat des préjugés contre les principes, de l'égoïsme contre l'intérêt général ; de l'orgueil et des passions des hommes puissants contre les droits et contre les besoins des faibles. »

Séance du 3 décembre. — La discussion sur le procès du roi est rouverte. Il n'y a plus de doute sur ce point : que le roi peut être jugé et qu'il doit l'être par la Convention. Il s'agit d'examiner quelles seront les formes du procès. Robespierre monte à la tribune pour développer son opinion sur le parti à prendre à l'égard de Louis XVI.

Séance du 4 décembre. — Philippeaux demande que la Convention se déclare en permanence jusqu'à ce qu'elle ait statué sur le sort de Louis XVI. Pétion s'y oppose, mais il demande que chaque jour on s'occupe du procès du roi depuis midi jusqu'à six heures. Robespierre demande la parole. Il ne l'obtient qu'à grand'peine, et il commence son discours par dénoncer, aux applaudissements des tribunes, la violation qui a été faite plusieurs fois en sa personne du droit de représentant, par des manœuvres multipliées pour étouffer sa voix. Il dénonce l'intention où l'on paraît être de mettre le trouble dans l'Assemblée, en faisant opprimer une partie par l'autre. Puis, arrivant au sujet de la discussion,

Maximilien de Robespierre

il dit que la mesure que l'on doit prendre, c'est de juger Louis XVI sur-le-champ, sans désemparer. Il ne s'agit pas de faire un procès d'après les règles ordinaires. Il faut, « d'après les principes, condamner Louis XVI sur-le-champ à mort en vertu d'une insurrection. »

Séance du 28 décembre. — Discours de Robespierre contre l'appel au peuple. Il insiste de nouveau sur la nécessité de prendre une décision sans délai. Il déclare qu'il partage avec le plus faible toutes les affections particulières qui peuvent s'intéresser au sort de l'accusé : « inexorable quand il s'agit de calculer, d'une manière abstraite, le degré de sévérité que la justice des lois doit déployer contre les ennemis de l'humanité, j'ai senti chanceler dans mon cœur la vertu républicaine en présence du coupable humilié devant la puissance souveraine. La haine des tyrans et l'amour de l'humanité ont une source commune dans le cœur de l'homme juste qui aime son pays. Mais, citoyens, la dernière preuve de dévouement que les représentants du peuple doivent à la patrie, c'est d'immoler ces premiers mouvements de la sensibilité naturelle au salut d'un grand peuple et de l'humanité opprimée. Citoyens, la sensibilité qui sacrifie l'innocence au crime, est une sensibilité cruelle ; la clémence qui compose avec la tyrannie, est barbare. Citoyens, c'est à l'intérêt suprême du salut public que je vous rappelle. Quel est le motif qui vous force à vous occuper de Louis ? ce n'est pas le désir d'une vengeance indigne de la nation ; c'est la nécessité de cimenter la liberté et la tranquillité publique par la punition du tyran. Tout mode de le juger, tout système de lenteur qui compromet la tranquillité publique contrarie donc directement votre but ; il vaudrait mieux que vous eussiez absolument oublié le soin de le punir que de faire de son procès une source de troubles et un commencement de guerre civile. Pour retarder votre jugement, on vous a parlé de l'honneur de la nation, de la dignité de l'Assemblée. L'honneur des nations, c'est de foudroyer les tyrans et de venger l'humanité avilie ! La gloire de la Convention nationale consiste à déployer un grand caractère, et à immoler les préjugés serviles aux principes salutaires de la raison et de la philosophie ; elle consiste à sauver la patrie et à cimenter la liberté par un grand exemple donné à l'univers. Je vois sa dignité s'éclipser à mesure que nous oublions cette énergie des maximes républicaines, pour nous égarer dans un dédale de chicanes inutiles et ridicules, et que nos orateurs, à cette tribune, font faire à la nation un nouveau cours de monarchie. La postérité vous admirera ou vous méprisera selon le degré de vigueur que vous montrerez dans cette occasion ; et cette vigueur sera la mesure aussi de l'audace ou de la souplesse des despotes étrangers avec vous : elle sera le gage de notre servitude ou de notre liberté, de notre prospérité ou de notre misère. Citoyens, la victoire décidera si vous êtes des rebelles ou les bienfaiteurs de l'humanité ; et c'est la hauteur de votre caractère qui décidera la victoire. » « Oui, je le déclare hautement, poursuit Robespierre, je ne vois plus désormais dans le procès du tyran qu'un moyen de vous ramener au despotisme par l'anarchie ! C'est pour cela qu'on veut changer toutes les assemblées de canton, toutes les sections des villes en autant de lices orageuses, où l'on combattra pour ou contre la personne de Louis, pour ou contre la royauté ; ce projet ne tend qu'à détruire la Convention elle-même : on remettra en question, jusqu'à la proclamation de la république dont la cause se lie naturellement aux questions qui concernent le roi détrôné. C'est le moyen de provoquer la guerre civile… C'est se jouer de la majesté du peuple souverain que de lui renvoyer une affaire qu'il vous a chargés de terminer promptement. Et de quel droit faites-vous l'injure au peuple de douter de son amour pour la liberté ? » Puis Robespierre dénonce de nouveau qu'il existe un projet d'avilir la Convention et de la dissoudre : « Déjà, dit-il, pour éterniser la discorde et se rendre maître des délibérations, on a imaginé de distinguer l'Assemblée en majorité et minorité ; nouveau moyen d'outrager et de réduire au silence ceux qu'on désigne sous cette dernière dénomination. Je ne connais point ici ni minorité, ni majorité. La majorité est celle des bons citoyens ; la majorité n'est point permanente, parce qu'elle n'appartient à aucun parti ; elle se renouvelle à chaque délibération libre, parce qu'elle appartient à la cause publique et à l'éternelle raison ; et quand l'Assemblée reconnaît une erreur, comme il arrive quelquefois, la minorité devient alors la majorité. La volonté générale ne se forme point dans les conciliabules ténébreux, ni autour des tables ministérielles. La minorité a partout un droit éternel, c'est celui de faire entendre la voix de la vérité ou de ce qu'elle regarde comme tel. La vertu fut toujours en minorité sur la terre. Sans cela, la terre serait-elle peuplée de tyrans et d'esclaves ? Hampden et Sidney étaient de la minorité, car ils expirèrent sur un échafaud : les Critias, les Anitus, les César, les Clodius, étaient de la majorité ; mais Socrate était de la minorité, car il avala la ciguë ; Caton était de la minorité, car il déchira ses entrailles. Je connais ici beaucoup d'hommes qui serviront, s'il le faut, la liberté à la mode de Sidney et d'Hampden ;

Maximilien de Robespierre

et n'y en eût-il que cinquante, cette seule pensée doit faire frémir tous ces lâches intrigants qui veulent égarer la majorité. En attendant cette époque, je demande au moins la priorité pour le tyran. Unissons-nous pour sauver la patrie, et que cette délibération prenne enfin un caractère plus digne de nous et de la cause que nous défendons. Bannissons du moins tous ces déplorables incidents qui la déshonorent ; ne mettons pas à nous persécuter plus de temps qu'il n'en faut pour juger Louis. » Robespierre termine son discours en demandant que la Convention déclare Louis coupable et digne de mort.

ANNÉE 1793.

Séance du 6 janvier.[1] — L'ordre du jour appelle la discussion sur la proposition de supprimer la permanence des sections de Paris. Barère, président, ayant mis aux voix si le ministre de l'intérieur serait entendu avant Robespierre, celui-ci s'écrie : « La liberté des opinions n'existe-t-elle donc que pour les calomniateurs et les ministres factieux ? » Une partie entière de l'Assemblée se soulève contre l'orateur, et demande qu'il soit censuré. — On réclame d'un autre côté avec chaleur que Robespierre soit entendu. — Cet état d'agitation dure pendant plusieurs instants. « J'ai le droit de parler… Sans doute, je n'ai point comme tant d'autres un cœur vénal… (Violents murmures). Les cris des intrigants ne m'imposeront pas… (Le trouble s'accroît). » — Les apostrophes les plus vives sont échangées entre les divers côtés de l'Assemblée. Les tribunes se lèvent, et mêlent leurs clameurs à celles de l'Assemblée.

1 Dans cette séance du 6 janvier fut lue à l'Assemblée une adresse du conseil général du département du Finistère demandant l'expulsion de Robespierre.

« Représentants, nous voulons la république une et indivisible ; nous voulons la liberté et l'égalité et le bonheur du peuple… Nous voulons l'ordre et la paix : nous voulons une représentation nationale permanente ; mais nous la voulons pure, nous la voulons libre, puissante, respectée, grande comme la nation dont elle est l'interprète, capable surtout de s'élever au-dessus de tous les despotismes, et de faire taire les clameurs insolentes et séditieuses de ce ramas de factieux stipendiés par un parti secret, et peut-être par des despotes étrangers, pour troubler l'ordre de vos séances. Ce n'est pas assez, représentants, de contenir et de réprimer ces vils mercenaires, vos plus grands ennemis sont dans votre sein. Les Marat, les Robespierre, les Danton, les Chabot, les Bazire, les Merlin et leurs complices, voilà les anarchistes, voilà les vrais contre-révolutionnaires… » — À peu de temps de là, la société populaire d'Amiens envoya à la Convention une adresse conçue dans le même sens.

Le président se couvre. La parole est enfin assurée à Robespierre, qui réclame la permanence des sections, « Dans ce moment-ci, dit-il, les sections, le peuple entier qui ne peut point appartenir à une faction, quelque puissante qu'elle soit, peut seule garantir la tranquillité publique, et assurer le triomphe définitif de la Révolution. »

Séance du 16 janvier. — Vote motivé de Robespierre dans l'appel nominal sur la peine à infliger à Louis XVI.

Séance du 17 janvier. — Il s'oppose à ce que l'on entende les défenseurs : « Les principes mêmes qui ont dicté votre jugement, vous défendent d'entendre les défenseurs de Louis ; vous ouvririez la porte à la réclamation d'une nouvelle procédure, vous ne devez permettre d'élever aucune question nouvelle. » Les défenseurs sont néanmoins entendus, et ils lisent une déclaration du roi qui déclare interjeter appel à la nation elle-même du jugement de ses représentants. Robespierre demande alors que la Convention déclare « que le prétendu appel qui vient de lui être signifié doit être rejeté comme contraire aux principes de l'autorité publique, aux droits de la nation, à l'autorité des représentants, et que l'on interdise à qui que ce soit d'y donner aucune suite, à peine d'être poursuivi comme perturbateur du repos public. »

Séance du 18 janvier. — Il repousse pareillement tout sursis.

Séance du 21 janvier. — Le jour même où Louis XVI fut exécuté, un ancien garde du corps, pour venger la royauté, frappa à mort Michel Lepelletier, un des membres, de la Convention dont les opinions républicaines étaient le plus caractérisées. Robespierre, à la Convention, appuie la motion de Barrère d'accorder à Lepelletier les honneurs du Panthéon. Mais il repousse la proposition de Barère qui voulait que l'on punît de mort quiconque aurait caché l'assassin Pâris ou favorisé sa fuite : « J'attaque le fonds même de la proposition : elle est contraire à tous les principes. Quoi ! au moment où vous allez effacer de votre Code pénal la peine de mort, vous la décréteriez pour un cas particulier ! Les principes d'éternelle justice s'y opposent. Pourquoi d'ailleurs sortir de la loi pour venger un représentant du peuple ? Vous ne le feriez pas pour un simple citoyen ; et cependant l'assassinat d'un citoyen est égal, aux yeux de la loi, à l'assassinat d'un fonctionnaire public. »

Séance du 25 février. — Robespierre se plaint de l'insuffisance de la loi sur les émigrés. Il est nécessaire, dit-il, de revoir cette loi, d'en retrancher toutes les exceptions. De plus, il faut y ajouter des mesures pénales contre les directoires qui conniveraient avec les émigrés, avec les prêtres.

Séance du 5 mars. — Discussion sur la loi des émigrés. Robespierre s'oppose à l'exception que l'on proposait pour les enfants au-dessous de seize ans : « Il est étonnant, dit-il, que lorsque les patriotes se sont indignés de ce que la loi n'était pas assez sévère, on la recommence pour faire des exceptions de cette espèce. Je partage aussi ce sentiment d'humanité qui vous anime. Mais rappeler les fils des émigrés, c'est rappeler les héritiers de leurs crimes, qui ne cesseront de déchirer la patrie jusqu'à ce qu'ils aient vengé leurs pères. Rappeler les fils des émigrés, c'est inoculer dans les veines de la République naissante le poison de l'incivisme. »

Séance du 8 mars. — Il dit que les échecs subis en Belgique ne doivent pas décourager la République : « Pour un peuple libre et naissant à la liberté, le moment d'un échec est celui qui présage un triomphe éclatant, et les avantages passagers des satellites du despotisme sont les avant-coureurs de la destruction des tyrans... Nous avons éprouvé un échec malheureux. Mais à peine est-il capable de retarder d'un instant la prospérité publique qui croîtra avec nos victoires, la liberté et l'égalité que nous porterons aux peuples étrangers... La Convention nationale peut hâter cette heureuse révolution. Il lui suffit de dégager le peuple des entraves dont il est environné, de s'élever elle-même à la hauteur du caractère divin dont elle est revêtue ; car c'est bien une mission divine que celle de créer la liberté, de diriger son impulsion toute puissante vers la chute de la tyrannie et la prospérité des peuples. Il lui suffira de tenir sans cesse le glaive de la loi levé sur la tête des conspirateurs puissants, des généraux perfides, de fouler aux pieds tout esprit de parti et d'intrigue, et de ne prendre pour guide que les grands principes de la liberté et du bien public, de balayer tous les traîtres, de tendre des mains protectrices aux amis de la liberté, au peuple qui a fait la révolution, et dont la prospérité ne peut être assise que sur les bases de l'égalité. »

Séance du 10 mars. — Il appuie l'abolition de la contrainte par corps, réclamée par Danton.

Séance du 10 mars. — À propos des nouvelles des armées, Robespierre insiste sur la nécessité d'instituer un pouvoir plus unitaire et plus actif que celui du conseil exécutif : « On croit avoir tout fait en ordonnant qu'il serait fait un recrutement dans toutes les parties de la République ; et moi je pense qu'il faut encore un régulateur fidèle et uniforme de tous les mouvements de la révolution.., Il nous faut un gouvernement dont toutes les parties soient rapprochées. Il existe entre la Convention et le conseil exécutif une barrière qu'il faut rompre, parce qu'elle empêche cette unité d'action qui fait la force du gouvernement... J'ai été amené à développer ces idées, dit-il en terminant, par cette conviction intime que tout le mal vient de ce que nous n'avons pas un gouvernement assez actif. Je conclus à ce que beaucoup de réformes soient faites dans cette partie, parce que c'est la plus grande mesure de salut public que vous puissiez prendre, et que sans elle vous irez toujours de révolution en révolution, et vous conduirez enfin la République à sa perte. »

Séance du 11 mars. — Discours de Robespierre sur l'organisation du tribunal révolutionnaire : « Il est important de bien définir ce que vous entendez par *conspirateurs* : autrement les meilleurs citoyens risqueraient d'être victimes d'un tribunal institué pour les protéger contre les entreprises des contre-révolutionnaires. » Thuriot demande que Robespierre présente son article comme il le conçoit. — Le voici : « La loi défend, sous peine de mort, tout attentat contre la sûreté générale de l'État, la liberté, l'égalité, l'unité et l'indivisibilité de la République. » Puisque vous avez déclaré révolutionnairement que quiconque provoquerait le rétablissement de la royauté sera puni de mort, je veux que le décret le mentionne. Il faut que tous les écrits... (Il s'élève des murmures dans une partie de la salle.) Il est étrange qu'on murmure, lorsque je propose de réprimer un système d'écrits publics dirigés contre la liberté, qui attaquent les principes de la souveraineté et de l'égalité... Je veux enfin que ce tribunal punisse les administrateurs qui, au mépris des lois et de l'unité de la République, ont levé une force armée de leur pure autorité privée. » Le 20 mars Robespierre est nommé membre du comité de salut public.

Séance du 27 mars, — Robespierre propose que, pour ranimer l'énergie républicaine et confondre les projets de tous les despotes, deux décrets soient rendus : 1° pour expulser du territoire français et des contrées occupées par les armées françaises, tous les membres de la famille Capet ; 2ᵉ pour traduire au tribunal extraordinaire et juger incessamment Marie-Antoinette d'Autriche, comme prévenue d'être complice des <u>attentats commis</u> contre la liberté et contre la sûreté de la nation.[1]

1 Robespierre avait repoussé très-amèrement cette proposition quand, quelques mois auparavant, elle avait été faite par les Girondins. Il s'en explique très-vivement dans sa *Onzième lettre à ses commettants*. « Les intrigants, en la proposant, espéraient se donner un air de républicanisme aux yeux du public... » Un des grands arguments qu'opposait alors Robespierre à cette proposition, c'était l'inviolabilité du caractère

Séance du 3 avril, — Delacroix et Merlin, de retour de leur mission en Belgique, apportent à la Convention les détails de la conspiration de Dumouriez. L'Assemblée se déclare en permanence pour prendre les mesures de salut public que requièrent les circonstances. Robespierre monte à la tribune : « Il est temps que cette comédie finisse. Ce n'est point par des nouvelles tantôt décourageantes, tantôt plus satisfaisantes qu'on doit endormir la nation : il faut que la Convention prenne des mesures révolutionnaires... il faut adopter des mesures dictées par la liberté. Mais je dois déclarer que ce ne sera jamais dans le comité de défense générale qu'elles seront proposées ; car dans ce comité règnent des principes que la liberté réprouve. » Des murmures s'élèvent dans une partie de l'Assemblée et interrompant l'orateur : le président rétablit le silence. Robespierre poursuit : « Citoyens, dans ce moment-ci je me dois à moi-même, je dois à la patrie une profession de foi. Nommé membre du comité de défense générale, mais convaincu que les principes qui doivent sauver la patrie, ne peuvent pas y être adoptés, je déclare que je ne me regarde plus comme faisant partie de ce comité. Je ne suis pas bien

convaincu qu'un système où la royauté serait combinée avec une sorte de constitution aristocratique déplairait à certains membres de ce comité ; je ne suis pas bien convaincu qu'un pareil système ne conviendrait pas à certaines gens qui, quelquefois, parlent de patriotisme, mais qui nourrissent et conservent dans leur âme une haine profonde pour l'égalité. Je ne veux pas délibérer avec ceux qui ont parlé le langage de Dumouriez, avec ceux qui ont calomnié les hommes à qui maintenant Dumouriez déclare une guerre implacable, avec ceux qui, à l'exemple de Dumouriez, ont calomnié Paris et la portion de l'Assemblée vraiment amante de la liberté. S'il ne m'est pas donné de sauver la liberté, je ne veux pas du moins être le complice de ceux qui veulent la perdre ; je ne veux pas être membre d'un comité qui ressemble plutôt à un conseil de Dumouriez qu'à un comité de la Convention nationale. (Murmures à la droite de la tribune.) » Robespierre développe son accusation, et, de représentant dont était investi Philippe-Égalité : « l'expulsion d'un membre de la représentation nationale était un acte dangereux, quelqu'en fût le prétexte, et un moyen d'éconduire les députés patriotes dans la suite ; » enfin « tout ordre arbitraire de proscription lui paraissait un péril éminent qui menaçait la liberté individuelle de tous les ennemis de la liberté. » « Pour moi, disait en terminant Robespierre, je voterai volontiers, avec vous, pour l'exil des Capets ; mais garantissez-moi que ce sera le dernier acte de proscription ; garantissez-moi que le lendemain vous nous permettez de proposer de bonnes lois. »

Brissot ayant demandé à lui répondre, Robespierre lui applique ses accusations. Il termine en déclarant que la première mesure de salut public à prendre, c'est de décréter tous ceux qui sont prévenus de complicité avec Dumouriez, et notamment Brissot.

Séance du 10 avril. — Robespierre est mis en demeure par Guadet de nommer les chefs de la conspiration, et de sortir du vague dans lequel se maintiennent toutes les dénonciations qui sèment l'inquiétude dans la Convention et dans le public : « Une faction puissante, dit-il, conspire avec les tyrans de l'Europe pour nous donner un roi avec une espèce de constitution aristocratique ; elle espère nous amener à cette transaction honteuse par la force des armes étrangères et par les troubles du dedans. Ce système plait à tous les aristocrates bourgeois, qui ont horreur de l'égalité, à qui l'on a fait peur, même pour leurs propriétés... La république ne convient qu'au peuple et aux hommes qui ont une âme pure et élevée... Le système aristocratique dont je parle était celui de Lafayette et de tous ses pareils, connus sous le nom *feuillants* ou de *modérés* ; il a été continué par ceux qui ont succédé à sa puissance... Le caractère commun à tous les ambitieux qui ont paru jusqu'ici sur le théâtre de la révolution, c'est qu'ils ont défendu le peuple aussi longtemps qu'ils ont cru en avoir besoin. Tous ont successivement combattu pour ou contre les Jacobins, selon les temps et les circonstances. » Il dénonce les manœuvres des Girondins commencées longtemps avant la Convention : « Ils n'ont rien négligé pour empêcher la révolution du 10 août ; dès le lendemain ils travaillèrent efficacement à en arrêter le cours. Le jour même du 10, ils firent tout ce qui était en eux pour que le ci-devant roi ne fût pas enfermé au Temple ; ils tâchèrent de nous rattacher à la royauté, en faisant décréter par l'Assemblée législative qu'il serait nommé un gouverneur au prince royal. À ces faits, consignés dans les actes publics et dans l'histoire de notre révolution, vous reconnaissez déjà les Brissot, les Guadet, les Vergniaud, les Gensonné, et d'autres agents hypocrites de la même coalition. » Il énumère longuement les calomnies répandues contre Paris pour exciter la jalousie et la défiance des autres parties de la république ; les éternelles déclamations contre la justice révolutionnaire qui immola les Montmorin, les Senart et d'autres conspirateurs ; les retards apportés au procès du tyran ; les manœuvres employées durant le cours de cette affaire ; les efforts pour sauver Louis XVI ; les trahisons des généraux ; leurs intelligences avec Dumouriez qui vient enfin de lever le masque. Tel était le coupable secret de la

Maximilien de Robespierre

conspiration tramée depuis longtemps contre notre liberté. Le chef de la faction l'a dévoilé au moment où il croyait pouvoir l'exécuter avec succès. En effet, tout semblait disposé pour la favoriser. Les amis et les complices de Dumouriez, membres du comité de défense générale, connaissaient sans doute ces secrets mieux que personne ; mais ils comptaient sur le succès de sa criminelle entreprise. « Je demande, termine Robespierre, que les individus de la famille d'Orléans, dite Égalité, soient traduits devant le tribunal révolutionnaire, ainsi que Sillery, sa femme, Valence, et tous les hommes spécialement attachés à cette maison ; que ce tribunal soit également chargé d'instruire le procès de tous les autres complices de Dumouriez. Oserai-je nommer ici des patriotes tels que Brissot, Vergniaud, Gensonné, Guadet ? »

Séance du 11 avril. — Robespierre réclame la mise en liberté des prisonniers pour dettes, en exécution du décret qui abolit « l'usage inhumain de la contrainte par corps. »

Séance du 13 avril. — À propos de la proclamation de Cobourg, il demande la mise hors la loi de quiconque proposerait de transiger avec l'ennemi, — et la mise à prix de la tête de l'ancien ministre de la guerre, Beurnonville, complice de Dumouriez. Il justifie Marat, « dont il n'a point partagé les erreurs qu'on travestit ici en crimes, mais qu'il regarde comme un bon citoyen, zélé défenseur de la cause du peuple.»[1]

Séance du 24 avril. — Discours sur la propriété, suivi d'un projet complet de déclaration des droits de l'homme et du citoyen.

Séance du 6 mai. — Robespierre invite la Convention à appuyer de toute sa force les autorités constituées de Paris : « En vain, dit-il, on forme des complots contre la république, contre la liberté : la liberté, la république triompheront de tous les complots. »

Séance du 8 mai. — Il demande l'arrestation de tous les suspects et l'armement général de tous les citoyens pour repousser les ennemis de la liberté. — Dans la même séance, il prend de nouveau la parole pour dénoncer les agitations contre-révolutionnaires. Il accuse l'Assemblée de protéger à Paris les complices des rebelles, et il fait retomber sur elle la responsabilité « de ce funeste système qui tend à organiser la guerre civile. »

Séance du 10 mai, — Discours sur la constitution. — Le 18 mai, la Convention crée une commission des douze pour contre-balancer le

---

1 Marat fut triomphalement acquitté le 24 avril par le tribunal révolutionnaire.

pouvoir de la Commune. C'était un défi. Robespierre y répond le 26 mai, aux Jacobins, par un appel à l'insurrection : « Je vous disais que le peuple doit se reposer sur sa force ; mais, quand le peuple est opprimé, quand il ne lui reste plus que lui-même, celui-là serait un lâche qui ne lui dirait pas de se lever ! C'est quand toutes les lois sont violées, c'est quand le despotisme est à son comble, c'est quand on foule aux pieds la bonne foi et la pudeur, que le peuple doit s'insurger ! Ce moment est arrivé : nos ennemis oppriment ouvertement les patriotes ; ils veulent, au nom de la loi, replonger le peuple dans la misère et dans l'esclavage. Je ne serai jamais l'ami de ces hommes corrompus, quelques trésors qu'ils m'offrent. J'aime mieux mourir avec les républicains que de triompher avec ces scélérats. (Applaudi.) — J'exhorte chaque citoyen à conserver le sentiment de ses droits ; je l'invite à compter sur sa force et sur celle de toute la nation ; j'invite le peuple à se mettre, dans la Convention nationale, en insurrection contre tous les députés corrompus. (Applaudi.) Je déclare qu'ayant reçu du peuple le droit de défendre ses droits, je regarde comme mon oppresseur celui qui m'interrompt ou qui me refuse la parole, et je déclare que, moi seul, je me mets en insurrection contre le président et contre tous les membres qui siègent dans la Convention. (Applaudi.) » Toute la société se lève et se déclare en insurrection contre les députés corrompus.

Le 28 mai, Robespierre prend la parole à la Convention : « Je réclame votre attention et votre indulgence, parce que je suis dans l'impossibilité physique de dire tout ce que m'inspire ma sensibilité pour les dangers de la patrie, indignement trahie. » Il ne dit que quelques mots pour citer un passage d'un discours prononcé par Brissot, le 25 juillet dernier, à la tribune de l'Assemblée législative : « Les royalistes, continue-t-il, ne cessent de conspirer avec les ennemis intérieurs et extérieurs de la république. Voilà la déclaration que je voulais faire avant de voir la faction détestable consommer la ruine de la patrie, si toutefois la patrie pouvait périr sous les coups des plus vils mortels. Maintenant, je laisse ces hommes criminels finir leur odieuse carrière. Je leur abandonne cette tribune ; qu'ils viennent y distiller leurs poisons ; qu'ils viennent y secouer les brandons de la guerre civile ; qu'ils entretiennent des correspondances avec les ennemis de la patrie ; qu'ils finissent leur carrière ; la nation les jugera. Que ce qu'il y a de plus lâche, de plus vil et de plus impur sur la terre triomphe et ramène à l'esclavage une nation de vingt-cinq millions d'hommes qui voulaient être libres ! Je regrette que la faiblesse de mes organes ne me permette pas de développer toutes leurs trames. C'est aux républicains à les replonger dans l'abîme de la honte. »

Il reprend la parole dans la séance du 31 mai : il demande la suppression de la commission des douze ; il dit que ce ne sont pas des mesures insignifiantes qui peuvent sauver la patrie ; il s'étend longuement sur les dangers qui menacent la république… « Concluez donc, » lui crie Vergniaud ? — « Oui, je vais conclure, et contre vous ! contre vous qui, après la révolution du 10 août, avez voulu conduire à l'échafaud ceux qui l'ont faite ! contre vous, qui n'avez cessé de provoquer la destruction de Paris ! contre vous, qui avez voulu sauver le tyran ! contre vous, qui avez conspiré avec Dumouriez ! contre vous, qui avez poursuivi avec acharnement les mêmes patriotes dont Dumouriez demandait la tête ! contre vous, dont les vengeances criminelles ont provoqué ces mêmes cris d'indignation dont vous voulez faire un crime à ceux qui sont vos victimes ! Eh bien ! ma conclusion, c'est le décret d'accusation contre tous les complices de Dumouriez et contre tous ceux qui ont été désignés par les pétitionnaires. »

Séance du 8 juin. — À la suite de l'événement du 31 mai, Barrère, au nom du comité de salut public, proposait une série de mesures ayant pour objet : de garantir la Justice et la liberté dans le procès des Girondins ; la suppression de tous les comités révolutionnaires pour ramener tous les pouvoirs à la Convention ; le rétablissement de la liberté de la presse : « En vain, dirait-on qu'il est quelques journaux qui se sont plus ou moins écartés du but utile que doit se proposer tout homme qui écrit pour ses concitoyens ; la vérité jaillit de la diversité et du choc des opinions, et d'ailleurs, citoyens, que penseriez-vous d'une liberté qui dépendrait de quelques journaux ? Que devient la liberté de la presse ? que devient le droit d'écrire et d'imprimer son opinion, si l'imprimé ne peut se distribuer ou se vendre ? La police du despotisme usait de ces petits moyens ; voudrions-nous imiter les tyrans, nous qui les combattons ? Il faut briser ces misérables entraves données à la presse et aux journaux, ce n'est pas avec des entraves et des contraintes que l'on défend la cause de la liberté. C'est avec du courage et de bonnes lois que les calomnies ou les erreurs des journalistes sont sans effet. » Barrère proposait encore qu'il soit envoyé aux départements dont les députés étaient détenus, un nombre égal d'otages pris dans le sein de la Convention. C'était le moyen de rendre toute la nation solidaire du mouvement de Paris, « Hommes de la Montagne, s'écriait Barrère, vous ne vous êtes pas placés sans doute sur ce point élevé pour vous élever au-dessus de la vérité. — Quelques persuadés que vous soyez que la France, juge unique et souveraine de cette grande cause, ne désavouera pas votre jugement, vous n'en devez pas moins, pour vous-mêmes et pour le salut de la patrie, prendre cette mesure. Elle est juste, elle est donc nécessaire ; elle a de la grandeur, elle doit donc vous plaire. Cette mesure est généreuse, elle est propre à toucher une nation qui peut se croire outragée, mais qui est magnanime. Députés, citoyens, hommes, votre Comité de salut public ne découvre pas d'autre moyen de sauver la France… Chaque otage que vous enverrez à un département prêt à s'indigner et à se diviser, est une chaîne sacrée par laquelle vous le retenez lié à Paris et à toute la France. » Cette proposition, appuyée par Danton, fut d'abord accueillie avec enthousiasme. Couthon, un des membres qui avaient motivé le décret d'arrestation, se présenta pour aller à Bordeaux. Mais Robespierre repoussa ce projet comme « de nature à réveiller de dangereuses impressions, à troubler la tranquillité qui désormais doit régner dans cette assemblée et dans toute la république. » La France était asservie aux manœuvres des aristocrates, il ne fallait pas désarmer la révolution. — « Est-ce dans le moment où vous n'avez pas assez de vertu, de sagesse et d'énergie, pour dompter tous les ennemis extérieurs et intérieurs de la liberté, que vous devez chercher à comprimer le zèle, l'effervescence même du patriotisme ? Est-ce dans le moment où les traîtres s'agitent de toutes parts, que vous devez supprimer les comités de surveillance, les comités révolutionnaires que le peuple, fatigué de trahisons, a choisi pour déjouer les complots, et opposer une force active aux efforts de l'aristocratie ? » Quant au point relatif à de prétendus otages : « Je ne crois pas, dit-il, que cette idée mérite une discussion. »

Séance du 13 juin. — Il fait approuver la conduite de la Commune de Paris, dans l'affaire du 31 mai.

Séance du 16 juin, — Il demande que l'on prenne des mesures énergiques contre les conspirateurs girondins : « Jusqu'à ce que cette faction soit écrasée, anéantie, nul homme ne pourra être impunément vertueux. Sortez de la léthargie où vous êtes, écrasons tous nos ennemis… Je demande que vous fassiez une adresse au peuple, où tous les faits qui démontrent la conspiration seront dévoilés ; une autre adresse sur les dangers de la patrie, et que le comité de salut public prenne les mesures

Maximilien de Robespierre

les plus sévères pour arrêter ces journalistes infidèles qui sont les plus dangereux ennemis de la liberté. »

Séance du 14 juin. — La discussion de la Constitution vient faire trêve un instant à ces agitations passionnées. Robespierre prend la parole contre un article, portant que les assemblées primaires pourraient se former extraordinairement par la réunion de la majorité plus un des membres qui la composent : « L'article soumis à la délibération est si vague, qu'il détruit toute espèce de gouvernement, il établit une espèce de démocratie qui renverse les droits du peuple. En effet, ces assemblées n'ayant pas un objet déterminé, elles pourront faire tout ce qu'elles voudront, et par là vous créez la démocratie pure, une démocratie qui ne sera point tempérée par des lois sages qui peuvent la rendre stable. D'ailleurs, combien de temps durera l'assemblée ? Cela n'est point déterminé, les intrigants, les riches prolongeront les assemblées ; le pauvre se retirera pour aller travailler, parce qu'il n'a que son travail pour vivre. Les premiers feront tout ce que bon leur semblera. » Il appuie la formation de corps électoraux pour nommer le conseil exécutif, les conseils administratifs et judiciaires, au lieu de les faire élire directement par le peuple : « Je vous prie de remarquer combien il est essentiel à la liberté qu'il ne s'établisse pas une rivalité dangereuse entre le conseil exécutif et le corps législatif, ce qui ne manquerait pas d'arriver, si les pouvoirs du conseil lui venaient immédiatement du peuple comme ceux du corps législatif, car, les tenant de même source, il pourrait se croire égal en puissance, et augmenter encore son ascendant de toute la force dont il est, par sa nature, environné pour l'exécution. »

Séance du 15 juin. — Il trouve trop absolue la déclaration constitutionnelle « que les représentants ne pourront être recherchés, accusés, ni jugés en aucun temps pour les opinions énoncées dans le corps législatif. » Il voudrait que l'on examinât les moyens de les rendre justiciables directement de leurs mandants à la fin de chaque législature.

Séance du 16 juin. — Il fait substituer cette formule, en tête des décrets des actes publics : *Au nom du peuple français*, au lieu de : *Au nom de la République française.* — « Le mot de république caractérise le gouvernement ; le peuple caractérise le souverain. » Il développe de nouveau les idées sur la souveraineté qu'il avait déjà émises à l'Assemblée constituante : « J'observe que le mot de *représentant* ne peut être appliqué à aucun mandataire du peuple, parce que la volonté ne peut se représenter. Les membres de la législature sont les mandataires à qui le peuple a donné la première puissance ; mais, dans le vrai sens, on ne peut pas dire qu'ils le représentent… La législature fait des lois et des décrets ; les lois n'ont le caractère de lois que lorsque le peuple les a formellement acceptées. Jusqu'à ce moment elles n'étaient que des projets ; alors elles sont l'expression de la volonté du peuple. Les décrets ne sont exécutés, avant d'être soumis à la ratification du peuple, que parce qu'il est censé les approuver ; il ne réclame pas, son silence est pris pour une approbation. Il est impossible qu'un gouvernement ait d'autre principe. Le consentement est exprimé ou tacite ; mais, dans aucun cas, la volonté souveraine ne se représente, elle est résumée, le mandataire ne peut être représentant ; c'est un abus de mots, et déjà en France on commence à revenir de cette erreur. »

Séance du 17 juin. — Ducos ayant exprimé l'opinion qu'il était de stricte justice que l'homme qui ne jouit que de l'absolu nécessaire ne paie aucune contribution, Robespierre s'élève contre cette idée : « J'ai partagé un moment l'erreur de Ducos ; je crois même l'avoir écrite quelque part, mais j'en reviens aux principes et je suis éclairé par le bon sens du peuple, qui sent que l'espèce de faveur qu'on lui présente n'est qu'une injure. En effet, si vous décrétez, surtout constitutionnellement, que la misère excepte de l'honorable obligation de contribuer aux besoins de la patrie, vous décrétez l'avilissement de la partie la plus pure de la nation ; vous décrétez l'aristocratie des richesses, et bientôt vous verriez ces nouveaux aristocrates, dominant dans les législatures, avoir l'odieux machiavélisme de conclure que ceux qui ne paient point les charges ne doivent point partager les bienfaits du gouvernement ; il s'établirait une classe de prolétaires, une classe d'ilotes, et l'égalité et la liberté périraient pour jamais. N'ôtez point aux citoyens ce qui est le plus salutaire, la satisfaction de présenter à la république le denier de la veuve… Ce qu'il y a de populaire, ce qu'il y a de juste, c'est le principe consacré dans la déclaration des droits, que la société doit le nécessaire à tous ceux de ses membres qui ne peuvent se le procurer par le travail. Je demande que ce principe soit inséré dans la Constitution, que le pauvre, qui doit une obole pour sa contribution, la reçoive de la patrie pour la reverser dans le trésor public. »

Séance du 17 juin. — Robespierre revendique l'indépendance des fonctionnaires vis-à-vis du conseil exécutif et il s'oppose à l'arbitrage forcé. Il préfère, dans tous les cas, les juges nommés par le peuple aux arbitres choisis par les parties.

Maximilien de Robespierre

Séance du 15 juin. — Il s'oppose à un sursis de trois jours demandé par Bazire au nom du comité de sûreté générale, pour deux condamnés à mort dans l'affaire de Bretagne, qui demandent à déclarer des faits importants : « C'est cette faiblesse liberticide qui toujours a été la cause de nos malheurs... Si vous voulez maintenir la liberté, soyez inexorables pour les conspirateurs. » On reprend la suite de la discussion sur la Constitution. Il ne veut pas que le corps législatif puisse siéger en même temps que la Convention : « Un peuple qui a deux espèces de représentations cesse d'être un peuple unique. Une double représentation est le germe du fédéralisme et de la guerre civile. » Il ne veut pas non plus qu'on fixe la durée des conventions nationales : « Fixer par la Constitution un terme à la représentation nationale qui vient créer une constitution nouvelle, c'est oublier tous les principes de la souveraineté du peuple... Si cependant une convention prolongeait son autorité au-delà du terme que lui prescrirait l'intérêt public, alors la nation fatiguée la forcerait bien d'abandonner ses fonctions. »

Mercier s'oppose à l'art. 4 du chap. XXV ainsi conçu : « Le peuple français ne fait point la paix avec un ennemi qui occupe son territoire. » — « Avez-vous fait, dit-il, un traité avec la victoire. » — « Nous en avons fait un avec la mort, » répliqua Bazire. Robespierre prend la parole pour appuyer Bazire. « Je n'aurais jamais cru, dit-il, qu'un représentant du peuple français osât professer ici une maxime d'esclavage et de lâcheté. » — Fonfrède demande que dans la garantie des droits soit consacrée expressément la liberté des cultes. Robespierre s'y oppose : « Je crains que les conspirateurs ne tirent de l'article constitutionnel qui consacrera la liberté des cultes le moyen d'anéantir la liberté publique ; je crois que les hommes qui voudront former des associations contre-révolutionnaires ne les déguisent sous des formes religieuses. » Il demande l'ordre du jour, « motivé sur ce que le principe de la liberté des opinions est consacré à la déclaration des droits. » Fonfrède appuie lui-même l'ordre du jour ainsi motivé.

Séance du 19 juin. — Il n'était pas fait mention du jury dans la Constitution. Cambacérès réclama l'institution des jurés au civil. Robespierre observe que la différence est moins dans le principe que dans les détails. « Faites attention que si l'institution des jurés nous a paru si intéressante autrefois, ce fut moins par sa nature que par la position dans laquelle nous étions... Mais raisonnons dans l'état où nous sommes aujourd'hui. Si vos jurés ne sont pas nommés par le peuple, ils valent moins que les Juges actuels ; s'ils le sont, l'institution n'a d'autre avantage que de multiplier les juges, d'en donner pour le fait et pour le droit… La question se réduit donc à ce point simple : Est-il avantageux de donner aux citoyens des juges pour le fait et des juges pour le droit, ou de faire prononcer par une seule espèce de juges sur tous leurs différends. » C'est à ce dernier parti que s'arrêta la Convention, en instituant des arbitres publics élus par les assemblées électorales.

Séance du 21 juin. — Il repousse le projet d'organisation de l'emprunt forcé présenté par Mallarmé, et demande le renvoi au comité afin qu'il présente un projet plus sage pour concilier les besoins des finances avec ce qui est dû à la tranquillité publique.

Séance du 22 juin. — Un membre demandait que le titre de la déclaration des droits fût ainsi fixé : *Déclaration des droits et des devoirs du peuple.* — Robespierre rappelle que l'Assemblée constituante a soutenu un combat pendant trois jours contre le clergé pour qu'on n'insérât pas dans la déclaration le mot *devoir.* « Vous devez simplement poser les principes généraux des droits du peuple, d'où dérivent naturellement ses devoirs. » Le côté droit s'était abstenu de prendre part à la délibération qui consacre la déclaration des droits : « Ce procédé de quelques individus, dit Robespierre, m'a paru si extraordinaire, que je ne puis croire qu'ils adoptent des principes contraires à ceux que nous consacrons, et j'aime à me persuader que, s'ils ne se sont point levés avec nous, c'est plutôt parce qu'ils sont paralytiques que mauvais citoyens. »

Séance du 24 juin. — Ducos demande qu'avant de traduire en jugement les membres détenus, comme le réclamait Amar, on présente à la convention le rapport sur les faits qui leur sont reprochés. — Quoi ! s'écrie Robespierre, il existe encore des hommes qui feignent d'ignorer, de douter des faits que la France entière connaît… On a dit qu'on demandait un rapport pour vous-mêmes ! Quoi ! l'on met en parallèle la Convention nationale et une poignée de conspirateurs ! (*Applaudissements des tribunes et d'une partie de la salle. De violents murmures se font entendre* dans la partie droite.) — LEGENDRE : Je demande que le premier rebelle, le premier de ces révoltés, (*en désignant la partie droite*) qui interrompra l'orateur, soit envoyé à l'Abbaye. — Robespierre continue son discours sur le même ton en flétrissant les Girondins et « *leurs complices* qui siègent encore dans l'Assemblée. »

Maximilien de Robespierre

Fonfrède ayant demandé que le lieu de la détention des députés soit positivement désigné dans le décret, est interrompu par plusieurs cris : *À l'Abbaye !*

Séance du 25 juin. — Jacques Roux se présente à la barre, à la tête d'une députation de la section des Gravilliers, et se plaint que l'Assemblée n'ait pas assez fait pour le peuple et pour l'égalité, et n'ait pas pris de mesures notamment pour l'extirpation de l'agiotage et de l'accaparement : « Nous vous déclarons que vous n'avez pas tout fait, dit l'orateur. Vous qui habitez la Montagne, dignes sans culottes, resterez vous toujours immobiles sur le sommet de ce rocher immortel. » Robespierre dénonce l'intention perfide de l'orateur : « Il veut jeter sur les patriotes une teinte de modérantisme qui leur fasse perdre la confiance du peuple. » Legendre demande que « cet homme soit chassé. » Cette proposition est adoptée.

Robespierre demande ensuite que le décret qui ordonne que le lendemain on lira le rapport sur les détenus, soit rapporté : « Il me semble que nous nous occupons beaucoup trop de ces misérables individus. »

Séance du 7 juillet. — Il s'élève contre les bruits, répandus par la malveillance, de l'évasion de Louis XVII, et il y voit une « nouvelle intrigue de ces lâches conspirateurs qui depuis plusieurs mois s'efforcent d'égorger la liberté avec le poignard de la calomnie. »

Séance du 9 juillet. — Le ministre de l'intérieur propose à la Convention de prendre occasion de l'enthousiasme avec lequel tous les départements acceptent la constitution, pour amnistier les administrateurs rebelles qui abjureraient leurs erreurs et se rallieraient à la majorité de la nation qui veut la république une et indivisible. — Robespierre demande qu'il ne soit donné aucune suite à cette proposition : « Loin de nous des idées de faiblesse au moment où la liberté triomphe, et où la république commence à s'asseoir. »

Séance du 13 juillet. — Robespierre donne lecture à la Convention de l'ouvrage posthume de Michel Lepelletier sur l'éducation, afin de prouver, dit-il, « que les implacables ennemis des rois que la tyrannie peint si farouches et si sanguinaires ne sont que les plus tendres amis de l'humanité. »

Séance du 24 juillet. — Le Comité de constitution propose le mode d'exécution du décret qui ordonne la déportation des prêtres réfractaires à la Guyane. À cette occasion Danton est d'avis qu'on pourrait se contenter de les expulser du territoire, avec défense d'y rentrer sous peine de mort. Lacroix propose de les tenir jusqu'à la paix enfermés dans des châteaux forts. — Robespierre repousse ces adoucissements : « La Convention nationale a rendu un décret sage pour éloigner du sol français la peste contagieuse des prêtres fanatiques ; et c'est aujourd'hui qu'on lui propose de la rapprocher de nous ! »

Séance du 2 août. — Il prend la parole pour appuyer la mise en accusation de Carra. Le grand crime de Carra que développe Robespierre était d'avoir en 1792 conçu l'idée de placer sur le trône français un prince d'Angleterre. On lui reprochait aussi un article où il aurait fait l'éloge de Brunswick. — Carra interrompt Robespierre pour expliquer cet article qui est faussement interprété. — « Ce n'est point aux conspirateurs, dit Robespierre, à interrompre le défenseur de la liberté. (*Vifs applaudissements.*) » — Robespierre continue son accusation qu'il termine par l'apostrophe suivante : « Carra, vas devant ce tribunal redoutable aux assassins de leur pays (le tribunal révolutionnaire,) vas sophistiquer, vas commenter, vas mentir avec impudence ; et nous, citoyens, il en est temps encore, sauvons la patrie (*Vifs applaudissements.*) Guyomard et Pons de Verdun demandent vainement que Carra soit entendu. — « Le décret d'accusation est assez justifié, » dit Robespierre ; et la mise en accusation est décrétée par la Convention.

Séance du 8 août. — La veuve Marat vient à la barre de la Convention, demander justice « des attentats nouveaux contre la mémoire du plus intrépide et du plus outragé des défenseurs du peuple ; « elle dénonce en particulier la spéculation mercenaire de Jacques Roux et de Leclerc, qui trompent le peuple, en prétendant continuer la publication du journal de Marat. — Robespierre appuie cette pétition : « La mémoire de Marat doit être défendue par la Convention et par tous les patriotes. »

Séance du 12 août. — Robespierre réclame des mesures énergiques de salut public : « Nous avons trop facilement cru que le génie du peuple suffisait pour rompre les entraves de la trahison. Nous avons été trop indulgents envers les traîtres... Comment déjouer les conspirateurs, s'ils sont sûrs de l'impunité, et s'il faut des mois entiers pour prononcer leur condamnation ? Que la tête de Custine tombant sous le glaive de la loi soit le garant de la victoire ! Que le glaive de la loi planant avec une rapidité terrible sur la tête des conspirateurs, frappe de terreur leurs complices ! Que le peuple lève enfin sa tête triomphante, et les tyrans ne seront plus ! Il faut donc stimuler le zèle du tribunal révolutionnaire ; il faut lui ordonner de juger les coupables qui lui sont dénoncés vingt-quatre heures après la remise des preuves ; il faut plus, c'est de multiplier son action... Que ces grands exemples anéantissent les séditions par la terreur qu'ils inspireront à tous les ennemis de la patrie.»[1]

Séance du 13 août. — Il appuie le plan de Lepelletier, qui joint à l'instruction, l'éducation républicaine, et qui charge la République non-seulement d'instruire mais à la fois de nourrir les enfants des citoyens pauvres.

Séance du 24 août. — Il est élu président de la Convention nationale.

1 Ce discours de Robespierre, tel qu'il est reproduit au *Moniteur,* n'est qu'un écho affaibli des discours qu'il prononça aux Jacobins vers la même époque et notamment les 11 et 25 août. « Il faut, disait-il dans la séance du 11 août, il faut que le peuple, ranimant son énergie au souvenir de Lacédémone et d'Athènes, jure de s'ensevelir sous les ruines de la république, si elle courait le danger d'être anéantie. Si le peuple entier ne se ranime à l'aspect de nos malheurs ; si un citoyen ne se lève pas parmi nous, ne sort pas des rangs pour se consacrer au salut de la patrie par la chute de ses oppresseurs, c'en est fait de la liberté, elle ne survivra pas à notre courage. Il faut aussi que les journalistes, qui sont évidemment les complices de Londres et de Berlin ; ces hommes stipendiés par nos ennemis, qui cachent l'art d'épouvanter le peuple sous l'air de soigner ses intérêts avec plus de zèle ; qui trouvent le moyen, par de préten-dues vérités, de porter dans son sein, la défiance, la terreur et la consternation ; il faut, dis-je, que ces hommes soient punis : il faut qu'on les enchaîne. Qu'ils le soient aussi, ces conspirateurs qui voient avec une horrible satisfaction arriver le moment où le peuple, obligé de se répandre sur une grande surface, leur permettra de se réunir et de conspirer ouvertement ! Que pas un d'eux n'échappe, et si les patriotes doivent mar-cher tous, que les aristocrates soient tenus dans les chaînes. Il est une classe d'hommes d'autant plus dangereuse, qu'ils sollicitent la pitié. Il faut enfermer cette foule de gens qui parcourent les rues de la ville, offrant partout l'image de la famine, de l'indigence et de l'aristocratie ; car ces hommes sont payés pour séduire le peuple et le rendre dupe de sa crédulité et de sa compassion. » Dans un discours du 25 août il dénonce particulièrement les lenteurs perfides et calculées du tribunal révolutionnaire, « les formes avocatoires dont il s'est entortillé. » « il ne faut pas qu'un tribunal établi pour faire marcher la révolution la fasse rétrograder par sa lenteur criminelle ; il faut qu'il soit actif autant que le crime ; il faut qu'il soit toujours au niveau des délits. Il faut que ce tribunal soit composé de dix personnes qui s'occupent seulement à rechercher le délit et à appliquer la peine ; il est inutile d'accumuler des jurés et des juges, puisqu'il n'existe qu'une seule sorte de délit à ce tribunal, celui de haute trahison, et qu'il n'y a qu'une seule peine, qui est la mort ; il est ridicule que des hommes soient occupés à chercher la peine qu'il faut appliquer à tel délit, puisqu'il n'en est qu'une, et qu'elle est applicable *ipso facto.* »

Séance du 29 août. — Billaud-Varennes demande la création d'une commission chargée de surveiller le pouvoir exécutif dans l'exécution des lois. — Robespierre repousse vivement cette proposition : « Citoyens, je dois le dire avec franchise, ce n'est pas d'aujourd'hui que je m'aperçois qu'il existe un système perfide de paralyser le Comité de salut public en paraissant l'aider dans ses travaux, et qu'on cherche à avilir le pouvoir exécutif, afin qu'on puisse dire qu'il n'y a plus en France d'autorité capable de manier les rênes du gouvernement. »

Séance du 17 septembre. — Par un décret du 9 septembre la Convention avait décidé qu'il n'y aurait désormais dans les sections de Paris que deux séances par semaine et avait alloué aux citoyens indigents une indemnité de 40 sous par séance. Varlet, à la tête d'une députation des commissaires des sections de Paris, vint protester à la barre de la Convention contre ce décret. Il rappelait que la Convention elle-même, dans un autre temps, avait reconnu qu'on ne pouvait supprimer la permanence des sections, sans attenter aux droits du peuple souverain. Mais il protestait surtout contre l'indemnité de 40 sous, qui rétablit une ligne de démarcation entre les citoyens. « Ah ! vous avez bien peu connu cette classe estimable du peuple, elle rejette vos offres, elle veut rester dans ses sections citoyens volontaires… Ce décret déshonore le peuple de Paris, et le voue au mépris et à l'indignation de tous les peuples libres. » — Robespierre s'élève avec beaucoup de vivacité contre les pétitionnaires ; il dit que le peuple n'a pas dicté cette pétition, qu'il a accueilli avec reconnaissance au contraire le décret de l'Assemblée. « C'est pour anéantir les droits du peuple que quelques intrigants ont l'air de réclamer pour lui une étendue illimitée. » La permanence des sections n'a d'autre effet que de les livrer aux riches, aux intrigants, aux muscadins. Ce n'étaient pas les citoyens vivant du produit de leur travail, qui pouvaient sacrifier leur temps pour assister aux assemblées.[1] Quant à l'indemnité, l'assimilant à celle qui est accordée aux représentants du peuple, il prétend qu'elle est au contraire honorable, et que c'est l'aristocratie seule qui peut s'élever contre elle. Il demande l'ordre du jour sur la pétition « au nom de l'honorable indigence, de la vertu

---

1 Il faut observer que Robespierre en d'autres circonstances s'était prononcé d'une manière toute différente sur la permanence des sections, et avait défendu les mêmes arguments mis en avant par les pétitionnaires. Il s'était opposé à la dissolution des sections, réclamée par Barère au nom du Comité du salut public, après le 31 mai, et c'était à propos d'une opinion semblable, émise à l'Assemblée constituante, que Mirabeau lui avait reproché, « de prendre l'exaltation des principes pour le sublime des principes. »

Maximilien de Robespierre

laborieuse, et des droits sacrés de l'homme. »

Séance du 25 septembre. — Il se plaint de l'opposition dont le Comité de salut public est l'objet dans le sein de la Convention : « Il n'y a que la plus extrême ignorance ou la plus profonde perversité qui puisse prétendre que, dans de pareilles circonstances, on ne soit pas un ennemi de la patrie, alors qu'on se fait un jeu cruel d'avilir ceux qui tiennent le timon des affaires, d'entraver leurs opérations, de calomnier leur conduite… Je le déclare, il est impossible que dans cet état de choses, le Comité puisse sauver la chose publique, et si on me le conteste, je rappellerai combien est perfide, combien est étendu le système de nous avilir et de nous dissoudre, combien les étrangers et les ennemis de l'intérieur ont d'agents payés à cet effet ; je rappellerai que la faction n'est point morte, qu'elle conspire du fond de ses cachots, que les serpents du Marais ne sont point encore écrasés. (On applaudit)…
« Je prends l'engagement, dit-il en terminant, de ne jamais décrier les patriotes, mais je ne comprends pas parmi les patriotes, ceux qui n'en ont que le masque, et je dévoilerai la conduite de deux ou trois traîtres qui sont ici les artisans de la discorde et de la dissension. Je pense donc que la patrie est perdue, si le gouvernement ne jouit d'une confiance illimitée, et s'il n'est composé d'hommes qui la méritent. »

Séance du 3 octobre. — Sur le rapport d'Amar, la Convention décrète la mise en accusation de Ducos, de Fonfrède, d'Isnard, de Vigée, de Richon et autres dont l'affaire est jointe à celle des Girondins. Le décret d'accusation est rendu sans qu'il soit possible à aucun des membres décrétés de se justifier. Toutes leurs tentatives sont interrompues par ces mots : « Vous répondrez au tribunal. » — Robespierre prend la parole : « Le décret qui vient d'être rendu honore à jamais la Convention et fera passer le nom de ses membres à la postérité ; ce n'est plus un tyran dont elle était ennemie naturelle qu'elle a frappé, ce sont plusieurs de ses membres qui, lâchement perfides, ont fait tourner contre le peuple les armes qu'il leur avait confiées pour sa défense. » Mais, poursuit Robespierre, la Convention ne doit pas chercher à multiplier les coupables ; il doit lui suffire d'avoir atteint les chefs de la faction ; la punition des chefs épouvantera les traîtres et sauvera la patrie. Il repousse donc la proposition d'Osselin qui voulait que l'on mît en accusation tous ceux qui avaient signé des protestations contre le 31 mai ; plusieurs, dit-il, ont été égarés, il en est d'autres dont les signatures ont été surprises. Il demande donc que la Convention laisse les choses dans l'état où elles sont jusqu'après le rapport de son comité ; « et, ajoute-t-il, s'il se trouve encore de nouveaux coupables, on verra alors si je ne serai pas le premier à appeler sur leurs têtes toute là vengeance des lois. »[1]

Séance du 9 octobre. — Il demande que la Convention ordonne l'arrestation de tous les Anglais et la saisie provisoire de leurs propriétés : « Citoyens, lorsque cette mesure vous a été proposée il y a six semaines, on vous a dit : Nous ne sommes pas en guerre avec le peuple anglais, mais bien avec son gouvernement. Ce discours m'a fait frémir, car on eût dit qu'on voulait favoriser les marchands anglais, au moment où il faut asseoir sur leurs ruines la prospérité de la République française. » La proposition de Robespierre est adoptée au milieu des applaudissements.[2]

Séance du 16 octobre. — Saint-Just présente, au nom du Comité de salut public, une loi qui étend à tous les étrangers avec les gouvernements desquels la République est en guerre les mesures prises contre les Anglais. — Chabot observe qu'il serait trop dur d'atteindre de vrais amis de la liberté qui sont venus en France pour se soustraire au despotisme, et il demande qu'il soit nommé un tribunal pour examiner la conduite de tous les étrangers depuis qu'ils sont en France, leurs principes et leurs fortunes, afin que ceux qui sont vraiment patriotes ne soient pas confondus avec les coupables. Robespierre demande la question préalable sur toute exception : « La mesure est rigoureuse, elle pourra atteindre quelques philosophes amis de l'humanité ; mais cette espèce est si rare, que le nombre des victimes ne sera pas grand. D'ailleurs, cette espèce est si généreuse et si magnanime, qu'elle ne s'aigrira pas contre les mesures qui doivent assurer la prospérité de la France, le bonheur

1 Peu de jours auparavant, le 28 septembre, Robespierre avait renouvelé aux Jacobins ses plaintes sur la lenteur du tribunal révolutionnaire : « On laisse en arrière tous les moyens d'atterrer les ennemis du peuple, de toutes parts on les voit relever une tête insolente et se promettre le succès. Les patriotes dorment, les sans-culottes sont engourdis ; la hache nationale repose, et les traîtres respirent pour le malheur du peuple et la ruine de la nation. Le tribunal actuellement en exercice semble encourager les coupables par son inertie et son inactivité. Aujourd'hui ils n'ont pas tenu séance, et les conspirateurs ont dormi tranquilles et ont pu se promettre l'impunité. »

2 À ce sujet M. Léonard Gallois, l'éditeur de la *Réimpression de l'ancien Moniteur*, observe que sous le consulat, et après la rupture du traité d'Amiens, une mesure semblable fut prise par le gouvernement français, en représailles de la capture des navires français pris en pleine paix ; « Personne, si ce n'est les individus intéressés et le ministère anglais, ne blâma cet acte sévère, mais provoqué par l'Angleterre. »

Maximilien de Robespierre

du genre humain et de la terre même qui leur a donné le jour, et où la tyrannie domine encore. »

Séance du 24 octobre. — Il demande le rapport du décret qui enjoint de publier les motifs des arrestations : « Sans doute, il faut protéger la liberté individuelle, mais s'ensuit-il qu'il faille, par des formes subtiles, laisser périr la liberté publique ? S'ensuit-il qu'il faille faire autant de procédures par écrit qu'il y aura de personnes arrêtées ? Le décret qu'on vous a fait rendre, n'eût-il pour objet que d'ordonner aux comités révolutionnaires de dresser des procès-verbaux en forme, eût dû porter, comme il l'a fait, le découragement chez tous les citoyens généreux qui avaient le courage de s'exposer à toutes les fureurs de l'aristocratie. Ces hommes simples et vertueux, qui ne connaissent pas les subtilités de la chicane, voyant opposer à leurs travaux cette astuce contre-révolutionnaire, ont laissé ralentir leur zèle. Quel est donc, en effet, le citoyen étranger à l'intrigue, dépourvu de toutes les ressources que donne aux ennemis de la liberté une éducation plus soignée, qui pourrait lutter avec avantage contre ces ennemis, s'il faut qu'il réponde par la chicane à ceux qu'il a fait arrêter ? Lorsque la notoriété publique accuse un citoyen de crimes dont il n'existe point de preuves écrites, mais dont la preuve est dans le cœur de tous les citoyens indignés, ne va-t-on pas rentrer dans l'ordre judiciaire avec le premier décret ? N'anéantit-on pas totalement la sagesse des mesures révolutionnaires ?... Il n'est pas temps de paralyser l'énergie nationale ; il n'est pas temps d'affaiblir les grands principes. Généreux représentants du peuple, vous avez, par la constance de vos efforts, gravi au sommet du rocher de la liberté ; gardez-vous de faiblir, car il retomberait sur vous en éclats, et vous précipiterait au fond de l'impur marais. Soyez doux, humains pour l'innocence et le patriotisme ; mais soyez inflexibles pour les ennemis de la patrie. » Le décret est rapporté.[1]

Séance du 29 octobre (8 brumaire). — Robespierre provoque un décret

---

1 On pourra juger de la susceptibilité de Robespierre par ce fait : La société de Montbard fut dénoncée aux Jacobins pour avoir dit que la Convention étant une comme la République, il ne devait point y avoir de côté droit, tous ses membres étaient également dignes d'hommages et de respect : — « Dire qu'il n'existe et qu'on ne reconnaît qu'un parti dans la République et dans la Convention, s'écrie Robespierre, c'est dire qu'il n'existe aucune différence entre les aristocrates et les patriotes, les républicains et les royalistes, les étrangers ennemis de la France et les amis du peuple français. » Sur sa proposition, cette société fédéraliste est rayée de la liste des affiliées de la société mère.

pour rendre la procédure du tribunal révolutionnaire plus rapide : « Je propose de décréter qu'après trois jours de débats, le président du tribunal demandera aux jurés si leur conscience est assez éclairée ; s'ils répondent négativement, l'instruction du procès sera continuée jusqu'à ce qu'ils déclarent qu'ils sont en état de prononcer. » La proposition de Robespierre est décrétée, malgré l'opposition d'Osselin, qui observe que « les jurés doivent faire leur déclaration sans qu'elle ait été provoquée. Ils ne peuvent arrêter les débats que lorsqu'ils sont convaincus, et la conviction ne se provoque pas. »

Séance du 17 novembre (*27 brumaire*). — Robespierre lit un rapport, fait au nom du Comité de salut public, sur la situation politique de la République.

Séance du 4 décembre (*14 frimaire*). — Bourdon (de l'Oise) réclamait la suppression des ministres, comme un rouage inutile. — Robespierre s'oppose à ce qu'on tienne compte de cette motion. Sous l'empire de la Constitution, les ministres ne peuvent abuser de l'autorité dont ils sont revêtus, et ce sont des instruments dont le Comité de salut public peut se servir avec utilité.

Séance du 5 décembre (*15 frimaire*). — Rapport de Robespierre au nom du Comité de salut public, suivi d'un projet d'adresse en réponse aux manifestes des rois ligués contre la République. — Dans la même séance, Robespierre engage la Convention à protéger la liberté des cultes, en défendant aux autorités constituées de servir, par des mesures irréfléchies, les ennemis de la Révolution qui se proposent de troubler la tranquillité de l'intérieur, et d'aliéner les peuples à la nation française, en se servant de la philosophie pour détruire la liberté. Il veut donc qu'aucune force armée ne puisse s'immiscer dans ce qui appartient aux opinions religieuses, sauf dans le cas où elle serait requise pour des mesures de police, et que la Convention engage solennellement les citoyens à mettre de côté les disputes dangereuses pour ne s'occuper que du salut de la patrie.[1]

---

1 Quelques jours auparavant (le 1er frimaire, 21 novembre), Robespierre s'était exprimé dans le même sens aux Jacobins : « On a dénoncé des prêtres pour avoir dit la messe ; ils la diront plus longtemps si on les empêche de la dire. Celui qui veut les empêcher est plus fanatique que celui qui dit la messe. » Après avoir montré que ce n'était point le fanatisme qui aujourd'hui devait être le principal objet des inquiétudes des patriotes, il dénonce le philosophisme, qui veut faire une religion de l'athéisme lui-même, et il renouvelle sa profession de foi religieuse : « On dira peut-être que je suis un esprit étroit, un homme à préjugés ; que sais-je, un fanatique. J'ai déjà dit que je ne

Maximilien de Robespierre

Séance du 20 décembre (30 frimaire). — Un grand nombre de citoyennes, admises à la barre, réclament la liberté de leurs parents, dont elles attestent l'innocence. — Robespierre dit que c'est l'aristocratie qui a conduit à la Convention cette affluence de citoyennes. Sans doute par une suite des mesures révolutionnaires nécessitées par les circonstances, quelques innocents ont pu être frappés : « Il est possible que, parmi les femmes qui réclament, il en soit qui n'aient été portées à cette démarche que par la persuasion où elles sont de l'innocence de leurs maris. Mais ces femmes devraient séparer leur cause de celle de l'aristocratie... Est-ce ainsi que des républicaines réclament la liberté des opprimés ?... Des épouses vertueuses et républicaines prennent une route bien différente ; elles s'adressent en particulier et avec modestie à ceux qui sont chargés des intérêts de la patrie. Pourquoi vient-on avec ce grand appareil ?... » On voudrait faire rétrograder le mouvement révolutionnaire ; on voudrait faire croire que les patriotes sont persécutés ; jamais un innocent n'a en vain réclamé la justice de la Convention. Robespierre propose que les Comité de salut public et de sûreté générale nomment des commissaires pour rechercher les moyens de mettre en liberté les patriotes qui auraient pu être incarcérés. Les noms de ces commissaires demeureront inconnus du public pour éviter les dangers des sollicitations. « Cette mesure débarrassera les antichambres des Comités de sûreté générale des intrigantes qui l'assiègent ; et nous ne verrons plus les épouses vertueuses des citoyens patriotes gémir, confondues avec les femmes méprisables que l'aristocratie lâche parmi nous. » Le décret proposé par Robespierre est

---

parlais, ni comme un individu, ni comme un philosophe systématique, mais comme un représentant du peuple. L'athéisme est *aristocratique* ; l'idée d'un grand être, qui veille sur l'innocence opprimée, et qui punit le crime triomphant, est toute populaire (Vifs applaudissements.) Le peuple, les malheureux m'applaudissent ; si je trouvais des censeurs, ce serait parmi les riches et parmi les coupables. J'ai été, dès le collège, un assez mauvais catholique ; je n'ai jamais été ni un ami froid, ni un défenseur infidèle de l'humanité. Je n'en suis que plus attaché aux idées morales et politiques que je viens de vous exposer : « Si Dieu n'existait pas, il faudrait l'inventer. » Je parle dans une tribune où l'impudent Guadet osa me faire un crime d'avoir prononcé le mot de *providence*. Et dans quel temps ! lorsque le cœur ulcéré de tous les crimes dont nous étions les témoins et les victimes ; lorsque versant des larmes amères et impuissantes sur la misère du peuple éternellement trahi, éternellement opprimé, je cherchais à m'élever au dessus de la tourbe impure des conspirateurs dont j'étais environné, en invoquant contre eux la vengeance céleste, au défaut de la foudre populaire. »

adopté au milieu des applaudissements.

Séance du 25 décembre (5 *nivôse*], — Robespierre fait, au nom du Comité de salut public, un rapport sur les principes du gouvernement révolutionnaire.

Séance du 26 décembre (6 *nivôse*). — Conformément à la proposition de Robespierre, dans la séance du 20 décembre, Barère, au nom du Comité de salut public, présente un décret, établissant qu'il serait formé dans le Comité de salut public une section chargée exclusivement de l'examen et du jugement des motifs d'arrestation des citoyens incarcérés par les Comités de surveillance, en exécution de la loi du 7 septembre sur les suspects. — Robespierre déclare que ce projet est entièrement contraire à l'esprit de sa proposition : « Elle ne demandait pas qu'une partie du Comité fût uniquement occupée des sollicitations de l'aristocratie. Deux membres, dans les moments de loisir, dans des circonstances favorables, sans être importunés, auraientrecherché le petit nombre de patriotes qui peuvent se trouver détenus avec les aristocrates. Par ce moyen, le Comité de sûreté générale n'aurait pas perdu un temps précieux pour la liberté à entendre les sollicitations des mauvais citoyens. Prenez garde de tomber dans de plus grands inconvénients que ceux que vous voulez éviter ; prenez garde qu'à la faveur du décret qu'on vous propose, la liberté ne soit accordée à quelques aristocrates ; qu'il ne nous conduise à l'indulgence à l'égard de l'aristocratie, qui certes ne mérite pas qu'on crée un comité pour s'occuper d'elle ; elle ne doit attendre la liberté que lorsque la Révolution aura été cimentée par une paix générale. »

Séance du 28 décembre (8 *nivôse*). — Robespierre demande que les honneurs du Panthéon soient décernés au jeune Barra, et que cette fête soit célébrée avec une pompe digne de ce jeune héros, qui, âgé de treize ans, a fait des prodiges de valeur dans la Vendée. Entouré de brigands qui, d'un côté, lui présentaient la mort, et de l'autre lui demandaient de crier : *Vive le roi !* il est mort en criant : *Vive la République !* « Les Français seuls ont des héros de treize ans : c'est la liberté qui produit des hommes d'un si grand caractère. Vous devez présenter ce modèle de magninimité à tous les Français et à tous les peuples : aux Français, afin qu'ils ambitionnent d'acquérir de semblables vertus et qu'ils attachent un grand prix au titre de citoyens français ; aux autres peuples, afin qu'ils désespèrent de soumettre un peuple qui compte des héros dans un âge si tendre. »

Maximilien de Robespierre

ANNÉE 1794.

Séance du 12 janvier (23 nivôse). — Robespierre fait un rapport, au nom du Comité public, sur la situation de l'armée des Pyrénées-Orientales. Il demande les honneurs du Panthéon pour le représentant Fabre (de l'Hérault), qui, abandonné des indignes chefs de l'armée, soutint seul avec quelques braves tous les efforts de l'ennemi, et se fit tuer héroïquement.

Séance du 5 février (17 pluviôse). — Robespierre fait, au nom du Comité de salut public, ua rapport sur les principes de morale politique qui doivent guider la Convention nationale dans l'administration intérieure de la République.

Séance du 15 mars (25 ventôse). — À propos de l'arrestation d'Hébert et de ses complices, Robespierre fait un appel énergique au patriotisme. Il termine en adjurant le peuple « de s'unir à la représentation nationale qui va se lever encore pour sauver la liberté. » « Je l'adjure, dit-il, de se rendre dans ses sections pour étouffer la voix des orateurs mercenaires, des agents des puissances coalisées contre la nation française, qui ne manqueront pas d'y semer des divisions, de s'y former des partis.

Séance du 16 mars (26 ventôse). — Amar fait son rapport sur la conspiration dite de l'étranger, qui conclut à un décret d'accusation contre Chabot, Delaunay (d'Angers), Jullien (de Toulouse) et Fabre d'Églantine. Ce rapport ne satisfait pas Robespierre.[1] Il trouve qu'Amar a oublié l'objet le plus important, celui de dénoncer à l'univers le système de diffamation adopté contre les membres les plus vertueux de la Convention. À ce propos, Robespierre observe que ces épurations successives faites dans le sein de la Convention ne doivent pas déshonorer les représentants du peuple aux yeux du monde : « J'appelle les tyrans de la terre à se mesurer avec les représentants du

---

1 Robespierre avait rédigé lui-même un *Projet de rapport sur l'affaire Chabot*, qui, probablement ne fut point accepté par ses collègues du Comité, et que l'on trouva, écrit de sa main, dans les papiers saisis chez lui après le 9 thermidor. Courtois a publié ce projet, à la suite de son rapport sur les papiers saisis chez Robespierre : Courtois publia également un *discours* ou *projet de rapport* sur la faction Fabre d'Églantine, qui avait aussi été trouvé dans les papiers de Robespierre. Robespierre préparait de longue main ces accusations personnelles : c'est ainsi qu'on trouva encore chez lui, écrites de sa main, des notes sur différents député de la Convention qu'il notait d'avance d'immoralité et d'incivisme : Dubois-Crancé, Delmas, Thuriot, Bourdon (de l'Oise), Léonard Bourdon. C'est sur des notes pareillement rédigées par lui que saint Just fit son rapport à la Convention contre Camille Desmoulins.

peuple français ; j'appelle à ce rapprochement un homme dont le nom a trop souvent souillé cette enceinte, et que je m'abstiendrai de nommer;[1] j'y appelle ce parlement d'Angleterre, associé aux crimes liberticides du ministre que je viens de vous indiquer, et qui a, dans ce moment, avec tous nos ennemis, les yeux ouverts sur la France, pour voir quels seront les résultats du système affreux que l'on dirige contre nous. Savez-vous quelle différence il y a entre eux et les représentants du peuple français ? C'est quecet illustre parlement est entièrement corrompu, et que nous comptons dans la Convention nationale quelques individus atteints de corruption ; c'est qu'à la face de la nation britannique, les membres du parlement se vantent du trafic de leur opinion et la donnent au plus offrant ; et que, parmi nous, quand nous découvrons un traître ou un homme corrompu, nous l'envoyons à l'échafaud. (*Vifs applaudissements.*) Cette affaire même, poursuit Robespierre, est un nouveau titre de gloire pour la Convention nationale. La corruption de quelques individus fait ressortir par un contraste glorieux, la vertu publique de cette auguste Assemblée. (*Vifs applaudissements.*) Peuple, dans quel pays a-t-on vu encore celui qui était investi de la souveraine puissance tourner contre lui-même le glaive de la loi ? Dans quel pays a-t-on vu encore un sénat puissant chercher dans son sein ceux qui auraient trahi la cause commune, et les envoyer sous le glaive de la loi ? Qui donc encore a donné ce spectacle au monde ? Vous, citoyens ! — (*La salle retentit d'applaudissements.*) Voilà, citoyens, la réponse que je fais en votre nom à tous les tyrans de la terre. »

---

1 Voici en quels termes Robespierre s'exprimait aux Jacobins le 28 janvier 1794, sur Pitt : « Pitt sera renversé, parce qu'il est un imbécile, quoiqu'en dise une réputation trop enflée. » Et il développait son dire « qui pourrait être un blasphème aux oreilles de quelques Anglais, mais qui était une vérité aux oreilles des personnes raisonnables » : « Le ministre d'un roi fou est un imbécile, parce qu'à moins d'être un imbécile, on ne peut pas préférer l'emploi de ministre d'un roi fou à l'honorable titre de citoyen vertueux. Un homme qui, placé à la tête des affaires d'un peuple chez qui la liberté poussa autrefois des racines, veut faire rétrograder vers le despotisme et l'ignorance une nation qui a conquis ses droits, est à coup sûr un imbécile. Un homme qui, abusant de l'influence qu'il a acquise dans une île jetée par hasard dans l'Océan, veut lutter contre le peuple français ; celui qui ne devine pas l'explosion que la liberté doit faire dans son pays ; celui qui prétend servir longtemps la ligue de rois aussi lâches et aussi bêtes que lui ; celui qui croit qu'avec des vaisseaux il va bientôt affamer la France, qu'il va dicter des lois aux alliés de la France, celui-là, dis-je, ne peut avoir conçu un plan aussi absurde que dans la retraite des Petites-maisons, et il est étonnant qu'il se trouve au dix-huitième siècle un homme assez dépourvu de bon sens pour penser à de pareilles folies. »

Maximilien de Robespierre

Séance du 20 mars (30 ventôse). — Robespierre fait rapporter le décret d'arrestation rendu contre Héron. Il voit dans ce décret surpris à l'Assemblée, « un exemple déplorable des efforts que la malveillance ne cesse de faire pour induire la Convention en erreur.»[1]

Séance du 31 mars (11 germinal). — À propos de l'arrestation de Danton, Legendre demande que lui et ceux qui ont été arrêtés avec lui soient mandés à la barre et entendus : « J'ai le droit de craindre, dit-il, que des haines particulières et des passions individuelles n'arrachent à la liberté des hommes qui lui ont rendu les plus grands, les plus utiles services. Il m'appartient de dire cela de l'homme qui, en 1792, fit lever la France entière par les mesures énergiques dont il se servit pour ébranler le peuple ; de l'homme qui fit décréter la peine de mort contre quiconque ne donnerait pas ses armes ou n'irait pas en frapper l'ennemi. L'ennemi était alors aux portes de Paris : Danton vint, et ces idées sauvèrent la patrie. Je ne puis le croire coupable... » — Robespierre combat la motion de Legendre : « Il s'agit de savoir si quelques hommes aujourd'hui doivent l'emporter sur la patrie... Eh quoi ! n'avons-nous fait tant de sacrifices héroïques, au nombre desquels il faut compter ces actes d'une sévérité douloureuse ; n'avons-nous fait ces sacrifices que pour retomber sous le joug de quelques intrigants qui prétendaient dominer... Legendre parait ignorer les noms de ceux qui sont arrêtés : toute la Convention les sait. Son ami Lacroix est du nombre de ces détenus. Pourquoi feint-il de l'ignorer ? parce qu'il sait bien qu'on ne peut sans impudeur défendre Lacroix. Il a parlé de Danton, parce qu'il croit sans doute qu'à ce nom est attaché un privilège ; non, nous n'en voulons point de privilège ; non, nous n'en voulons point d'idoles ! (*On applaudit à plusieurs reprises.*) Nous verrons dans ce jour si la Convention saura briser une prétendue idole pourrie depuis longtemps ou si dans sa chute elle écrasera la Convention et le peuple français.»[2]

---

1 Il faut observer que le décret contre Héron avait été rendu, comme cela avait lieu, sans discussion et sans que le représentant inculpé eût été entendu. Il fut fort heureux pour Héron que Robespierre et Couthon se soient portés forts de son innocence : mais c'est le cas de signaler combien était irrégulière la procédure suivie par la Convention pour la mise en accusation de ses membres qui devaient participer pourtant à l'inviolabilité de la représentation nationale. Nous verrons que Robespierre lui-même s'en trouvera victime à son tour.

2 Quelques semaines auparavant dans la séance du 3 décembre (13 brumaire) Robespierre aux Jacobins avait pris la défense de Danton avec beaucoup de chaleur et avait rendu un témoignage solennel à son patriotisme :

Séance du 18 avril (29 germinal). — Robespierre fait exempter de la loi de police générale les acquéreurs de charges qui ennoblissaient : « Si je n'écoutais que l'espèce d'antipathie naturelle aux amis ardents de la liberté, contre tout ce qui portait autrefois les apparences même de l'orgueil et de l'aristocratie, je déclamerais peut-être avec plus de force que ne l'ont fait les préopinants contre tous ceux qui ont voulu sortir de la classe respectable du peuple ; mais, citoyens, c'est la justice et l'intérêt du peuple qui doivent toujours diriger les délibérations de l'homme public... Cette censure envelopperait dans la loi une infinité de personnes que vous n'avez pas voulu atteindre... Il existait une foule de charges créés par l'ancien régime, qui

donnaient le titre de nobles à ceux qui les possédaient, et qui cependant avaient pour objet des fonctions utiles, des magistratures nécessaires de l'ordre social. »

Séance du 9 mai (11 floréal). — Robespierre fait, au nom du comité de salut public, un rapport sur les rapports des idées religieuses et morales avec les principes républicains, et sur les fêtes décadaires.

Séance du 26 mai (7 prairial). — Discours de Robespierre sur les deux tentatives d'assassinats dont il avait été l'objet de la part de l'Admiral et de Cécile Renault.[1] — « Ce sera un beau sujet d'entretien pour la

« Danton, ne sais-tu pas que plus un homme a de courage et de patriotisme, plus les ennemis de la chose publique s'attachent à sa perte ?... Eh ! si le défenseur de la liberté n'était pas calomnié, ce serait une preuve que nous n'aurions plus ni prêtres, ni nobles à combattre ?... Les ennemis de la patrie semblent m'accabler de louange exclusivement, mais je les répudie... la cause des patriotes est une, comme celle de la tyrannie ; ils sont tous solidaires. Je me trompe peut-être sur Danton ; mais, vu dans sa famille, il ne mérite que des éloges. Sous les rapports politiques, je l'ai observé : une différence d'opinion entre lui et moi me le faisait épier avec soin, quelquefois avec colère ; et s'il n'a pas toujours été de mon avis, conclurai-je qu'il trahissait la patrie ? Non ; je la lui ai toujours vu servir avec zèle... Il est évident que Danton a été calomnié ; mais je déclare que je vois-là un des fils les plus importants de la trame ourdie contre tous les patriotes. »

Vers la même époque il rendit un semblable témoignage à Camille Desmoulins. « Il faut considérer avec Camille Desmoulins ses vertus et ses faiblesses. Quelquefois faible et confiant, souvent courageux, toujours républicain, on l'a vu successivement l'ami des Lameth, de Mirabeau, de Dillon ; mais on l'a vu aussi briser ces mêmes idoles qu'il avait encensées. Il les a sacrifiées sur l'autel qu'il leur avait élevé aussitôt qu'il a reconnu leur perfidie. En un mot, il aimait la liberté par instinct et par sentiment, et il n'a jamais aimé qu'elle, malgré les séductions puissantes de tous ceux qui la trahirent. »

1 Ladmiral avait projeté d'assassiner Robespierre. Il l'attendit des journées entières

postérité, c'est déjà un spectacle digne de la terre et du ciel, de voir l'Assemblée des représentants du peuple français, placée sur un volcan inépuisable de conjurations, d'une main apporter aux pieds de l'éternel auteur des choses les hommages d'un grand peuple, de l'autre, lancer la foudre sur les tyrans conjurés contre lui, fonder la première république du monde, et rappeler parmi les mortels la liberté, la justice et les vertus exilées ! (Applaudissements.) Ils périront, tous les tyrans armés contre le peuple français ! elles périront, toutes les factions qui s'appuient sur leur puissance pour détruire notre liberté ! Vous ne ferez pas la paix, mais vous la donnerez au monde, et vous l'ôterez au crime. Cette perspective prochaine s'offrait aux regards des tyrans épouvantés, et ils ont délibéré avec leurs complices que le temps était arrivé de nous assassiner, nous, c'est-à-dire la Convention nationale… Mais s'ils ont cru que pour anéantir votre énergie ou pour changer vos principes, il suffit d'assassiner ceux à qui vous avez spécialement confié le soin de veiller pour le salut de la république, ils se sont trompés… Quand nous serons tombés sous leurs coups, vous voudrez achever votre sublime entreprise, ou partager notre sort ; ou plutôt, il n'y a pas un Français qui ne voulût alors venir sur nos corps sanglants jurer d'exterminer le dernier des ennemis des peuples ! (L'Assemblée entière se lève par un mouvement spontané pour témoigner son approbation.) Cependant, poursuit Robespierre, leur délire impie atteste à la fois leurs espérances et leur désespoir. Calomnies, trahisons, incendies, empoisonnements, athéisme, corruption, famine, assassinats : ils ont prodigué tous les crimes ! Il leur reste encore l'assassinat, ensuite l'assassinat, et puis encore l'assassinat ! Réjouissons-nous donc, et rendons grâces au ciel, puisque nous avons assez bien servi notre patrie, pour avoir été jugés dignes des poignards de la tyrannie ! Mais les destinées de la République ne sont pas encore entièrement affermies et la vigilance des représentants du peuple français est plus que jamais nécessaire. J'ai parlé de la vertu du peuple, et cette vertu, attestée par toute la révolution, ne suffirait pas seule pour nous rassurer contre les factions, qui tendent sans cesse à corrompre et à déchirer la république. Pourquoi cela ?

---

dans les couloirs du Comité de salut public. Le hasard lui ayant dérobé sa victime, il se retourna contre Collot d'Herbois, qui n'échappa à ses tentatives que par la courageuse intervention du serrurier Geffroy. Quant à Cécile Renault, c'était une jeune fille de dix-sept ans, qui s'était présentée chez Robespierre et avait éveillé les soupçons par son obstination à vouloir lui parler. On trouva sur elle deux petits couteaux, mais rien ne prouve qu'elle eût l'intention d'un crime.

INTRODUCTION HISTORIQUE

C'est qu'il y a deux peuples en France : l'un est la masse des citoyens, pure, simple, altérée de la justice et amie de la liberté ; c'est ce peuple vertueux qui verse son sang pour fonder la république, qui impose aux ennemis du dedans et ébranle les trônes des tyrans ; — l'autre est ce ramas d'ambitieux et d'intrigants ; c'est ce peuple babillard et charlatan, artificieux, qui se montre partout, qui persécute le patriotisme, qui s'empare des tribunes et souvent des fonctions publiques, qui abuse de l'instruction que les avantages de l'ancien régime lui ont donnée, pour tromper l'opinion publique ; c'est ce peuple de fripons, d'étrangers, de contre-révolutionnaires, d'hypocrites, qui se place entre le peuple français et ses représentants, pour tromper l'un et pour calomnier les autres, pour entraver leurs opérations, pour tourner contre le bien public les lois les plus utiles et les vérités les plus salutaires. Tant que cette race impure existera, la république sera malheureuse et précaire. C'est à vous de l'en délivrer par une énergie imposante et par un concert inaltérable. » La Convention décrète par acclamation que « le discours du citoyen Robespierre sera inséré dans le Bulletin ; il sera imprimé aussi sous la forme ordinaire et traduit dans toutes les langues. Il en sera donné six exemplaires à chaque membre de la Convention[1]» *Le*

---

1 Robespierre avait prononce la veille aux Jacobins un discours dans le même sens : « Quel homme sur la terre a jamais défendu impunément les droits de l'humanité ? Il y a quelques mois, je disais à mes collègues du Comité du salut public : si les armées de la république sont victorieuses, si nous démasquons les traîtres, si nous étouffons les factions, ils nous assassineront ; je ne suis point du tout étonné de voir se réaliser ma prophétie. Je trouve même pour mon compte que la situation où les ennemis de la république m'ont placé n'est pas sans avantage ; car plus la vie des défenseurs de la liberté est incertaine et précaire, plus ils sont indépendants de la méchanceté des hommes. Entouré de lâches assassins je me suis déjà placé moi-même dans le nouvel ordre des choses où ils veulent m'envoyer ; je ne tiens plus à une vie passagère que par l'amour de la patrie et la soif de la justice ; et dégagé plus que jamais de toute considération personnelle, je me sens mieux disposé à attaquer les scélérats qui conspirent contre mon pays et contre le genre humain. Plus ils se dépêchent de terminer ma carrière ici-bas, plus je veux me hâter de la remplir d'actions utiles au bonheur de mes semblables. Je leur laisserai du moins un testament dont la lecture fera frémir les tyrans et leurs complices. » — Cette séance des Jacobins fut signalée par un incident assez singulier. Un membre de la société, du nom de Rousselin, fit la motion de rendre les honneurs civiques au citoyen Geffroy, le courageux défenseur de Collot d'Herbois, dans la fête qui devait être célébrée le 20 prairial. Robespierre dit que c'est à un piège inventé par les partisans de la tyrannie, que cette motion insidieuse a pour objet d'attirer sur les patriotes l'envie et la calomnie, en les accablant d'honneur. En conséquence Rousselin, l'auteur de cette malencontreuse motion, est exclu des Jacobins et traduit devant le tribunal révolutionnaire.

Maximilien de Robespierre

4 Juin (*16 prairial*), Robespierre à l'unanimité est élu président de la Convention, et c'est en cette qualité que le 8 juin (20 prairial), il présida la fête de l'Être Suprême.

Séance du 10 juin (*22 prairial*), — Couthon présente une loi pour la réorganisation du tribunal révolutionnaire, qui supprime les défenseurs officieux. — L'ajournement de la discussion sur cette loi est réclamé par Ruamps et Lecointre. « Si une telle loi était adoptée sans discussion, s'écrie Ruamps, il n'y aurait plus qu'à se brûler la cervelle au pied de la tribune. » Robespierre s'oppose à un ajournement « qui compromettrait évidemment le salut de la patrie. Depuis deux mois, la Convention nationale est sous le glaive des assassins, et le moment où la liberté parait obtenir un triomphe éclatant est celui où les ennemis de la patrie conspirent avec plus d'audace. Depuis plus de deux mois, le tribunal révolutionnaire vous dénonce les entraves qui arrêtent la marche de la justice nationale. La république entière vous dénonce de nouvelles conspirations et cette multitude innombrable d'agents étrangers qui abondent sur sa surface : c'est dans cette circonstance que le Comité de salut public vous présente le projet de loi dont vous venez d'entendre la lecture. » La Convention court de grands dangers, et l'opposition que rencontre la loi en est le plus puissant indice. « Car, soyez en sûrs, citoyens, partout où il s'établit une ligne de démarcation, partout où il se prononce une division, là, il y a un danger pour la patrie. Il n'est pas naturel qu'il y ait une séparation entre

des hommes également épris de l'amour du bien public. Il n'est pas naturel qu'il s'élève une sorte de coalition contre le gouvernement qui se dévoue pour le salut de la patrie. Citoyens, on veut vous diviser ; citoyens, on veut vous épouvanter. Eh bien ! qu'on se rappelle que c'est nous qui avons défendu une partie de cette Assemblée contre les poignards que la scélératesse et un faux zèle voulaient aiguiser contre vous.[1] Nous nous exposons aux assassins particuliers, pour poursuivre les assassins publics. Nous voulons bien mourir, mais que la Convention et la patrie soient sauvées. (Vifs applaudissements.) Nous braverons les insinuations perfides par lesquelles on voudrait taxer de sévérité outrée les mesures que prescrit l'intérêt public. Cette sévérité n'est redoutable que pour les conspirateurs, que pour les ennemis de la liberté et de l'humanité. (Applaudissements.) Je demande, reprend Robespierre,

---

1 Allusion à son discours du 3 octobre par lequel il sauva soixante-treize députés enveloppées dans la conspiration girondine.

que le projet soit discuté article par article et séance tenante. Je motive ma demande par un seul mot : d'abord cette loi n'est ni plus obscure ni plus compliquée que celles que le Comité vous a déjà soumises pour le salut de la patrie. J'observe d'ailleurs que depuis longtemps la Convention nationale discute et décrète sur-le-champ, parce que depuis longtemps il y a dans sa très-grande majorité un assentiment prononcé pour le bien public. (Vifs applaudissements.) Je dirai donc que des demandes d'attermoiment de la fortune de la république sont affectées dans ce moment ; que quand on est bien pénétré des dangers de la patrie et de ceux que courent ses défenseurs, dans quelque lieu qu'ils se trouvent, quelque poste qu'ils occupent, on est plus enclin à porter des coups rapides contre ses ennemis qu'à provoquer des lenteurs qui ne sont que des délais pour l'aristocratie, qui les emploie à corrompre l'opinion et à former de nouvelles conspirations. » [1]

Séance du 11 juin (23 prairial). — Robespierre prend la parole pour s'opposer à la motion de Bourdon (de l'Oise) qui demande que l'inviolabilité des représentants soit consacrée dans la loi, votée la veille, et qu'ils ne puissent être traduits devant le tribunal révolutionnaire que par un décret de la Convention : « Il est bien démontré, dit-il, qu'il n'y avait pas lieu aux plaintes qui ont été faites. Ne voit-on pas que le système des Chabot, des Hébert, des Danton, des Lacroix est resté organisé ? On cherche à séparer le comité de la Montagne. La Convention, la Montagne, le Comité, c'est la même chose. (Vifs applaudissements). Tout représentant du peuple qui aime sincèrement la liberté, tout représentant du peuple qui est déterminé à mourir pour la patrie, est de la Montagne. (De nouveaux applaudissements se font entendre, et les membres de la Convention se lèvent en signe d'adhésion et de dévouement). Oui, Montagnards, vous serez toujours le boulevard de

---

1 Robespierre avait préludé à la loi du 22 prairial par l'organisation de la commission populaire d'Orange dont il rédigea lui-même les statuts (21 floréal) : « Les membres de la commission populaire d'Orange sont nommés pour juger les ennemis de la révolution. Les ennemis de la révolution sont ceux qui, par quelque moyen que ce soit et de quelques dehors qu'ils soient couverts, ont cherché à contrarier la marche de la révolution et à empêcher l'affermissement de la république. — La peine due à ce crime est la mort ; les preuves requises pour la condamnation sont tous les renseignements, de quelque nature qu'ils soient, qui peuvent convaincre un homme raisonnable et ami de la liberté. — La règle des jugements est la conscience du juge, éclairée par l'amour de la justice et de la patrie ; leur but, le salut public et la ruine des ennemis de la patrie. » Fouquier Tinville, qui tenait aux formes juridiques, déféra ces dispositions au Comité. On lui répondit que cela regardait Robespierre.

Maximilien de Robespierre

la liberté publique ; mais vous n'avez rien de commun avec les intrigants et les pervers, quels qu'ils soient. S'ils s'efforcent de vous tromper, s'ils prétendent s'identifier avec vous, ils n'en sont pas moins étrangers à vos principes. La Montagne n'est autre chose que les hauteurs du patriotisme ; un Montagnard n'est autre chose qu'un patriote pur, raisonnable et sublime : ce serait outrager la patrie, ce serait assassiner le peuple, que de souffrir que quelques intrigants, plus méprisables que les autres, parce qu'ils sont plus hypocrites, s'efforçassent d'entraîner une portion de cette Montagne et de s'y faire les chefs d'un parti. » Bourdon (de l'Oise) ayant interrompu Robespierre : « Je n'ai pas nommé Bourdon, malheur à qui se nomme lui-même… Oui, la Montagne est pure, elle est sublime, et les intrigants ne sont pas de la Montagne. (Une voix : Nommez-les). Je les nommerai, quand il le faudra. « Robespierre termine son discours par des généralités ; mais il insiste sur ce que l'on cherche encore à avilir la Convention, et il se plaint que l'on s'attaque au Comité de salut public. « Si les vérités que je viens de proférer ont été entendues, nous continuerons nos travaux avec courage. Observez toutefois que nous avons besoin d'encouragements, qu'on a tout fait pour rendre notre carrière pénible. C'est assez d'avoir à lutter contre les rois conjurés et contre tous les monstres de la terre, sans trouver à nos côtés des ennemis. Venez donc à notre secours ; ne permettez pas que l'on nous sépare de vous, puisque nous ne sommes qu'une partie de vous-mêmes, et que nous ne sommes rien sans vous. Donnez-nous la force de porter le fardeau immense, et presque au-dessus des efforts humains, que vous nous avez imposé. Soyons toujours justes et unis, en dépit de nos ennemis communs. »

Ce même jour, 23 prairial, au club des Jacobins, eut lieu un incident qui marque les premières attaques de Robespierre contre Fouché. Robespierre avait dénoncé la société de Nevers comme un des principaux foyers de l'hébertisme et des factions ourdies par Chaumette. Fouché, qui présidait, essaye de justifier la société de Nevers. Robespierre réplique qu'elle a envoyé une adresse où le décret qui mettait en accusation les hébertistes était blâmé. Fouché observe que cette adresse a été envoyée par la société de Moulins, et non par celle de Nevers. Robespierre répond que ces deux sociétés sont voisines l'une de l'autre, que toutes deux conspirent ensemble, que leurs bannières doivent être les mêmes. Fouché observe encore qu'une députation de la société de Nevers est venue à la barre de la société de Paris pour attaquer Hébert. « Il ne s'agit pas de jeter à présent de la boue sur la tombe de Chaumette, reprend Robespierre. Il fallait lui livrer combat avant sa mort. » Enfin, il signale un autre fait ; c'est qu'à Nevers on a mal accueilli la fête de l'Être Suprême « qui a sauvé la liberté, en la mettant sous la garde de la probité. » On a dit : « La Convention a été trompée par des modérés ; pour nous ne changeons pas de conduite et de sentiment, et proposons toujours les mêmes principes. Et alors on a continué à prêcher l'athéisme. » L'indignation dont Robespierre lui-même était pénétré en disant ces derniers mots, passe dans tous les cœurs, et elle éclate par de violents murmures.

Le 1ᵉʳ juillet (13 messidor) Robespierre dénonce, aux Jacobins, les nouveaux conspirateurs : « Il est temps que la vérité fasse entendre dans cette enceinte des accents aussi mâles et aussi libres que ceux dont cette salle a retenti dans toutes les circonstances où il s'est agi de sauver la patrie. Je dénonce ici aux gens de bien un système odieux qui tend à soustraire l'aristocratie à la justice nationale, et à perdre la patrie en perdant les patriotes ; car la cause de la patrie et celle des patriotes, c'est la même chose. De tout temps les ennemis de la patrie ont voulu assassiner les patriotes au physique et au moral. Aujourd'hui, comme dans tous les temps, on s'efforce de jeter sur les défenseurs de la République un vernis d'injustice et de cruauté ; on dénonce comme des attentats contre l'humanité la sévérité employée contre les conspirateurs. Celui qui protège et favorise ainsi les aristocrates combat par là même les patriotes : il faut que la Révolution se décide pour la ruine des uns ou des autres. L'homme humain est celui qui se dévoue pour la cause de l'humanité, et qui poursuit avec rigueur et avec justice celui qui s'en montre l'ennemi ; on le verra toujours tendre une main secourable à la vertu outragée et à l'innocence opprimée. Le barbare est celui qui, sensible pour les conspirateurs, est sans entrailles pour les patriotes vertueux ; les mêmes hommes qui se laissent attendrir pour l'aristocratie sont implacables pour les patriotes. *La faction des indulgents*, sont des termes par lesquels on a cherché à caractériser les anthropophages, dont l'humanité consiste à parer les coups portés aux ennemis de l'humanité, pour leur donner la facilité d'en porter de nouveaux aux patriotes. Ce système ne doit avoir d'autre nom que celui de *contre-révolutionnaire*, parce qu'il tend à égorger les défenseurs de la patrie, et à jeter sur eux une teinte affreuse de cruauté. Le premier devoir d'un bon citoyen est donc de dénoncer la faction des indulgents en public. Je ne prendrais pas aujourd'hui la parole contre elle, si elle n'était pas devenue assez puissante pour essayer de mettre des entraves à la marche du gouvernement. « Robespierre se plaint ensuite des calomnies dont il est l'objet. » C'est ainsi, dit-il, que l'on absout les tyrans en attaquant un patriote isolé qui n'a pour lui que son courage et sa vertu. » (*Robespierre*, s'écrie un citoyen des tribunes, *tu as tous les Français pour toi*). « Quand les circonstances se développeront, continue-t-il, je m'expliquerai plus au long ; aujourd'hui, j'en ai dit assez pour ceux qui sentent. Il ne sera jamais au pouvoir de personne de m'empêcher de déposer la vérité dans le sein de la représentation nationale et des républicains. Il n'est pas au pouvoir des tyrans et de leurs valets de faire échouer mon courage. Qu'on répande des libelles contre moi, je n'en serai pas moins toujours le même, et je défendrai la liberté et l'égalité avec la même ardeur. Si l'on me forçait de renoncer à une partie des fonctions dont je suis chargé, il me resterait encore ma qualité de représentant du peuple, et je ferais une guerre à mort aux tyrans et aux conspirateurs. »

Le 5 juillet (21 messidor), Robespierre se plaint aux Jacobins de l'inexécution du décret qui a mis la vertu et la probité à l'ordre du jour : « De tous les décrets qui ont sauvé la république, le plus sublime, le seul qui l'ait arrachée à la corruption et qui ait affranchi les peuples de la tyrannie, c*est celui qui met la probité et la vertu à l'ordre du jour. Si ce décret était exécuté, la liberté serait parfaitement établie, et nous n'aurions plus besoin de faire retentir les tribunes populaires de notre voix ; mais les hommes qui n'ont que le masque de la vertu mettent les plus grandes entraves à l'exécution des lois de la vertu même ; ils veulent se faire de ce masque un moyen de parvenir au pouvoir. Le décret qui met la vertu à l'ordre du jour est fécond en grandes conséquences. Nous avions prévu qu'on en abuserait ; mais en même temps nous avions pensé que ce décret, porté contre les oppresseurs, imposerait aux fonctionnaires publics le devoir d'exercer la vertu, et de ne jamais s'écarter des obligations qui les lient à la patrie ; mais ces obligations ne les forcent point à s'appesantir, avec une inquisition sévère, sur les actions des bons citoyens, pour détourner les yeux de dessus les crimes des fripons : ces fripons, qui ont cessé d'attirer leur attention, sont ceux-là même qui oppriment l'humanité, et sont de vrais tyrans. » Robespierre continue en signalant les pièges qui sont tendus aux bons citoyens, les craintes que l'on sème dans la Convention : On cherche à persuader à chaque membre que le Comité de salut public l'a proscrit. « Mais, dit-il, les scélérats ne triompheront pas, car il est impossible que les hommes qui ont épousé le système profond de la justice et de la liberté consentent jamais à laisser à de si vils ennemis un triomphe qui serait à la fois la honte et la perte de l'humanité entière. Il faut que ces lâches conspirateurs, ou renoncent à leurs complots infâmes, ou qu'ils nous arrachent la vie. Je sais qu'ils le tenteront, ils le tentent même tous les jours, mais le génie de la patrie veille sur les patriotes. J'aurais voulu donner plus d'ordre et de précision à ces réflexions ; mais j'ai suivi le sentiment de mon âme. Je cherche à étouffer les germes de division et à empêcher qu'il ne se forme deux partis dans la Convention : j'invite tous les membres à se mettre en garde contre les insinuations perfides de certains personnages qui, craignant pour eux-mêmes, veulent faire partager leurs craintes. Tant que la terreur durera parmi les représentants, ils seront incapables de remplir leur mission glorieuse.. Qu'ils se rallient à la justice éternelle, qu'ils déjouent les complots par leur surveillance ; que le bruit de nos victoires soit la liberté, la paix, le bonheur et la vertu, et que nos frères après avoir versé leur sang pour nous assurer tant d'avantages, soient eux-mêmes assurés que leurs familles jouiront du fait immortel que doit leur garantir leur généreux dévouement ! »

Séance du 26 juillet (8 thermidor). — Le *Moniteur* analyse ainsi le discours prononcé dans cette séance par Robespierre : « Robespierre, qui depuis longtemps n'avait paru à l'Assemblée, monte à la tribune et prend la parole. Il lit un long discours dans lequel il commence par vanter sa vertu. Il se plaint d'être calomnié, et signale comme ennemis du peuple tous ceux qui lui paraissent opposés à ses projets. Il décrie ensuite, dans une longue diatribe, toutes les opérations du gouvernement ; il déclame successivement contre les comités de salut public, de sûreté générale et des finances. Sans se plaindre formellement de l'opposition civique mise par ce dernier comité à ses projets d'envahissement des finances, il essaie de le comprendre dans la proscription, en l'accusant d'avoir *contre-révolutionné* les finances de la république. Il prétend ensuite que les patriotes sont opprimés, « Pourquoi, dit-il, ces discoursqu'on vous a faits sur les succès des armées ? Le système de Dumouriez est suivi dans la Belgique, on plante des arbres stériles de la liberté, on éloigne les canonniers de Paris, on a formé un camp qui peut devenir dangereux, etc. » Il ajoute qu'on a voulu donner le change sur

Maximilien de Robespierre

la situation de la république ; enfin, il annonce qu'il proposera les seules mesures propres à sauver la patrie. »

La partialité de cette version est évidente, et ce discours, le dernier que prononça Robespierre, mérite d'être rapporté avec plus d'étendue : « Citoyens, que d'autres vous tracent des tableaux flatteurs ; je viens vous dire des vérités utiles. Je veux étouffer, s'il est possible, les flambeaux de la discorde par la seule force de la vérité. Je vais défendre devant vous votre autorité outragée et la liberté violée. Je me défendrai aussi moi-même : vous n'en serez point surpris ; vous ne ressemblez point aux tyrans que vous combattez. Les cris de l'innocence outragée n'importunent point votre oreille, et vous n'ignorez pas que cette cause ne vous est point étrangère. Les révolutions qui jusqu'à nous ont changé la face des empires n'ont eu pour objet qu'un changement de dynastie, ou le passage du pouvoir d'un seul à celui de plusieurs. La révolution française est la première qui ait été fondée sur la théorie des droits de l'humanité, et sur les principes de la justice. Les autres révolutions n'exigeaient que de l'ambition : la nôtre impose des vertus... La république, amenée insensiblement par la force des choses et par la lutte des amis de la liberté contre les conspirations toujours renaissantes, s'est glissée pour ainsi dire à travers toutes les factions ; mais elle a trouvé leur puissance organisée autour d'elle, et tous les moyens d'influence dans leurs mains ; aussi n'a-t-elle cessé d'être persécutée dès sa naissance dans la personne de tous les hommes de bonne foi qui combattaient pour elle... Les amis de la liberté cherchent à renverser la puissance des tyrans par la force de la vérité ; les tyrans cherchent à détruire les défenseurs de la liberté par la calomnie ; ils donnent le nom de tyrannie à l'ascendant même des principes de la vérité. Quand ce système a pu prévaloir, la liberté est perdue ; il n'y a de légitime que la perfidie, et de criminel que la vertu, car il est dans la nature même des choses qu'il existe une influence partout où il y a des hommes rassemblés, celle de la tyrannie ou celle de la raison. Lorsque celle-ci est proscrite comme un crime, la tyrannie règne ; quand les bons citoyens sont condamnés au silence, il faut bien que les scélérats dominent.

» Ici, j'ai besoin d'épancher mon cœur ; vous avez besoin aussi d'entendre la vérité...

» Eh ! quel est donc le fondement de cet odieux système de terreur et de calomnies ?... Nous redoutables aux patriotes ! nous qui les avons arrachés des mains de toutes les factions conjurées contre eux !

nous qui, tous les jours, les disputons pour ainsi dire aux intrigants hypocrites qui osent les opprimer encore ! nous qui poursuivons les scélérats qui cherchent à prolonger leurs malheurs en nous trompant par d'inextricables impostures ! Nous redoutables à la Convention nationale ! Et que sommes-nous sans elle ? et qui a défendu la Convention nationale au péril de sa vie ? qui s'est dévoué pour sa conservation, quand des factions exécrables conspiraient sa ruine à la face de la France ? qui s'est dévoué pour sa gloire, quand les vils suppôts de la tyrannie prêchaient en son nom l'athéisme et l'immoralité ; quand tant d'autres gardaient un silence criminel sur les forfaits de leurs complices, et semblaient attendre le signal du carnage pour se baigner dans le sang des représentants du peuple ? Et à qui étaient destinés les premiers coups des conjurés ? Quelles étaient les victimes désignées par Chaumette et par Ronsin ? Dans quels lieux la bande des assassins devait-elle marcher d'abord en ouvrant les prisons ? Quels sont les objets des calomnies et des attentats des tyrans armés contre la république ? N'y a-t-il aucun poignard pour nous dans les cargaisons que l'Angleterre envoie à ses complices en France et à Paris ? C'est nous qu'on assassine, et c'est nous qu'on peint redoutables ! Et quels sont donc ces grands actes de sévérité que l'on nous reproche ? quelles ont été les victimes ? Hébert, Ronsin, Chabot, Danton, Lacroix, Fabre-d'Églantine, et quelques autres complices. Est-ce leur punition qu'on nous reproche ? Aucun n'oserait les défendre. Mais si nous n'avons fait que dénoncer des monstres dont la mort a sauvé la Convention nationale et la république, qui peut craindre nos principes, qui peut nous accuser d'avance d'injustice et de tyrannie, si ce n'est ceux qui leur ressemblent ? Non, nous n'avons pas été trop sévères : j'en atteste la république qui respire !... On parle de notre rigueur, et la patrie nous reproche notre faiblesse.

» Est-ce nous qui avons plongé dans les cachots les patriotes, et porté la terreur dans toutes les conditions ? Ce sont les monstres que nous avons accusés. Est-ce nous qui, oubliant les crimes de l'aristocratie et protégeant les traîtres, avons déclaré la guerre aux citoyens paisibles, érigé en crimes ou des préjugés incurables, ou des choses indifférentes, pour trouver partout des coupables et rendre la révolution redoutable au peuple même ? Ce sont les monstres que nous avons accusés. Est-ce nous qui, recherchant des opinions anciennes, fruit des obsessions des traîtres, avons promené le glaive sur la plus grande partie de la

Convention nationale ; demandions-nous dans les sociétés populaires la tête de six cents représentants du peuple ? Ce sont les monstres que nous avons accusés. Aurait-on déjà oublié que nous nous sommes jetés entre eux et leurs perfides adversaires ?...

» Telle est cependant la base de ces projets de dictature et d'attentats contre la représentation nationale, imputés d'abord au Comité de salut public en général. Par quelle fatalité cette grande accusation a-t-elle été transportée tout à coup sur la tête d'un seul de ses membres ? Étrange projet d'un homme, d'engager la Convention nationale à s'égorger elle-même en détail, de ses propres mains, pour lui frayer le chemin du pouvoir absolu ! Que d'autres aperçoivent le côté ridicule de ces inculpations ; c'est à moi de n'en voir que l'atrocité. Vous rendrez au moins *compte* à l'opinion publique de votre affreuse persévérance à poursuivre le projet d'égorger tous les amis de la patrie, monstres qui cherchez à me ravir l'estime de la Convention nationale, le prix le plus glorieux des travaux d'un mortel, que je n'ai ni usurpée ni surprise, mais que j'ai été forcé de conquérir ! Paraître un objet de terreur aux yeux de ce qu'on révère et de ce qu'on aime, c'est pour un homme sensible et probe le plus affreux des supplices ! le lui faire subir, c'est le plus grand des forfaits !...

» Ah ! certes, lorsqu'au risque de blesser l'opinion publique, ne consultant que les intérêts sacrés de la patrie, j'arrachais seul à une décision précipitée ceux dont les opinions m'auraient conduit à l'échafaud, si elles avaient triomphé ; quand, dans d'autres occasions, je m'exposais à toutes les fureurs d'une faction hypocrite pour réclamer les principes de la stricte équité envers ceux qui m'avaient jugé avec plus de précipitation, j'étais loin sans doute de penser que l'on dût me tenir compte d'une pareille conduite ; j'aurais trop mal présumé d'un pays où elle aurait été remarquée, et où l'on aurait donné des noms pompeux aux devoirs les plus indispensables de la probité ; mais j'étais encore plus loin de penser qu'un jour on m'accuserait d'être le bourreau de ceux envers qui je les ai remplis, et l'ennemi de la représentation nationale, que j'avais servie avec dévouement : je m'attendais bien moins encore qu'on m'accuserait à la fois de vouloir la défendre et de vouloir l'égorger ! Quoi qu'il en soit, rien ne pourra jamais changer ni mes sentiments, ni mes principes... Je ne connais que deux partis, celui des bons et celui des mauvais citoyens : que le patriotisme n'est point une affaire de parti, mais une affaire de cœur ; qu'il ne consiste ni dans l'insolence ni dans une fougue passagère qui ne respecte ni les principes, ni le bon sens, ni la morale ; encore moins dans le dévouement aux intérêts d'une faction. Le cœur flétri par l'expérience de tant de trahisons, je crois à la nécessité d'appeler surtout la probité et tous les sentiments généreux au secours de la république. Je sens que partout où l'on rencontre un homme de bien, en quelque lieu qu'il soit assis, il faut lui tendre la main et le serrer contre son cœur. Je crois à des circonstances fatales dans la révolution, qui n'ont rien de commun avec les desseins criminels ; je crois à la détestable influence de l'intrigue, et surtout à la puissance sinistre de la calomnie. Je vois le monde peuplé de dupes et de fripons ; mais le nombre des fripons est le plus petit : ce sont eux qu'il faut punir des crimes et des malheurs du monde…

» Cependant ce mot de *dictature* a des effets magiques : il flétrit la liberté, il avilit le gouvernement : il détruit la république ; il dégrade toutes les institutions révolutionnaires, qu'on présente comme l'ouvrage d'un seul homme ; il rend odieuse la justice nationale, qu'il présente comme instituée par l'ambition d'un seul homme ; il dirige sur un point toutes les haines et tous les poignards du fanatisme et de l'aristocratie…

» Ils m'appellent tyran… Si je l'étais, ils ramperaient à mes pieds, je les gorgerais d'or, je leur assurerais le droit de commettre tous les crimes, et ils seraient reconnaissants ! Si je l'étais, les rois que nous avons vaincus, loin de me dénoncer (quel tendre intérêt ils prennent à notre liberté !) me prêteraient leur coupable appui ; je transigerais avec eux ! Dans leur détresse qu'attendent-ils, si ce n'est le secours d'une faction protégée par eux, qui leur vende la gloire et la liberté de notre pays ? On arrive à la tyrannie par le secours des fripons : où courent ceux qui les combattent ? Au tombeau et à l'immortalité. Quel est le tyran qui me protège ? quelle est la faction à qui j'appartiens ? C'est vous-mêmes. Quelle est cette faction qui depuis le commencement de la révolution a terrassé les factions, a fait disparaître tant de traîtres accrédités ? C'est vous, c'est le peuple, ce sont les principes. Voilà la faction à laquelle je suis voué, et contre laquelle tous les crimes sont ligués…

» La vérité sans doute a sa puissance, elle a sa colère, son despotisme ; elle a des accents touchants, terribles, qui retentissent avec force dans les cœurs purs comme dans les consciences coupables, et qu'il n'est pas plus donné au mensonge d'imiter, qu'à Salomée d'imiter les foudres du ciel ; mais accusez-en la nature, accusez-en le peuple, qui la sent et qui l'aime… Si les représentants du peuple qui défendent sa

Maximilien de Robespierre

cause ne peuvent pas obtenir impunément son estime, quelle sera la conséquence de ce système, si ce n'est qu'il n'est plus permis de servir le peuple, que la république est proscrite, et la tyrannie rétablie ? Et quelle tyrannie plus odieuse que celle qui punit le peuple dans la personne de ses défenseurs ! car la chose la plus libre qui soit dans le monde, même sous le règne du despotisme, n'est-ce pas l'amitié ?... Qui suis-je, moi qu'on accuse ? Un esclave de la liberté, un martyr vivant de la république, la victime autant que l'ennemi du crime. Tous les fripons m'outragent ; les actions les plus indifférentes, les plus légitimes de la part des autres sont des crimes pour moi ; un homme est calomnié dès qu'il me connaît ; on pardonne à d'autres leurs forfaits ; on me fait un crime de mon zèle. Ôtez-moi ma conscience, je suis le plus malheureux de tous les hommes ; je ne jouis pas même des droits du citoyen ; que dis-je ! il ne m'est pas même permis de remplir les devoirs d'un représentant du peuple.

« Quand les victimes de leur perversité se plaignent, ils s'excusent en leur disant : *C'est Robespierre qui le veut, nous ne pouvons pas nous en dispenser.* Les infâmes disciples d'Hébert tenaient jadis le même langage dans le temps où je les dénonçais ; ils se disaient mes amis ; ensuite ils m'ont déclaré convaincu de modérantisme : c'est encore la même espèce de contre-révolutionnaires qui persécute le patriotisme. Jusques à quand l'honneur des bons citoyens et la dignité de la Convention nationale seront-ils à la merci de ces hommes-là ? Mais le trait que je viens de citer n'est qu'une branche du système de persécution plus vaste dont je suis l'objet. En développant cette accusation de dictature, mise à l'ordre du jour par les tyrans, on s'est attaché à me charger de toutes leurs iniquités, de tous les torts de la fortune, ou de toutes les rigueurs commandées par le salut de la patrie. On disait aux nobles : *C'est lui seul* qui vous a proscrits ; on disait en même temps aux patriotes : *Il veut sauver les nobles* ; on disait aux prêtres : *C'est lui seul qui vous poursuit ; sans lui, vous seriez paisibles et triomphants* ; on disait aux fanatiques : *C'est lui qui détruit la religion* ; on disait aux patriotes persécutés : *C'est lui qui l'a ordonné, ou qui ne veut pas l'empêcher.* On me renvoyait toutes les plaintes dont je ne pouvais faire cesser les causes, en disant : *Votre sort dépend de lui seul.* Des hommes apostés dans les lieux publics propageaient chaque jour ce système ; il y en avait dans le lieu des séances du tribunal révolutionnaire, dans les lieux où les ennemis de la patrie expient leurs forfaits ; ils disaient : *Voilà des malheureux condamnés ; qui est-ce qui en est la cause ? Robespierre.* On s'est attaché particulièrement à prouver que le tribunal révolutionnaire était un*tribunal de sang*, créé par moi seul, et que je maîtrisais absolument pour faire égorger tous les gens de bien, et même tous les fripons, car on voulait me susciter des ennemis de tous les genres. Ce cri retentissait dans toutes les prisons ; ce plan de proscription était exécuté à la fois dans tous les départements par les émissaires de la tyrannie. Mais qui étaient-ils ces calomniateurs ?

« Je puis répondre que les auteurs de ce plan de calomnies sont d'abord le duc d'Yorck, M. Pitt, et tous les tyrans armés contre nous. Qui ensuite ?... Ah ! je n'ose les nommer dans ce moment et dans ce lieu ; je ne puis me résoudre à déchirer entièrement le voile qui couvre ce profond mystère d'iniquités ; mais ce que je puis affirmer positivement, c'est que parmi les auteurs de cette trame sont les agents de ce système de corruption et d'extravagance, le plus puissant de tous les moyens inventés par l'étranger pour perdre la République, sont les apôtres impurs de l'athéisme et de l'immoralité, dont il est la base.

« La tyrannie n'avait demandé aux hommes que leurs biens et leur vie ; ceux-ci nous demandaient jusqu'à nos consciences ; d'une main, ils nous présentaient tous les maux, et, de l'autre, ils nous arrachaient l'espérance. L'athéisme, escorté de tous les crimes, versait sur le peuple le deuil et le désespoir, et sur la représentation nationale les soupçons, le mépris et l'opprobre. Une juste indignation, comprimée par la terreur, fermentait sourdement dans tous les cœurs ; une éruption terrible, inévitable, bouillonnait dans les entrailles du volcan, tandis que de petits philosophes jouaient stupidement sur sa cime avec de grands scélérats. Telle était la situation de la République, que, soit que le peuple consentit à souffrir la tyrannie, soit qu'il en secouât violemment le joug, la liberté était également perdue ; car, par sa réaction, il eût blessé à mort la République, et, par sa patience, il s'en serait rendu indigne. Aussi, de tous les prodiges de notre Révolution, celui que la postérité concevra le moins, c'est que nous ayons pu échapper à ce danger. Grâces immortelles vous soient rendues ! Vous avez sauvé la patrie ; votre décret du 18 floréal est lui seul une Révolution ; vous avez frappé du même coup l'athéisme et le despotisme sacerdotal ; vous avez avancé d'un demi-siècle l'heure fatale des tyrans ; vous avez rattaché à la cause de la Révolution tous les cœurs purs et généreux ; vous l'avez montrée au monde dans tout l'éclat de sa beauté céleste. Ô jour à jamais fortuné, où le peuple français tout entier s'éleva pour rendre à l'auteur

Maximilien de Robespierre

de la nature le seul hommage digne de lui ! Quel touchant assemblage de tous les objets qui peuvent enchanter les regards et le cœur des hommes ! Ô vieillesse honorée ! ô généreuse ardeur des enfants de la patrie ! ô joie naïve et pure des jeunes citoyens ! ô larmes délicieuses des mères attendries ! ô charme divin de l'innocence et de la beauté ! ô majesté d'un grand peuple heureux par le seul sentiment de sa force, de sa gloire et de sa vertu ! Être des êtres ! le jour où l'univers sortit de tes mains toutes-puissantes brilla-t-il d'une lumière plus agréable à tes yeux que ce jour où, brisant le joug du crime et de l'erreur, il parut devant toi digne de tes regards et de ses destinées ?

« Ce jour avait laissé sur la France une impression profonde de calme, de bonheur, de sagesse et de bonté. À la vue de cette réunion sublime du premier peuple du monde, qui aurait cru que le crime existait encore sur la terre ? Mais quand le peuple, en présence duquel tous les vices privés disparaissent, est rentré dans ses foyers domestiques, les intrigants reparaissent, et le rôle des charlatans recommence. C'est depuis cette époque qu'on les a vus s'agiter avec une nouvelle audace, et chercher à punir tous ceux qui avaient déconcerté le plus dangereux de tous les complots. Croirait-on qu'au sein de l'allégresse publique des hommes aient répondu par des signes de fureur aux touchantes acclamations du peuple ? Croira-t-on que le président de la Convention nationale, parlant au peuple assemblé, fut insulté par eux, et que ces hommes étaient des représentants du peuple ? Ce seul trait explique tout ce qui s'est passé depuis. La première tentative que firent les malveillants fut de chercher à avilir les grands principes que vous aviez proclamés, et à effacer le souvenir touchant de la fête nationale : tel fut le but du caractère et de la solennité qu'on donna à ce qu'on appelait l'affaire de *Catherine Théos*. La malveillance a bien su tirer parti de la conspiration politique cachée sous le nom de quelques dévotes imbéciles, et on ne présenta à l'attention publique qu'une farce mystique et un sujet inépuisable de sarcasmes indécents ou puérils.

« Les lâches ! ils voulaient donc me faire descendre au tombeau avec ignominie ! Et je n'aurais laissé sur la terre que la mémoire d'un tyran ! Avec quelle perfidie ils abusaient de ma bonne foi ! comme ils semblaient adopter les principes de tous les bons citoyens ! comme leur feinte amitié était naïve et caressante ! Tout à coup leurs visages se sont couverts des plus sombres nuages ; une joie féroce brillait dans leurs yeux : c'était le moment où ils croyaient toutes leurs mesures bien prises pour m'accabler. Aujourd'hui, ils me caressent de nouveau ; leur langage est plus affectueux que jamais : il y a trois jours ils étaient prêts à me dénoncer comme un Catilina ; aujourd'hui, ils me prêtent les vertus de Caton. Il leur faut du temps pour renouer leurs trames criminelles. Que leur but est atroce ! mais que leurs moyens sont méprisables ! Jugez-en par un seul trait. J'ai été chargé momentanément, en l'absence d'un de mes collègues, de surveiller un bureau de police générale récemment et faiblement organisé au comité de salut public. Ma courte gestion s'est bornée à provoquer une trentaine d'arrêtés, soit pour mettre en liberté des patriotes persécutés, soit pour s'assurer de quelques ennemis de la Révolution. Eh bien ! croira-t-on que ce seul mot de *police générale* a servi de prétexte pour mettre sur ma tête la responsabilité de toutes les opérations du comité de sûreté générale, des erreurs de toutes les autorités constituées, des crimes de tous mes ennemis ? Il n'y a peut-être pas un individu arrêté, pas un citoyen vexé à qui l'on n'ait dit de moi : *Voilà l'auteur de tes maux ; tu serais heureux et libre s'il n'existait plus.* Comment pourrais-je ou raconter ou deviner toutes les espèces d'impostures qui ont été clandestinement insinuées soit dans la Convention nationale, soit ailleurs, pour me rendre odieux ou redoutable ? Je me bornerai à dire que depuis plus de six semaines la nature et la force de la calomnie, l'impuissance de faire le bien et d'arrêter le mal, m'ont forcé à abandonner absolument mes fonctions de membre du comité de salut public, et je jure qu'en cela même, je n'ai consulté que ma raison et la patrie ? Je préfère ma qualité de représentant du peuple à celle de membre du comité de salut public, et je mets ma qualité d'homme et de citoyen français avant tout.

« Quoi qu'il en soit, voilà au moins six semaines que ma dictature est expirée, et que je n'ai aucune espèce d'influence sur le gouvernement : le patriotisme a-t-il été plus protégé ? les factions plus timides ? la patrie plus heureuse ? Je le souhaite. Mais cette influence s'est bornée dans tous les temps à plaider la cause de la patrie devant la représentation nationale et au tribunal de la raison publique ; il m'a été permis de combattre les factions qui vous menaçaient, j'ai voulu déraciner le système de corruption et de désordre qu'elles avaient établi, et que je regarde comme le seul obstacle à l'affermissement de la République : j'ai pensé qu'elle ne pouvait s'asseoir que sur les bases éternelles de la morale. Tout s'est ligué contre moi et contre ceux qui avaient les mêmes principes.

Maximilien de Robespierre

« Oh ! je la leur abandonnerai sans regret, ma vie ! J'ai l'expérience du passé, et je vois l'avenir ! Quel ami de la patrie peut vouloir survivre au moment où il n'est plus permis de la servir et de défendre l'innocence opprimée ! Pourquoi demeurer dans un ordre de choses où l'intrigue triomphe éternellement de la vérité, où la justice est un mensonge, où les plus viles passions, où les craintes les plus ridicules occupent dans les cœurs la place des intérêts sacrés de l'humanité ? Comment supporter le supplice de voir cette horrible succession de traîtres plus ou moins habiles à cacher leur âme hideuse sous le voile de la vertu, et même de l'amitié, mais qui tous laisseront à la postérité l'embarras de décider lequel des ennemis de mon pays fut le plus loche et le plus atroce ? En voyant la multitude des vices que le torrent de la Révolution a roulés pêle-mêle avec les vertus civiques, j'ai craint quelquefois, je l'avoue, d'être souillé aux yeux de la postérité par le voisinage impur des hommes pervers qui s'introduisaient parmi les sincères amis de l'humanité, et je m'applaudis de voir la fureur des Verrès et des Catilina de mon pays tracer une ligne profonde de démarcation entre eux et tous les gens de bien. J'ai vu dans l'histoire tous les défenseurs de la liberté accablés par la calomnie ; mais leurs oppresseurs sont morts aussi ! Les bons et les méchants disparaissent de la terre, mais à des conditions différentes. Français, ne souffrez pas que vos ennemis osent abaisser vos âmes et énerver vos vertus par leur désolante doctrine ! Non, Chaumette, non, la mort n'est pas un sommeil éternel !... Citoyens, effacez des tombeaux cette maxime gravée par des mains sacrilèges, qui jette un crêpe funèbre sur la nature, qui décourage l'innocence opprimée, et qui insulte à la mort ; gravez-y plutôt celle-ci : *la mort est le commencement de l'immortalité !*

« J'ai promis il y a quelque temps de laisser un testament redoutable aux oppresseurs du peuple. Je vais le publier dès ce moment avec l'indépendance qui convient à la situation où je me suis placé : je leur lègue la vérité terrible, et la mort !

« Représentants du peuple français, il est temps de reprendre la fierté et la hauteur du caractère qui vous convient. Vous n'êtes pas faits pour être régis, mais pour régir les dépositaires de votre confiance : les hommages qu'ils vous doivent ne consistent pas dans ces vaines flagorneries, dans ces récits flatteurs prodigués aux rois par des ministres ambitieux, mais dans la vérité, et surtout dans le respect profond pour vos principes. On vous a dit que tout est bien dans la République : je le nie...

« Notre situation intérieure est critique. Un système raisonnable de finances est à créer ; celui qui règne aujourd'hui est mesquin, prodigue, tracassier, dévorant, et dans le fait absolument indépendant de votre surveillance suprême. Les relations extérieures sont absolument négligées ; presque tous les agents employés chez les puissances étrangères, décriés par leur incivisme, ont trahi ouvertement la République avec une audace impunie jusqu'à ce jour.

« Le gouvernement révolutionnaire mérite toute votre attention : qu'il soit détruit aujourd'hui, demain la liberté n'est plus. Il ne faut pas le calomnier, mais le rappeler à son principe, le simplifier, diminuer la foule innombrable de ses agents, les épurer surtout : il faut rendre la sécurité au peuple, mais non à ses ennemis. Il ne s'agit point d'entraver la justice du peuple par des formes nouvelles ; la loi pénale doit nécessairement avoir quelque chose de vague, parce que le caractère actuel des conspirateurs étant la dissimulation et l'hypocrisie, il faut que la justice puisse les saisir sous toutes les formes. Une seule manière de conspirer laissée impunie la rendrait illusoire et compromettrait le salut de la patrie. La garantie du patriotisme n'est donc pas dans la lenteur ni dans la faiblesse de la justice nationale, mais dans les principes et dans l'intégrité de ceux à qui elle est confiée, dans la bonne foi du gouvernement, dans la protection franche qu'il accorde aux patriotes, et dans l'énergie avec laquelle il comprime l'aristocratie ; dans l'esprit public, dans certaines institutions morales et politiques qui, sans entraver la marche de la justice, offrent une sauvegarde aux bons citoyens, en comprimant les mauvaises passions, par leur influence sur l'opinion publique et sur la direction de la marche révolutionnaire, et qui vous seront proposées quand les conspirations les plus voisines permettront aux amis de la liberté de respirer…

« Le gouvernement révolutionnaire a sauvé la patrie ; il faut le sauver lui-même de tous les écueils : ce serait mal conclure de croire qu'il faut le détruire par cela seul que les ennemis du bien public l'ont d'abord paralysé, et s'efforcent maintenant de le corrompre. C'est une étrange manière de protéger les patriotes, de mettre en liberté les contre-révolutionnaires, et de faire triompher les fripons ! C'est la terreur du crime qui fait la sécurité de l'innocence…

« La contre-révolution est dans l'administration des finances.

« Elle porte en entier sur un système d'innovations contre-révolutionnaires, déguisé sous les dehors du patriotisme. Elle a pour

Maximilien de Robespierre

but de fomenter l'agiotage, d'ébranler le crédit public en déshonorant la loyauté française, de favoriser les riches créanciers, de ruiner et de désespérer les pauvres, de multiplier les mécontents, de dépouiller le peuple des biens nationaux, et d'amener insensiblement la ruine de la fortune publique.

« Quels sont les administrateurs suprêmes de nos finances ? Des brissotins, des feuillants, des aristocrates et des fripons connus ; ce sont les Cambon, les Mallarmé, les Ramel : ce sont les compagnons et les successeurs de Chabot, de Fabre et de Julien (de Toulouse)…

« Voilà une partie du plan de la conspiration. Et à qui faut-il imputer ces maux ? À nous-mêmes, à notre lâche faiblesse pour le crime, et à notre coupable abandon des principes proclamés par nous-mêmes. Ne nous y trompons pas ; fonder une immense République sur les bases de la raison et de l'égalité, resserrer, par un lien vigoureux toutes les parties de cet empire immense n'est pas une entreprise que la légèreté puisse consommer ; c'est le chef-d'œuvre de la vertu et de la raison humaine. Toutes les factions naissent en foule du sein d'une grande Révolution ; comment les réprimer si vous ne soumettez sans cesse toutes les passions à la justice ? Vous n'avez pas d'autre garant de la liberté que l'observation rigoureuse des principes et de la morale universelle que vous avez proclamés. Si la raison ne règne pas, il faut que le crime et l'ambition règnent ; sans elle la victoire n'est qu'un moyen d'ambition et un danger pour la liberté même, un prétexte fatal dont l'intrigue abuse pour endormir le patriotisme sur les bords du précipice ; sans elle, qu'importe la victoire même ! La victoire ne fait qu'armer l'ambition, endormir le patriotisme, éveiller l'orgueil et creuser de ses mains brillantes le tombeau de la République. Qu'importe que nos armées chassent devant elles les satellites armés des rois, si nous reculons devant les vices destructeurs de la liberté publique ! Que nous importe de vaincre les rois, si nous sommes vaincus par les vices qui amènent la tyrannie !…

Dans la carrière où nous sommes, s'arrêter avant le terme c'est périr, et nous avons honteusement rétrogradé. Attendons-nous donc à tous les fléaux que peuvent entraîner les factions, qui s'agitent impunément. Au milieu de tant de passions ardentes, et dans un si vaste empire, les tyrans dont je vois les armées fugitives, mais non enveloppées, mais non exterminées, se retirent pour vous laisser en proie à vos dissensions intestines, qu'ils allument eux-mêmes, et à une armée d'agents criminels que vous ne savez pas même apercevoir. Laissez flotter un moment les rênes de la révolution ; vous verrez le despotisme militaire s'en emparer, et les chefs des factions renverser la représentation nationale avilie ; un siècle de guerre civile et de calamités désolera notre patrie, et nous périrons pour n'avoir pas voulu saisir un moment marqué dans l'histoire des hommes pour fonder la liberté ; nous livrons notre patrie à un siècle de calamités, et les malédictions du peuple s'attacheront à notre mémoire, qui devait être chère au genre humain !...

« Peuple, souviens-toi que si dans la République la justice ne règne pas avec un empire absolu, et si ce mot ne signifie pas l'amour de l'égalité et de la patrie, la liberté n'est qu'un vain nom ! Peuple, toi que l'on craint, que l'on flatte et que l'on méprise ; toi, souverain reconnu, que l'on traite toujours en esclave : souviens-toi que partout où la justice ne règne pas, ce sont les passions des magistrats, et que le peuple a changé de chaînes et non de destinées !

« Souviens-toi qu'il existe dans ton sein une ligue de fripons qui lutte contre la vertu publique, qui a plus d'influence que toi-même sur tes propres affaires, qui te redoute et te flatte en masse, mais te proscrit en détail dans la personne de tous les bons citoyens !...

« Sache que tout homme qui s'élèvera pour défendre la cause et la morale publiques sera accablé d'avanies et proscrit par les fripons ; sache que tout ami de la liberté sera toujours placé entre un devoir et une calomnie ; que ceux qui ne pourront être accusés d'avoir trahi seront accusés d'ambition ; que l'influence de la probité et des principes sera comparée à la force de la tyrannie et à la violence des factions ; que ta confiance et ton estime seront des titres de proscription pour tous tes amis ; que les cris du patriotisme opprimé seront appelés des cris de sédition, et que, n'osant t'attaquer toi-même en masse, on te proscrira en détail dans la personne de tous les bons citoyens, jusqu'à ce que les ambitieux aient organisé leur tyrannie ! Tel est l'empire des tyrans armés contre nous, telle est l'influence de leur ligue avec tous les hommes corrompus, toujours portés à les servir. Ainsi donc les scélérats nous imposent la loi de trahir le peuple, à peine d'être appelés dictateurs ! Souscrirons-nous à cette loi ? Non ! Défendons le peuple, au risque d'en être victimes ; qu'ils courent à l'échafaud par la route du crime, et nous par celle de la vertu !

« Dirons-nous que tout est bien ? Continuerons-nous de louer par habitude ou par pratique ce qui est mal ? Nous perdrions la patrie.

Maximilien de Robespierre

Révélerons-nous les abus cachés ? Dénoncerons-nous les traîtres ? On nous dira que nous ébranlons les autorités constituées, que nous voulons acquérir à leurs dépens une influence personnelle. Que ferons-nous donc ? Notre devoir. Que peut-on objecter à celui qui veut dire la vérité, et qui consent à mourir pour elle ? Disons donc qu'il existe une conspiration contre la liberté publique ; qu'elle doit sa force à une coalition criminelle qui intrigue au sein même de la Convention ; que cette coalition a des complices dans le comité de sûreté générale et dans les bureaux de ce comité, qu'ils dominent ; que les ennemis de la République ont opposé ce comité au comité de salut public, et constitué ainsi deux gouvernements ; que des membres du comité de salut public entrent dans ce complot ; que la coalition ainsi formée cherche à perdre les patriotes et la patrie. Quel est le remède à ce mal ? Punir les traîtres, renouveler les bureaux du comité de sûreté générale, épurer ce comité lui-même, et le subordonner au comité de salut public ; épurer le comité de salut public lui-même, constituer l'unité du gouvernement sous l'autorité suprême de la Convention nationale, qui est le centre et le juge, et écraser ainsi toutes les factions du poids de l'autorité nationale, pour élever sur leurs ruines la puissance de la justice et de la liberté : tels sont les principes. S'il est impossible de les réclamer sans passer pour un ambitieux, j'en conclurai que les principes sont proscrits et que la tyrannie règne parmi nous, mais non que je doive le taire ; car que peut-on objecter à un homme qui a raison et qui sait mourir pour son pays ?

« Je suis fait pour combattre le crime, non pour le gouverner. Le temps n'est point arrivé où les hommes de bien peuvent servir impunément la patrie ; les défenseurs de la liberté ne seront que des proscrits tant que la horde des fripons dominera. »

Sur la motion de Couthon, et malgré l'opposition de Bourdon de l'Oise la Convention vote l'impression de ce discours et son envoi aux départements. Mais Cambon, Vadier, Billault-Varennes s'élèvent contre diverses parties du discours de Robespierre ; ils l'accusent de paralyser la volonté de la Convention nationale et d'aspirer à la dictature.

Panis reproche à Robespierre de faire chasser des Jacobins qui bon lui semble. Il se plaint des calomnies dont il a été abreuvé, et tous les meilleurs patriotes avec lui. Il demande que Robespierre s'explique sur son compte ainsi que sur le compte de Fouché[1] (on applaudit).

---

1 Robespierre avait dénoncé Fouché aux Jacobins, pour sa conduite à Lyon. Celui-ci ayant écrit à la société pour lui demander de ne statuer à son égard que lorsque les

ROBESPIERRE. Mon opinion est indépendante : on ne tirera jamais de moi une rétractation qui n'est point dans mon cœur ; en jetant mon bouclier, je me suis présenté à découvert à mes ennemis ; je n'ai flatté personne, je ne crains personne, je n'ai calomnié personne. J'ai fait mon devoir, c'est aux autres à faire le leur.

Bentabole et Charlieu insistent pour que le discours de Robespierre soit renvoyé à l'examen des comités.

ROBESPIERRE : Quoi ! j'aurai eu le courage de venir déposer dans le sein de la Convention des vérités que je crois nécessaires au salut de la patrie, et l'on enverrait mon discours à l'examen des membres que j'accuse ! (on murmure.)

Amar, Barère, Thirion reprochent à Robespierre de n'avoir pas nommé ceux qu'il accuse et d'être resté dans des inculpations vagues : « Il ne faut pas, dit Amar, qu'un homme se mette à la place de tous, il ne faut pas que la Convention nationale soit troublée par les intérêts d'un amour-propre blessé. » Sur ces observations le décret qui ordonnait l'envoi du discours est rapporté.

Le lendemain, 9 thermidor, Saint-Just monte à la tribune et il entame un discours dans le même sens que celui que Robespierre avait lu la veille. Il est interrompu par Tallien et par Billault-Varennes, qui reprochent à Robespierre et à Saint-Just d'avoir arrêté les meilleurs patriotes, de vouloir mutiler, détruire la Convention. Billault-Varennes dit que si Robespierre s'est retiré du Comité de salut public, c'est parce qu'ayant fait sa volonté pendant six mois, il y a trouvé de la résistance au moment, où, seul, il a voulu faire rendre le décret du 22 prairial : ce décret qui dans les mains impures qu'il avait choisies pouvait être si funeste aux patriotes ! Tallien dénonce la séance de la veille aux Jacobins : « J'ai vu hier la séance des Jacobins : j'ai frémi pour la patrie ; j'ai vu se former l'armée du nouveau Cromwell, et je me suis armé d'un poignard pour lui percer le sein si la Convention nationale n'avait pas le courage de le décréter d'accusation. » Les deux propositions de Tallien que la Convention décrète la permanence de ses séances jusqu'à ce que le glaive de la loi ait assuré la Révolution et que l'on ordonne l'arrestation

---

comités de salut public et de sûreté générale auraient prononcé sur son sort : « Pourquoi ne se montre-t-il pas ? s'était écrié Robespierre à la lecture de cette lettre, craint-il les yeux, et les oreilles du peuple ? craint-il que sa triste figure ne présente visiblement le crime ? que six mille regards fixés sur lui ne découvrent dans ses yeux son âme tout entière, et qu'en dépit de la nature qui les a cachés, on y lise ses pensées ? »

Maximilien de Robespierre

des créatures de Robespierre, à commencer par Henriot et son état-major, — sont adoptées au milieu des plus vifs applaudissements et des cris de *vive la république*.

Billault-Varennes demande l'arrestation de Dumas, de Boulanger, de Dufraisse. Cette proposition est décrétée.

Robespierre insiste pour avoir la parole.

Sa voix est étouffée par les cris de : *À bas le tyran ! à bas le tyran !*

La parole est donnée à Barère, qui au nom du Comité de salut public, dénonce les efforts pour produire des mouvements dans le peuple, pour saisir le pouvoir national au milieu d'une crise préparée. Les comités se sont demandé notamment pourquoi il existait encore au milieu de Paris un régime militaire semblable à celui qui existait du temps des rois ; pourquoi tous ces commandants perpétuels, avec état-major, d'une force armée immense. Il propose un décret qui est aussitôt adopté, portant que tous grades supérieurs à celui de chef de légion sont supprimés, et que la garde nationale reprendra sa première organisation. On reprend la discussion.

Vadier recommence les récriminations contre Robespierre, et rappelant l'affaire de Catherine Théos, il dit qu'on lui faisait l'honneur d'un culte nouveau. Il lui reproche ses vexations contre les patriotes : « À entendre Robespierre, il est le défenseur unique de la liberté ; il en désespère, il va tout quitter ; il est d'une modestie rare, et il a pour refrain perpétuel : « Je suis opprimé, on m'interdit la parole ; » et il n'y a que lui qui parle utilement, car sa volonté est toujours faite. Il dit : « un tel conspire contre moi, qui suis l'ami par excellence de la république, donc il conspire contre la république. » Cette logique est neuve.

Tallien demande la parole pour ramener la discussion à son vrai point.

ROBESPIERRE : Je saurai l'y ramener (on murmure).

La Convention accorde la parole à Tallien, qui trouve toute la conspiration de Robespierre dans son discours prononcé la veille à la Convention et répété aux Jacobins, et qui énumère les actes d'oppression particuliers dont il fait remonter la responsabilité à Robespierre.

Robespierre interrompt, au milieu des violents murmures de l'Assemblée.

LOUCHET demande le décret d'arrestation contre Robespierre.

LOSEAU ; Il est constant que Robespierre a été dominateur ; je demande par cela seul le décret d'accusation.

ROBESPIERRE JEUNE : Je suis aussi coupable que mon frère ; je partage ses vertus. Je demande aussi le décret d'arrestation contre moi.

« Robespierre, dit le *Moniteur*, apostrophe le président (Thuriot) et les membres de l'Assemblée dans les termes les plus injurieux. » On connaît le mot fameux : « Président d'assassins, je demande la parole. »

L'arrestation de Robespierre est décrétée, ainsi que celle de Saint-Just, Couthon, Robespierre jeune. Fréron s'écrie alors : « Citoyens collègues, la patrie, en ce jour, et la liberté sont sorties de leurs ruines. » — Robespierre : « Oui, car les brigands triomphent, »

COLLOT-D'HERBOIS : « Citoyens, il est vrai de le dire, vous venez de sauver la patrie. Vos ennemis disaient qu'il fallait encore une insurrection du 31 mai. »

ROBESPIERRE : « Il en a menti. » L'Assemblée fait éclater la plus vive indignation. On réclame l'exécution du décret d'arrestation, et les accusés sont amenés pendant que Collot-d'Herbois poursuit son discours, reprochant à Robespierre et à Saint-Just d'avoir accusé et poursuivi « tous les hommes courageux qui s'opposaient au despotisme de ces nouveaux tyrans. »

Nous empruntons à la biographie de Robespierre, par M. Hamel, le récit de son dernier jour :

« Conduit d'abord au Luxembourg, où il avait été refusé par le concierge, Robespierre s'était fait mener à l'administration de la police, dont les bureaux occupaient quai des Orfèvres l'hôtel de la préfecture de police récemment démoli. Ce fut là que Coffinhal le délivra presque de force, pour le conduire à l'Hôtel-de-Ville, où, à la nouvelle des événements, le maire Fleuriot Lescot et l'agent national Payan, qui n'avaient pas balancé un instant à prendre parti pour Robespierre, avaient convoqué les membres de la commune. Là, furent menés aussi Robespierre jeune, Saint-Just, Couthon et Lebas. Au dehors, Henriot parcourait la ville en criant qu'on voulait perdre les meilleurs patriotes, et tel était l'ascendant moral de Robespierre qu'un moment son influence balança celle de la Convention tout entière. Pour la détruire, les thermidoriens furent obligés de recourir à un mensonge ; ils firent courir le bruit que Robespierre venait d'être convaincu de conspirer pour les Bourbons, et prétendirent qu'on avait trouvé chez lui un cachet à fleurs de lis. Cependant, à la commune, on le conjurait d'adresser une proclamation au peuple et à l'armée ; mais « au nom de qui ? » demanda Robespierre, qui donna en ce moment une dernière preuve de son respect pour la Constitution. On était enfin parvenu à obtenir qu'il signât un appel à la section des piques, rédigé par Lerebours, commissaire de la commission des secours publics ; déjà il avait écrit deux lettres de son nom, quand un gendarme du nom de Méda pénétra dans la salle du conseil, et tira sur lui à bout portant un coup de pistolet, qui lui brisa la mâchoire. Cet assassinat mit fin à la résistance de la commune ; il était alors une heure et demie du matin. Transporté sur une civière au comité de sûreté générale, Robespierre y fut l'objet de toutes sortes d'insultes. Pas une plainte ne s'échappa de sa bouche dans ces cruels instants ; son calme ne se démentit pas une minute. »

Le 10 thermidor au soir, on dressa exceptionnellement l'échafaud sur la place de la Révolution, d'où on l'avait banni depuis quelque temps, et les têtes de Robespierre et de ses amis tombèrent « au milieu des acclamations d'un peuple immense et des cris mille fois répétés de : *Vive la République ! Vive la Convention !* »

« Robespierre mourut pauvre comme il avait vécu, dit M. Hamel. On ne trouva chez lui qu'un assignat de cinquante livres et quelques mandats pour son indemnité de député à l'Assemblée constituante qu'il avait négligé de toucher. Il avait trente-six ans et trois mois. »

SUR LA LIBERTÉ DE LA PRESSE[1]

Après la faculté de penser, celle de communiquer ses pensées à ses semblables est l'attribut le plus frappant qui distingue l'homme de la brute. Elle est tout à la fois le signe de la vocation immortelle de l'homme à l'état social, le lien, l'âme, l'instrument de la société, le moyen unique de la perfectionner, d'atteindre le degré de puissance, de lumière et de bonheur dont il est susceptible.

Qu'il les communique par la parole, par l'écriture ou par l'usage de cet art heureux qui a reculé si loin les bornes de son intelligence, et qui assure à chaque homme les moyens de s'entretenir avec le genre humain tout entier, le droit qu'il exerce est toujours le même, et la liberté de la presse ne peut être distinguée de la liberté de la parole ; l'une et l'autre est sacrée comme la nature ; elle est nécessaire comme la société même.

Par quelle fatalité les lois se sont-elles donc presque partout appliquées à la violer ? C'est que les lois étaient l'ouvrage des despotes, et que la liberté de la presse est le plus redoutable fléau du despotisme. Comment expliquer, en effet, le prodige de plusieurs millions d'hommes opprimés par un seul, si ce n'est par la profonde ignorance et par la stupide léthargie où ils sont plongés ? Mais que tout homme qui a conservé le sentiment de sa dignité puisse dévoiler les vues perfides et la marche tortueuse de la tyrannie ; qu'il puisse opposer sans cesse les droits de l'humanité aux attentats qui les violent, la souveraineté des peuples à leur avilissement et à leur misère ; que l'innocence opprimée puisse faire entendre impunément sa voix redoutable et touchante, et la vérité rallier tous les esprits et tous les cœurs aux noms sacrés de liberté et de patrie ; alors l'ambition trouve partout des obstacles, et le despotisme est contraint de reculer à chaque pas ou de venir se briser contre la force invincible de l'opinion publique et de la volonté générale. Aussi voyez avec quelle artificieuse politique les despotes se sont ligués contre la liberté de parler et d'écrire ; voyez le farouche inquisiteur la poursuivre au nom du ciel, et les princes au nom des lois qu'ils ont faites eux-mêmes pour protéger leurs crimes. Secouons le joug des préjugés auxquels ils nous ont asservis, et apprenons d'eux à connaître tout le

---

1 Les idées de Robespierre sur la liberté de la presse se trouvent résumées dans ce discours, qui avait été composé pour être prononcé à la tribune de l'Assemblé nationale, et qui ne le fut pas faute d'occasion sans doute. Il parut en brochure sous ce titre : *Discours sur la liberté de la presse*. Paris, de l'Impr. nationale, 1791, in-8ᵉ de 23 p.

prix de la liberté de la presse.

Quelle doit en être la mesure ? Un grand peuple, illustre par la conquête récente de la liberté, répond à cette question par son exemple.

Le droit de communiquer ses pensées, par la parole, par l'écriture ou par l'impression, ne peut être gêné ni limité en aucune manière ; voilà les termes de la loi que les États-Unis d'Amérique ont faite sur la liberté de la presse, et j'avoue que je suis bien aise de pouvoir présenter mon opinion, sous de pareils auspices, à ceux qui auraient été tentés de la trouver extraordinaire ou exagérée.

La liberté de la presse doit être entière et indéfinie, ou elle n'existe pas. Je ne vois que deux moyens de la modifier, l'un d'en assujettir l'usage à de certaines restrictions ou à de certaines formalités ; l'autre d'en réprimer l'abus par des lois pénales : l'un et l'autre de ces deux objets exige la plus sérieuse attention.

D'abord il est évident que le premier est inadmissible, car chacun sait que les lois sont faites pour assurer à l'homme le libre développement de ses facultés, et non pour les enchaîner ; que leur pouvoir se borne à défendre à chacun de nuire aux droits d'autrui, sans lui interdire l'exercice des siens. Il n'est plus nécessaire aujourd'hui de répondre à ceux qui voudraient donner des entraves à la presse, sous le prétexte de prévenir les abus qu'elle peut produire. Priver un homme des moyens que la nature et l'art ont mis en son pouvoir de communiquer ses sentiments et ses idées, pour empêcher qu'il n'en fasse un mauvais usage, ou bien enchaîner sa langue de peur qu'il ne calomnie, ou lier ses bras de peur qu'il ne les tourne contre ses semblables, tout le monde voit que ce sont là des absurdités du même genre, que cette méthode est tout simplement le secret du despotisme qui, pour rendre les hommes sages et paisibles, ne connaît pas de meilleur moyen que d'en faire des instruments passifs et de vils automates. Eh ! quelles seraient les formalités auxquelles vous soumettriez le droit de manifester ses pensées ? Défendrez-vous aux citoyens de posséder des presses, pour faire d'un bienfait commun à l'humanité entière le patrimoine de quelques mercenaires ? Donnerez-vous ou vendrez-vous aux uns le privilège exclusif de disserter périodiquement sur des objets de littérature, aux autres celui de parler de politique et des événements publics ? Décréterez-vous que les hommes ne pourront donner l'essor à leurs opinions, si elles n'ont obtenu le passeport d'un officier de police, ou qu'ils ne penseront qu'avec l'approbation d'un censeur, et par permission du gouvernement ? Tels sont en effet les chefs-d'œuvre qu'enfanta l'absurde manie de donner des lois à la presse : mais l'opinion publique et la volonté générale de la nation ont proscrit depuis longtemps ces infâmes usages. Je ne vois en ce genre qu'une idée qui semble avoir surnagé ; c'est celle de proscrire toute espèce d'écrit qui ne porterait point le nom de l'auteur ou de l'imprimeur, et de rendre ceux-ci responsables ; mais comme cette question est liée à la seconde partie de notre discussion, c'est-à-dire à la théorie des lois pénales sur la presse, elle se trouvera résolue par les principes que nous allons établir sur ce point.

Peut-on établir des peines contre ce qu'on appelle l'abus de la presse ? Dans quel cas ces peines pourraient-elles avoir lieu ? Voilà de grandes questions qu'il faut résoudre, et peut-être la partie la plus importante de notre code constitutionnel.

La liberté d'écrire peut s'exercer sur deux objets, les choses et les personnes.

Le premier de ces objets renferme tout ce qui touche aux plus grands intérêts de l'homme et de la société, tels que la morale, la législation, la politique, la religion. Or, les lois ne peuvent jamais punir aucun homme pour avoir manifesté ses opinions sur toutes ces choses. C'est par la libre et mutuelle communication de ses pensées que l'homme perfectionne ses facultés, s'éclaire sur ses droits, et s'élève au degré de vertu, de grandeur, de félicité, auquel la nature lui permet d'atteindre. Mais cette communication, comment peut-elle se faire, si ce n'est de la manière que la nature même l'a permise ? Or, c'est la nature même qui veut que les pensées de chaque homme soient le résultat de son caractère et de son esprit, et c'est elle qui a créé cette prodigieuse diversité des esprits et des caractères. La liberté de publier son opinion ne peut donc être autre chose que la liberté de publier toutes les opinions contraires. Ou il faut que vous trouviez le moyen de faire que la liberté sorte d'abord toute pure et toute nue de chaque tête humaine. Elle ne peut sortir que du combat de toutes les idées vraies ou fausses, absurdes ou raisonnables. C'est dans ce mélange que la raison commune, la faculté donnée à l'homme de discerner le bien et le mal, s'exerce à choisir les unes, à rejeter les autres. Voulez-vous ôter à vos semblables l'usage de cette faculté, pour y substituer votre autorité particulière ? Mais quelle main tracera la ligne de démarcation qui sépare l'erreur de la vérité ? Si ceux qui font les lois ou ceux qui les appliquent étaient des êtres d'une

Maximilien de Robespierre

intelligence supérieure à l'intelligence humaine, ils pourraient exercer cet empire sur les pensées : mais s'ils ne sont que des hommes, s'il est absurde que la raison d'un homme soit, pour ainsi dire, souveraine de la raison de tous les autres hommes, toute loi pénale contre la manifestation des opinions est une absurdité.

Elle renverse les premiers principes de la liberté civile et les plus simples notions de l'ordre social. En effet, c'est un principe incontestable que la loi ne peut infliger aucune peine là où il ne peut y avoir un délit susceptible d'être caractérisé avec précision, et reconnu avec certitude ; sinon la destinée des citoyens est soumise aux jugements arbitraires, et la liberté n'est plus. Les lois peuvent atteindre les actions criminelles, parce qu'elles consistent en faits sensibles, qui peuvent être clairement définis et constatés suivant des régies sûres et constantes : mais les opinions ! leur caractère, bon ou mauvais, ne peut être déterminé que par des rapports plus ou moins compliqués avec des principes de raison, de justice, souvent même avec une foule de circonstances particulières. Me dénonce-t-on un vol, un meurtre, j'ai l'idée d'un acte dont la définition est simple et fixée, j'interroge des témoins. Mais on me parle d'un écrit incendiaire, dangereux, séditieux ; qu'est-ce qu'un écrit incendiaire, dangereux, séditieux ? Ces qualifications peuvent-elles s'appliquer à celui qu'on me présente ? Je vois naître ici une foule de questions qui seront abandonnées à toute l'incertitude des opinions ; je ne trouve plus ni fait, ni témoins, ni loi, ni juge ; je n'aperçois qu'une dénonciation vague, des arguments, des décisions arbitraires. L'un trouvera le crime dans la chose, l'autre dans l'intention, un troisième dans le style. Celui-ci méconnaîtra la vérité ; celui-là la condamnera en connaissance de cause ; un autre voudra punir la véhémence de son langage, le moment même qu'elle aura choisi pour faire entendre sa voix. Le même écrit qui paraîtra utile et sage à l'homme ardent et courageux sera proscrit comme incendiaire par l'homme froid et pusillanime ; l'esclave ou le despote ne verra qu'un extravagant ou un factieux où l'homme libre reconnaît un citoyen vertueux. Le même écrivain trouvera, suivant la différence des temps et des lieux, des éloges ou des persécutions, des statues ou un échafaud. Les hommes illustres, dont le génie a préparé cette glorieuse révolution, sont enfin placés, pour nous, au rang des bienfaiteurs de l'humanité : qu'étaient-ils durant leur vie aux yeux des gouvernements ? des novateurs dangereux, j'ai presque dit des rebelles. Est-il bien loin de nous le temps où les principes mêmes que nous avons

SUR LA LIBERTÉ DE LA PRESSE

consacrés auraient été condamnés comme des maximes criminelles par ces mêmes tribunaux que nous avons détruits ? Que dis-je ! aujourd'hui même, chacun de nous ne paraît-il pas un homme différent aux yeux des divers partis qui divisent l'État, et dans ces lieux mêmes, au moment où je parle, l'opinion que je propose ne paraît-elle pas aux uns un paradoxe, aux autres une vérité ? Ne trouve-t-elle pas ici des applaudissements, et là presque des murmures ? Or, que deviendrait la liberté de la presse, si chacun ne pouvait l'exercer qu'à peine de voir son repos et ses droits les plus sacrés livrés à tous les caprices, à tous les préjugés, à toutes les passions, à tous les intérêts !

Mais ce qu'il importe surtout de bien observer, c'est que toute peine décernée contre les écrits, sous le prétexte de réprimer l'abus de la presse, tourne entièrement au désavantage de la vérité et de la vertu, et au profit du vice, de l'erreur et du despotisme.

L'homme de génie qui révèle de grandes vérités à ses semblables est celui qui a devancé l'opinion de son siècle : la nouveauté hardie de ses conceptions effarouche toujours leur faiblesse et leur ignorance, toujours les préjugés se ligueront avec l'envie pour le peindre sous des traits odieux ou ridicules. C'est pour cela précisément que le partage des grands hommes fut constamment l'ingratitude de leurs contemporains et les hommages tardifs de la postérité ; c'est pour cela que la superstition jeta Galilée dans les fers, et bannit Descartes de sa patrie. Quel sera donc le sort de ceux qui, inspirés par le génie de la liberté, viendront parler des droits et de la dignité de l'homme à des peuples qui les ignorent ? Ils alarment presque également et les tyrans qu'ils démasquent, et les esclaves qu'ils veulent éclairer. Avec quelle facilité les premiers n'abuseraient-ils pas de cette disposition des esprits pour les persécuter au nom des lois ! Rappelez-vous pour quoi, pour qui s'ouvraient, parmi vous, les cachots du despotisme ; contre qui était dirigé le glaive même des tribunaux. La persécution épargna-t-elle l'éloquent et vertueux philosophe de Genève ? Il est mort : une grande révolution laissait, pour quelques moments du moins, respirer la vérité ; vous lui avez décerné une statue, vous avez honoré et secouru sa veuve au nom de la patrie ; je ne conclurai pas même de ces hommages que, vivant et placé sur le théâtre où son génie devait l'appeler, il n'essuyât pas au moins le reproche si banal d'homme morose et exagéré.

S'il est vrai que le courage des écrivains dévoués à la cause de la justice et de l'humanité soit la terreur de l'intrigue et de l'ambition des

Maximilien de Robespierre

hommes en autorité, il faut bien que les lois contre la presse deviennent entre les mains de ces derniers une arme terrible contre la liberté. Mais tandis qu'ils poursuivront ses défenseurs comme des perturbateurs de l'ordre public et comme des ennemis de l'autorité légitime, vous les verrez caresser, encourager, soudoyer ces écrivains dangereux, ces vils professeurs de mensonge et de servitude, dont la funeste doctrine, empoisonnant dans sa source la félicité des siècles, perpétue sur la terre les lâches préjugés des peuples et la puissance monstrueuse des tyrans, les seuls dignes du titre de rebelles, puisqu'ils osent lever l'étendard contre la souveraineté des nations et contre la puissance sacrée de la nature. Vous les verrez encore favoriser de tout leur pouvoir toutes ces productions licencieuses qui altèrent les principes de la morale, corrompent les mœurs, énervent le courage et détournent les peuples du soin de la chose publique, par l'appât des amusements frivoles, ou par les charmes empoisonnés de la volupté. C'est ainsi que toute entrave mise à la liberté de la presse est entre leurs mains un moyen de diriger l'opinion publique au gré de leur intérêt personnel, et de fonder leur empire sur l'ignorance et sur la dépravation générale. La presse libre est la gardienne de la liberté ; la presse gênée en est le fléau. Ce sont les précautions mêmes que vous prenez contre ses abus qui les produisent presque tous ; ce sont ces précautions qui vous en ôtent tous les heureux fruits, pour ne vous en laisser que les poisons. Ce sont ces entraves qui produisent ou une timidité servile, ou une audace extrême. Ce n'est que sous les auspices de la liberté que la raison s'exprime avec le courage et avec le calme qui la caractérisent. C'est à elles encore que sont dus les succès des écrits licencieux, parce que l'opinion y met un prix proportionné aux obstacles qu'ils ont franchis, et à la haine qu'inspire le despotisme qui veut maîtriser jusqu'à la pensée. Ôtez-lui ce mobile, elle les jugera avec une sévère impartialité, et les écrivains dont elle est la souveraine ne brigueront ses faveurs que par des travaux utiles : ou plutôt soyez libres ; avec la liberté viendront toutes les vertus, et les écrits que la presse mettra au jour seront purs, graves et sains comme vos mœurs.

Mais pourquoi prendre tant de soin pour troubler l'ordre que la nature établissait d'elle-même ? Ne voyez-vous pas que, par le cours nécessaire des choses, le temps amène la proscription de l'erreur et le triomphe de la vérité ? Laissez aux opinions bonnes ou mauvaises un essor également libre, puisque les premières seulement sont destinées à rester. Avez-vous plus de confiance dans l'autorité, dans la vertu de quelques hommes intéressés à arrêter la marche de l'esprit humain, que dans la nature même ? Elle seule a pourvu aux inconvénients que vous redoutez ; ce sont les hommes qui les feront naître.

L'opinion publique, voilà le seul juge compétent des opinions privées, le seul censeur légitime des écrits. Si elle les approuve, de quel droit, vous, hommes en place, pouvez-vous les condamner ? Si elle les condamne, quelle nécessité pour vous de les poursuivre ? Si, après les avoir improuvés, elle doit, éclairée par le temps et par la réflexion, adopter tôt ou tard, pourquoi vous opposez-vous aux progrès des lumières ? comment osez-vous arrêter ce commerce de la pensée, que chaque homme a le droit d'entretenir avec tous les esprits, avec le genre humain tout entier ? L'empire de l'opinion publique sur les opinions particulières est doux, salutaire, naturel, irrésistible ; celui de l'autorité et de la force est nécessairement tyrannique, odieux, absurde, monstrueux.

À ces principes éternels, quels sophismes objectent les ennemis de la liberté ? La soumission aux lois : il ne faut point permettre d'écrire contre les lois.

Obéir aux lois est le devoir de tout citoyen ; publier librement ses pensés sur les vices ou sur la bonté des lois est le droit de tout homme et l'intérêt de la société entière ; c'est le plus digne et le plus salutaire usage que l'homme puisse faire de sa raison ; c'est le plus saint des devoirs que puisse remplir, envers les autres hommes, celui qui est doué des talents nécessaires pour les éclairer. Les lois, que sont-elles ? L'expression libre de là volonté générale, plus ou moins conformes aux droits et à l'intérêt des nations, selon le degré de conformité qu'elles ont aux lois éternelles de la raison, de la justice et de la nature. Chaque citoyen a sa part et son intérêt dans cette volonté générale ; il peut donc, il doit même déployer tout ce qu'il a de lumières et d'énergie pour l'éclairer, pour la réformer, pour la perfectionner. Comme dans une société particulière chaque associé a le droit d'engager ses co-associés à changer les conventions qu'ils ont faites, et les spéculations qu'ils ont adoptées pour la prospérité de leurs entreprises ; ainsi, dans la grande société politique, chaque membre peut faire tout ce qui est en lui pour déterminer les autres membres de la cité à adopter les dispositions qui lui paraissent les plus conformes à l'avantage commun.

S'il en est ainsi des lois qui émanent de la société elle-même, que

Maximilien de Robespierre

faudra-t-il penser de celles qu'elle n'a point faites, de celles qui ne sont que la volonté de quelques hommes et l'ouvrage du despotisme ? C'est lui qui inventa cette maxime qu'on ose répéter encore aujourd'hui pour consacrer ses forfaits ! Que dis-je ! avant la révolution même, nous jouissions, jusqu'à un certain point, de la liberté de disserter et d'écrire sur les lois. Sûr de son empire, et plein de confiance dans ses forces, le despotisme n'osait point contester ce droit à la philosophie aussi ouvertement que ces modernes Machiavels, qui tremblent toujours de voir leur charlatanisme anti-civique dévoilé par la liberté entière des opinions. Du moins, faudra-t-il qu'ils conviennent que, si leurs principes avaient été suivis, les lois ne seraient encore, pour nous, que des chaînes destinées à attacher les nations au joug de quelques tyrans, et qu'au moment où je parle nous n'aurions pas même le droit d'agiter cette question.

Mais, pour obtenir cette loi tant désirée contre la liberté, on présente l'idée que je viens de repousser sous les termes les plus propres à réveiller les préjugés, et à inquiéter le zèle pusillanime et peu éclairé : car, comme une pareille loi est nécessairement arbitraire dans l'exécution, comme la liberté des opinions est anéantie dès qu'elle n'existe point entière, il suffit aux ennemis de la liberté d'en obtenir une, quelle qu'elle soit. On vous parlera donc d'écrits qui excitent les peuples à la révolte, qui conseillent la désobéissance aux lois ; on vous demandera une loi pénale pour ces écrits-là. Ne prenons point le change, et attachons-nous toujours à la chose, sans nous laisser séduire par les mots. Croyez-vous d'abord qu'un écrit plein de raison et d'énergie, qui démontrerait qu'une loi est funeste à la liberté et au salut public, ne produirait pas une impression plus profonde que celui qui, dénué de force et de raison, ne contiendrait que des déclamations contre cette loi, ou le conseil de ne point la respecter ? Non, sans doute. S'il est permis de décerner des peines contre ces derniers écrits, une raison plus impérieuse encore les provoquerait donc contre les autres, et le résultat de ce système serait, en dernière analyse, l'anéantissement de la liberté de la presse ; car c'est le fond de la chose qui doit être le motif de la loi, et non les formes. Mais voyons les objets tels qu'ils sont, avec les yeux de la raison, et non avec ceux des préjugés que le despotisme a accrédités. Ne croyons pas que, dans un état libre, ni même dans aucun état, des écrits remuent si facilement les citoyens, et les portent à renverser un ordre de choses cimenté par l'habitude, par tous les rapports sociaux, et protégé par la force publique. En général, c'est par une action lente et progressive qu'ils influent sur la conduite des hommes. C'est le temps, c'est la raison qui détermine cette influence. Ou bien ils sont contraires à l'opinion et à l'intérêt du plus grand nombre, et alors ils sont impuissants, ils excitent même le blâme et le mépris publics, et tout reste calme ; ou bien ils expriment le vœu général, et ne font qu'éveiller l'opinion publique, et alors qui oserait les regarder comme des crimes ? Analysez bien tous ces prétextes, toutes ces déclamations contre ce que quelques-uns appellent écrits incendiaires, et vous verrez qu'elles cachent le dessein de calomnier le peuple, pour l'opprimer et pour anéantir la liberté dont il est le seul appui ; vous verrez qu'elles supposent d'une part une profonde ignorance des hommes, de l'autre un profond mépris de la partie de la nation la plus nombreuse et la moins corrompue.

Cependant, comme il faut absolument un prétexte de soumettre la presse aux poursuites de l'autorité, on nous dit : Mais si un écrit a provoqué des délits, une émeute, par exemple, ne punira-t-on pas cet écrit ? Donnez-nous au moins une loi pour ce cas-là. Il est facile, sans doute, de présenter une hypothèse particulière, capable d'effrayer l'imagination ; mais il faut voir la chose sous des rapports plus étendus. Considérez combien il serait facile de rapporter une émeute, un délit quelconque, à un écrit qui n'en serait cependant point la véritable cause ; combien il est difficile de distinguer si les événements qui arrivent dans un temps postérieur à la date d'un écrit en sont véritablement l'effet ; comment sous ce prétexte, il serait facile aux hommes en autorité de poursuivre tous ceux qui auraient exercé avec énergie le droit de publier leur opinion sur la chose publique, ou sur les hommes qui gouvernent. Observez surtout que, dans aucun cas, l'ordre social ne peut être compromis par l'impunité d'un écrit qui aurait conseillé un délit.

Pour que cet écrit fasse quelque mal, il faut qu'il se trouve un homme qui commette le délit. Or, les peines que la loi prononce contre ce délit sont un frein pour quiconque serait tenté de s'en rendre coupable ; et, dans ce cas-là comme dans les autres, la sûreté publique est suffisamment garantie, sans qu'il soit nécessaire de chercher une autre victime. Le but et la mesure des peines est l'intérêt de la société. Par conséquent, s'il importe plus à la société de ne laisser aucun prétexte d'attenter arbitrairement à la liberté de la presse que d'envelopper dans le châtiment du coupable un écrivain répréhensible, il faut renoncer

Maximilien de Robespierre

à cet acte de rigueur, il faut jeter un voile sur toutes ces hypothèses extraordinaires qu'on se plaît à imaginer, pour conserver, dans toute son intégrité, un principe qui est la première base du bonheur social.

Cependant, s'il était prouvé d'ailleurs que l'auteur d'un semblable écrit fût complice, il faudrait le punir comme tel de la peine infligée au crime dont il serait question, mais non le poursuivre comme auteur d'un écrit, en vertu d'aucune loi sur la presse.

J'ai prouvé jusqu'ici que la liberté d'écrire sur les choses doit être illimitée : envisageons-la maintenant par rapport aux personnes.

Je distingue à cet égard les personnes publiques et les personnes privées, et je me propose cette question : Les écrits qui inculpent les personnes publiques peuvent-ils être punis par les lois ? C'est l'intérêt général qui doit la décider. Pesons donc les avantages et les inconvénients des deux systèmes contraires.

Une importante considération, et peut-être une raison décisive, se présente d'abord. Quel est le principal avantage, quel est le but essentiel de la liberté de la presse ? C'est de contenir l'ambition et le despotisme de ceux à qui le peuple a commis son autorité, en éveillant sans cesse son attention sur les atteintes qu'ils peuvent porter à ses droits. Or, si vous leur laissez le pouvoir de poursuivre, sous le prétexte de calomnie, ceux qui oseront blâmer leur conduite, n'est-il pas clair que ce frein devient absolument impuissant et nul ? Qui ne voit combien le combat est inégal entre un citoyen faible, isolé, et un adversaire armé des ressources immenses que donnent un grand crédit et une grande autorité ? Qui voudra déplaire aux hommes puissants pour servir le peuple, s'il faut qu'au sacrifice des avantages que présente leur faveur, et au danger de leurs persécutions secrètes, se joigne encore le malheur presque inévitable d'une condamnation ruineuse et humiliante ?

Mais, d'ailleurs, qui jugera les juges eux-mêmes ? car, enfin, il faut bien que leurs prévarications ou leurs erreurs ressortent, comme celles des autres magistrats, du tribunal de la censure publique. Qui jugera le dernier jugement qui décidera ces contestations ? car il faut qu'il y en ait un qui soit le dernier ; il faut bien aussi qu'il soit soumis à la liberté des opinions. Concluons qu'il faut toujours revenir au principe, que les citoyens doivent avoir la faculté de s'expliquer et décrire sur la conduite des hommes publics, sans être exposés à aucune condamnation légale.

Attendrai-je des preuves juridiques de la conjuration de Catilina, et n'oserai-je la dénoncer au moment où il faudrait déjà l'avoir étouffée ? Comment oserai-je dévoiler les desseins perfides de tous ces chefs de parti qui s'apprêtent à déchirer le sein de la république, qui, tous, se couvrent du voile du bien public et de l'intérêt du peuple, et qui ne cherchent qu'à l'asservir et le vendre au despotisme ? Comment vous développerai-je la politique ténébreuse de Tibère ? Comment les avertirai-je que ces pompeux dehors de vertus dont il s'est tout-à-coup revêtu ne cachent que le dessein de consommer plus sûrement cette terrible conspiration qu'il trame depuis longtemps contre le salut de Rome ? Eh ! devant quel tribunal voulez-vous que je lutte contre lui ? Sera-ce devant le préteur ? mais s'il est enchaîné par la crainte ou séduit par l'intérêt. Sera-ce devant les édiles ? mais s'ils sont soumis à son autorité, s'ils sont à la fois ses esclaves et ses complices ? Sera-ce devant le sénat ? mais si le sénat lui-même est trompé ou asservi ? Enfin, si le salut de la patrie exige que j'ouvre les yeux à mes concitoyens sur la conduite même du sénat, du préteur et des édiles, qui jugera entre eux et moi ?

Mais une autre raison sans réplique semble achever de mettre cette vérité dans tout son jour. Rendre les citoyens responsables de ce qu'ils peuvent écrire contre les personnes publiques, ce serait nécessairement supposer qu'il ne leur serait pas permis de les blâmer sans pouvoir appuyer leurs inculpations par des preuves juridiques. Or, qui ne voit pas combien une pareille supposition répugne à la nature même de la chose, et aux premiers principes de l'intérêt social ? Qui ne sait combien il est difficile de se procurer de pareilles preuves ; combien il est facile au contraire à ceux qui gouvernent d'envelopper leurs projets ambitieux des voiles du mystère, et de les couvrir même du prétexte spécieux du bien public ? N'est-ce pas même là la politique ordinaire des plus dangereux ennemis de la patrie ? Ainsi ce serait ceux qu'il importerait le plus de surveiller qui échapperaient à la surveillance de leurs concitoyens. Tandis que l'on chercherait les preuves exigées pour avertir de leurs funestes machinations, elles seraient déjà exécutées, et l'état périrait avant que l'on eût osé dire qu'il était en péril. Non, dans tout état libre, chaque citoyen est une sentinelle de la liberté, qui doit crier, au moindre bruit, à la moindre apparence du danger qui la menace. Tous les peuples qui l'ont connue n'ont-ils pas craint pour elle jusqu'à l'ascendant même de la vertu ?

Aristide, banni par l'ostracisme, n'accusait pas cette jalousie

Maximilien de Robespierre

ombrageuse qui l'envoyait à un glorieux exil. Il n'eût point voulu que le peuple athénien fût privé du pouvoir de lui faire une injustice. Il savait que la même loi qui eût mis le magistrat vertueux à couvert d'une téméraire accusation, aurait protégé l'adroite tyrannie de la foule des magistrats corrompus. Ce ne sont pas ces hommes incorruptibles, qui n'ont d'autre passion que celle de faire le bonheur et la gloire de leur patrie, qui redoutent l'expression publique des sentiments de leurs concitoyens. Ils sentent bien qu'il n'est pas si facile de perdre leur estime, lorsqu'on peut opposer à la calomnie une vie irréprochable et les preuves d'un zèle pur et désintéressé ; s'ils éprouvent quelquefois une persécution passagère, elle est pour eux le sceau de leur gloire et le témoignage éclatant de leur vertu ; ils se reposent avec une douce confiance sur le suffrage d'une conscience pure, et sur la force de la vérité qui leur ramène bientôt ceux de leurs concitoyens.

Qui sont ceux qui déclament sans cesse contre la licence de la presse, et qui demandent des lois pour la captiver ? Ce sont ces personnages équivoques, dont la réputation éphémère, fondée sur les succès du charlatanisme, est ébranlée par le moindre choc de la contradiction ; ce sont ceux qui, voulant à la fois plaire au peuple et servir ses tyrans, combattus entre le désir de conserver la gloire acquise en défendant la cause publique, et les honteux avantages que l'ambition peut obtenir en l'abandonnant ; qui, substituant la fausseté au courage, l'intrigue au génie, tous les petits manèges des cours au grand ressort des révolutions, tremblent sans cesse que la voix d'un homme libre vienne révéler le secret de leur nullité ou de leur corruption ; qui sentent que, pour tromper ou pour asservir leur patrie, il faut avant tout réduire au silence les écrivains courageux qui peuvent la réveiller de sa funeste léthargie, à peu près comme on égorge les sentinelles avancées pour surprendre le camp ennemi ! ce sont tous ceux enfin qui veulent être impunément faibles, ignorans, traîtres ou corrompus. Je n'ai jamais ouï dire que Caton, traduit cent fois en justice, ait poursuivi ses accusateurs ; mais l'histoire m'apprend que les décemvirs à Rome firent des lois terribles contre les libelles.

C'est en effet uniquement aux hommes que je viens de peindre qu'il appartient d'envisager avec effroi la liberté de la presse ; car ce serait une grande erreur de penser que, dans un ordre de choses paisible où elle est solidement établie, toutes les réputations soient en proie au premier qui veut les détruire.

SUR LA LIBERTÉ DE LA PRESSE

Que sous la verge du despotisme, où l'on est accoutumé à entendre traiter de libelles les justes réclamations de l'innocence outragée et les plaintes les plus modérées de l'humanité opprimée, un libelle même digne de ce nom soit adopté avec empressement et cru avec facilité, qui pourrait en être surpris ? Les crimes du despotisme et la corruption des mœurs rendent toutes les inculpations si vraisemblables ! Il est si naturel d'accueillir comme une vérité un écrit qui ne parvient à vous qu'en échappant aux inquisitions des tyrans ! Mais sous le régime de la liberté, croyez-vous que l'opinion publique, accoutumée à la voir s'exercer en tous sens, décide en dernier ressort de l'honneur des citoyens sur un seul écrit, sans peser ni les circonstances, ni les faits, ni le caractère de l'accusateur, ni celui de l'accusé. Elle juge en général et jugera surtout alors avec équité ; souvent même les libelles seront des titres de gloire pour ceux qui en seront les objets, tandis que certains éloges ne seront à ses yeux qu'un opprobre ; et, en dernier résultat, la liberté de la presse ne sera que le fléau du vice et de l'imposture, et le triomphe de la vertu et de la vérité.

Le dirai-je enfin ! ce sont nos préjugés, c'est notre corruption qui nous exagère les inconvénients de ce système nécessaire. Chez un peuple où l'égoïsme a toujours régné, où ceux qui gouvernent, où la plupart des citoyens qui ont usurpé une espèce de considération où de crédit, sont forcés à s'avouer intérieurement à eux-mêmes qu'ils ont besoin non-seulement de l'indulgence, mais de la clémence publique, la liberté de la presse doit nécessairement inspirer une certaine terreur, et tout système qui tend à la gêner, trouver une foule de partisans qui ne manquent pas de le présenter sous les dehors spécieux du bon ordre et de l'intérêt public.

À qui appartient-il plus qu'à vous, législateurs, de triompher de ce préjugé fatal qui ruinerait et déshonorerait à la fois votre ouvrage ? Que tous ces libelles répandus autour de vous par les factions ennemies du peuple ne soient point pour vous une raison de sacrifier aux circonstances du moment les principes éternels sur lesquels doit reposer la liberté des nations. Songez qu'une loi sur la presse ne réparerait point le mal, et vous enlèverait le remède. Laissez passer ce torrent fangeux, dont il ne restera bientôt plus aucune trace, pourvu que vous conserviez cette source immense et éternelle de lumières qui doit répandre sur le monde politique et moral la chaleur, la force, le bonheur et la vie. N'avez-vous pas déjà remarqué que la plupart des dénonciations qui vous ont été

Maximilien de Robespierre

faites étaient dirigées, non contre ces écrits sacrilèges où les droits de l'humanité sont attaqués, où la majesté du peuple est outragée, au nom des despotes, par des esclaves lâchement audacieux ; mais contre ceux que l'on accuse de défendre la cause de la liberté avec un zèle exagéré et irrespectueux envers les despotes ? n'avez-vous pas remarqué qu'elles vousont été faites par des hommes qui réclament amèrement contre des calomnies que la voix publique a mises au rang des vérités, et qui se taisent sur les blasphèmes séditieux que leurs partisans ne cessent de vomir contre la nation et contre ses représentants ? Que tous mes concitoyens m'accusent et me punissent comme traître à la patrie, si jamais je vous dénonce aucun libelle, sans en excepter ceux où, couvrant mon nom des plus infâmes calomnies, les ennemis de la révolution me désignent à la fureur des factieux comme l'une des victimes qu'elle doit frapper ! Eh ! que nous importent ces méprisables écrits ? Ou bien la nation française approuvera les efforts que nous avons faits pour assurer la liberté, ou elle les condamnera. Dans le premier cas, les attaques de nos ennemis ne seront que ridicules ; dans le second cas, nous aurons à expier le crime d'avoir pensé que les Français étaient dignes d'être libres, et, pour mon compte, je me résigne volontiers à cette destinée.

Enfin faisons des lois, non pour un moment, mais pour les siècles ; non pour nous, mais pour l'univers. Montrons-nous dignes de fonder la liberté, en nous attachant invariablement à ce grand principe, qu'elle ne peut exister là où elle ne peut s'exercer avec une étendue illimitée sur la conduite de ceux que le peuple a armés de son autorité. Que devant lui disparaissent tous ces inconvénients attachés aux plus excellentes institutions, tous ces sophismes inventés par l'orgueil et par la fourberie des tyrans. Il faut, vous disent-ils, mettre ceux qui gouvernent à l'abri de la calomnie ; il importe au salut du peuple de maintenir le respect qui leur est dû. Ainsi auraient raisonné les Guises contre ceux qui auraient dénoncé les préparatifs de la Saint-Barthélemi ; ainsi raisonneront tous leurs pareils, parce qu'ils savent bien que tant qu'ils seront tout-puissants, les Vérités qui leur déplaisent seront toujours des calomnies parce qu'ils savent bien que ce respect superstitieux qu'ils réclament pour leurs fautes et pour leurs forfaits mêmes, leur assure le pouvoir de violer impunément celui qu'ils doivent à leur souverain, au peuple qui mérite sans doute autant d'égards que ses délégués et ses oppresseurs. Mais qui voudra à ce prix, osent-ils dire encore, qui voudra être roi, magistrat, qui voudra tenir les rênes du gouvernement ? Qui ? les hommes vertueux, dignes d'aimer leur patrie et la véritable gloire, qui savent bien que le tribunal de l'opinion publique n'est redoutable qu'aux méchants. Qui encore ? les ambitieux mêmes. Et plût à Dieu qu'il y eût sur la terre un moyen de leur faire perdre l'envie ou l'espoir de tromper ou d'asservir les peuples !

En deux mots, il faut ou renoncer à la liberté, ou consentir à la liberté indéfinie de la presse. À l'égard des personnes publiques, la question est décidée.

Il ne nous reste plus qu'à la considérer par rapport aux personnes privées. On voit que cette question se confond avec celle du meilleur système de législation sur la calomnie, soit verbale, soit écrite, et qu'ainsi elle n'est plus uniquement relative à la presse.

Il est juste sans doute que les particuliers attaqués par la calomnie puissent poursuivre la réparation du tort qu'elle leur a fait ; mais il est utile de faire quelques observations sur cet objet.

Il faut d'abord considérer que nos anciennes lois sur ce point sont exagérées, et que leur rigueur est le fruit évident de ce système tyrannique que nous avons développé, et de cette terreur excessive que l'opinion publique inspire au despotisme qui les a promulguées. Comme nous les envisageons avec plus de sang-froid, nous consentirons volontiers à modérer le code pénal qu'il nous a transmis ; il me semble du moins que la peine qui sera prononcée contre les auteurs d'une inculpation calomnieuse doit se borner à la publicité du jugement qui la déclare telle ? et à la réparation pécuniaire du dommage qu'elle aura causé à celui qui en était l'objet. On sent bien que je ne comprendspas dans cette classe le faux témoignage contre un accusé, parce que ce n'est point ici une simple calomnie, une simple offense envers un particulier ; c'est un mensonge fait à la loi pour perdre l'innocence, c'est un véritable crime public.

En général, quant aux calomnies ordinaires, il y a deux espèces de tribunaux pour les juger, celui des magistrats et celui de l'opinion publique. Le plus naturel, le plus équitable, le plus compétent, le plus puissant, c'est sans contredit le dernier ; c'est celui qui sera préféré par les hommes les plus vertueux et les plus dignes de braver les attaques de la haine et de la méchanceté ; car il est à remarquer qu'en général l'impuissance de la calomnie est en raison de la probité et de la vertu de celui qu'elle attaque ; et que plus un homme a le droit d'appeler à l'opinion, moins il a le besoin d'invoquer la protection du juge : il ne se déterminera donc pas facilement à faire retentir les tribunaux des injures qui lui auront été adressées, et il ne les occupera de ses plaintes que dans les occasions importantes où la calomnie sera liée à une trame coupable ourdie pour lui causer un grand mal, et capable de ruiner la réputation même la plus solidement affermie. Si l'on suit ce principe, il y aura moins de procès ridicules, moins de déclamations sur l'honneur, mais plus d'honneur, surtout plus d'honnêteté et de vertu.

Je borne ici mes réflexions sur cette troisième question, qui n'est pas le principal objet de cette discussion, et je vous propose de cimenter la première base de la liberté par le décret suivant.

L'Assemblée nationale déclare :

1° Que tout homme a le droit de publier ses pensées, par quelques moyens que ce soit ; et que la liberté de la presse ne peut être gênée ni limitée en aucune manière.

2° Que quiconque portera atteinte à ce droit doit être regardé comme ennemi de la liberté, et puni par la plus grande des peines qui seront établies par l'Assemblée nationale.

3° Pourront néanmoins les particuliers qui auront été calomniés se pourvoir pour obtenir la réparation du dommage que la calomnie leur aura causé, par les moyens que l'Assemblée nationale indiquera[1]

---

1 Robespierre reproduisit à la tribune de l'Assemblée Constituante les principales idées émises dans ce discours, lors de la discussion des articles constitutionnels sur la liberté de la presse (séance du 22 août 1791). Voici quel était l'exorde de ce discours : « Par cela même que la liberté de la presse fut toujours regardée comme le seul frein du despotisme, il en est résulté que les principes sur lesquels elle est fondée ont été méconnus et obscurcis par les gouvernements despotiques, c'est-à-dire dans presque tous les gouvernements. Le moment d'une révolution est peut-être celui où ces principes peuvent être développés avec le moins d'avantage, parce qu'alors chacun se ressouvient douloureusement des blessures que lui a faites la liberté de la presse ; mais nous sommes dignes de nous élever au-dessus des préjugés et de tous les intérêts personnels. » — Robespierre sut-il toujours s'élever ainsi au-dessus des préjugés et des intérêts personnels ? Et ne fit-il pas céder trop souvent la liberté de la presse, aussi bien que toutes les autres, devant des considérations de salut public, repoussées solennellement dans ce discours ?

SUR LA LIBERTÉ DE LA PRESSE

SUR LE DROIT DE TESTER

CONSTITUANTE. — *Séance* du 5 avril 1791.

Vous avez décrété que l'égalité serait la base des successions. Permettrez-vous que cette loi soit violée par la volonté particulière de l'homme ? Conserverez-vous la faculté de disposer, et quelles en seront les bornes ? Il est bon de jeter un coup d'œil sur l'état actuel de la législation sur ce point. Dans certains pays la faculté de tester a la plus grande latitude ; dans d'autres elle est interdite avec rigueur : c'est entre ces deux coutumes que vous devez opter, car votre intention n'est pas de conserver deux lois et deux principes contradictoires. L'une de ces lois est fondée sur le vœu de la nature, qui semble exiger l'égalité entre les enfants ; mais ce n'est pas là le principe fondamental de cette loi : il en existe un autre d'une importance majeure dans l'état politique, et qui s'applique même aux successions collatérales. Ce principe, c'est que la trop grande inégalité des fortunes est la source de l'inégalité politique, de la destruction de la liberté. D'après ce principe, les lois doivent toujours tendre à diminuer cette inégalité, dont un certain nombre d'hommes font l'instrument de leur orgueil, de leurs passions et souvent de leurs crimes. Les grandes richesses corrompent et ceux qui les possèdent et ceux qui les envient. Avec les grandes richesses, la vertu est en horreur ; le talent même, dans les pays corrompus par le luxe, est regardé moins comme un moyen d'être utile à la patrie, que comme un moyen d'acquérir de la fortune. Dans cet état de choses, la liberté est une vaine chimère, les lois ne sont plus qu'un instrument d'oppression. Vous n'avez donc rien fait pour le bonheur public, si toutes vos lois, si toutes vos institutions ne tendent pas à détruire cette trop grande inégalité des fortunes. Vous avez fait déjà une loi pour les successions ; laisserez-vous au caprice d'un individu à déranger cet ordre établi par la sagesse de la loi ? Voyez ce qui se passe dans les pays de droit écrit. La loi de l'égalité des successions y règne ; mais une autre loi permet à l'homme d'éluder par un testament la disposition de la loi, et la loi est nulle et sans effet. Et quel est le motif de cette faculté ? L'homme peut-il disposer de cette terre qu'il a cultivée lorsqu'il est lui-même réduit en poussière ? Non, la propriété de l'homme, après sa mort, doit retourner au domaine public de la société ; ce n'est que pour l'intérêt public qu'elle transmet ces biens à la postérité du premier propriétaire ; or, l'intérêt public est celui de l'égalité. Il faut donc que dans tous les cas

Maximilien de Robespierre

l'égalité soit établie dans les successions.

Quel motif encore pour préférer la sagesse du testateur à la sagesse de la loi ? Consultez la nature des choses et les circonstances où se trouvent ceux qui font des testaments : n'est-il pas dans la nature de l'homme d'être toujours disposé à éloigner dans son imagination le terme de son existence ? Son testament lui rappelle l'heure de la mort, et il ne se détermine à le faire que lorsqu'il est affaibli par l'âge, absorbé par la maladie ; mais dans tous les temps la cupidité, l'intrigue, lui tendent des pièges. Les testaments sont l'écueil de la faiblesse et de la crédulité, le signal de la discorde dans les familles ; ajoutez que presque toujours à la faiblesse se joint le préjugé, cette habitude des chimères qui a encore ses racines sous les débris de la féodalité, cette vanité qui porte l'homme à favoriser l'un de ses enfants pour soutenir la gloire de son nom. Mais, dit-on, l'autorité paternelle sera anéantie. Non, qu'on ne se persuade pas que la piété filiale puisse reposer sur d'autres bases que sur la nature, sur les soins, la tendresse, les mœurs et les vertus des pères. Croit-on que la plus belle des vertus puisse être entée sur l'intérêt personnel et la cupidité ? Celui qui ne respecte son père que parce qu'il espère une plus forte part de sa succession, celui-là est bien près d'attendre avec impatience le moment de la recueillir, celui-là est bien près de haïr son père. Voyez ces procès éternels, voyez ces manœuvres et ces artifices par lesquels la cupidité abusait de la faiblesse des pères ; voyez l'opulence d'un frère insultant à la misère d'un autre frère. Cette loi, qui produit d'aussi funestes effets, qui tend à anéantir les mœurs privées, et par conséquent les mœurs publiques, je ne vous rappellerai pas que le hasard seul l'a transplantée chez nous ; je ne vous rappellerai pas que chez les Romains la puissance d'un père sur ses enfants représentait celle d'un maître sur ses esclaves ; que cette puissance était marquée par le pouvoir atroce de vie et de mort. Cette puissance était si révoltante, que toutes les lois de Rome se sont, par la suite, appliquées à la modifier, parce qu'en effet elle était l'opprobre des lois sociales, et qu'elle n'eût jamais été admise chez une nation policée. Je dirai qu'il n'y a de sacré dans la puissance paternelle que l'autorité qui lui est confiée ; que cette autorité est bornée par la nature aux besoins de ceux pour qui elle est instituée, et non pas pour l'utilité personnelle des premiers protecteurs de l'enfance ; je dirai que le législateur viole la nature lorsqu'il franchit ces bornes sacrées, lorsque, par le plus absurde de tous les systèmes, il prolonge inutilement l'enfance de l'homme, et le ravit et à lui-même

SUR LE DROIT DE TESTER

et à sa patrie… Je conclus de tout ce que je viens de dire, que l'égalité des successions ne peut être dérangée par les dispositions de l'homme ; mais je n'en conclus pas que la faculté de tester doive être entièrement anéantie. Je crois que le citoyen peut être le maître de disposer d'une partie de sa fortune, pourvu qu'il ne dérange pas le principe d'égalité envers ses héritiers. Mon avis est donc qu'on ne puisse favoriser aucun de ses héritiers au préjudice de l'autre, soit en ligne directe, soit en ligne collatérale, sauf les cas qui seront déterminés par la loi.

Maximilien de Robespierre

SUR L'ORGANISATION DES GARDES NATIONALES

Les gardes nationales ne seront jamais ce qu'elles doivent être si elles sont une classe de citoyens, une portion quelconque de la nation, quelque considérable que vous la supposiez.

Les gardes nationales ne peuvent être que la nation entière armée pour défendre au besoin ses droits ; il faut que tous les citoyens en âge de porter les armes y soient admis sans aucune distinction : sans cela, loin d'être les appuisde la liberté, elles en seront les fléaux nécessaires ; il faudra leur appliquer le principe que nous avons rappelé au commencement de cette discussion en parlant des troupes de ligne : dans tout état où une partie de la nation est armée et l'autre ne l'est pas, la première est maîtresse des destinées de la seconde ; tout pouvoir s'anéantit devant le sien ; d'autant plus redoutable qu'elle sera plus nombreuse, cette portion privilégiée sera seule libre et souveraine ; le reste sera esclave.

Être armé pour sa défense personnelle est le droit de tout homme ; être armé pour défendre la liberté et l'existence de la commune patrie, est le droit de tout citoyen. Ce droit est aussi sacré que celui de la défense naturelle et individuelle dont il est la conséquence, puisque l'intérêt et l'existence de la société sont composés des intérêts et des existences individuelles de ses membres. Dépouiller une portion quelconque des citoyens du droit de s'armer pour la patrie et en investir exclusivement l'autre, c'est donc violer à la fois et cette sainte égalité qui fait la base du pacte social, et les lois les plus irréfragables et les plus sacrées de la nature.

Mais remarquez, je vous prie, que ce principe ne souffre aucune distinction entre ce que vous appelez citoyens actifs, et les autres. Que les représentants du peuple français aient cru pendant quelque temps[1] qu'il fallait interdire à tant de millions de Français, qui ne sont point assez riches pour payer une quantité d'impositions déterminée, le droit de paraître aux assemblées où le peuple délibère sur ses intérêts ou sur le choix de ses représentants et de ses magistrats, je ne puis en ce moment que me prescrire sur ces faits un silence religieux ; tout ce

1 Je dis pendant *quelque temps*, parce que le décret du marc d'argent et ceux qui tiennent au même principe, sont jugés depuis longtemps par l'Assemblée nationale, qui ne se séparera pas sans avoir exaucé à cet égard le vœu de la nation. (*Note de l'auteur.*)

que je dois dire, c'est qu'il est impossible d'ajouter à la privation de ces droits la prohibition d'être armé pour sa défense personnelle ou pour celle de sa patrie ; c'est que ce droit est indépendant de tous les systèmes politiques qui classent les citoyens, parce qu'il tient essentiellement au droit inaltérable, au devoir immortel de veiller à sa propre conservation.

Si quelqu'un m'objectait qu'il faut avoir ou une telle espèce ou une telle étendue de propriété pour exercer ce droit, je ne daignerais pas lui répondre. Eh ! que répondrais-je à un esclave assez vil ou à un tyran assez corrompu pour croire que la vie, que la liberté, que tous les biens sacrés que la nature a départis aux plus pauvres de tous les hommes, ne sont pas des objets qui vaillent la peine d'être défendus ! Que répondrais-je à un sophiste assez absurde pour ne pas comprendre que ces superbes domaines, que ces fastueuses jouissances des riches, qui seuls lui paraissent d'un grand prix, sont moins sacrés aux yeux des lois et de l'humanité que la plus chétive propriété mobilière, que le plus modique salaire auquel est attachée la subsistance de l'homme modeste et laborieux.

Quelqu'un osera-t-il me dire que ces gens-là ne doivent pas être admis au nombre des défenseurs des lois et de la Constitution, parce qu'ils n'ont point d'intérêt au maintien des lois et de la Constitution ? Je le prierai à mon tour de répondre à ce dilemme : Si ces hommes ont intérêt au maintien des lois et de la Constitution, ils ont droit, suivant vos principes mêmes, d'être inscrits parmi les gardes nationales : s'ils n'y ont aucun intérêt, dites moi donc ce que cela signifie, si ce n'est que les lois, que la Constitution n'auraient pas été établies pour l'intérêt général, mais pour l'avantage particulier d'une certaine classe d'hommes ; qu'elles ne seraient point la propriété commune de tous les membres de la société, mais le patrimoine des riches, ce qui serait, vous en conviendrez sans doute, une supposition trop révoltante et trop absurde. Allons plus loin. Ces mêmes hommes dont nous parlons sont-ils, suivant vous, des esclaves, des étrangers, ou sont-ils citoyens ? Si ce sont des esclaves, des étrangers, il faut le déclarer avec franchise, et ne point chercher à déguiser cette idée sous des expressions nouvelles et assez obscures : mais, non ; ils sont en effet citoyens ; les représentants du peuple français n'ont pas dépouillé de ce titre la très grande majorité de leurs commettants ; car on sait que tous les Français, sans aucune distinction de fortune ni de cotisation, ont concouru à l'élection des députés à l'Assemblée nationale ; ceux-ci n'ont pas pu tourner contre

Maximilien de Robespierre

eux le même pouvoir qu'ils en avaient reçu, leur ravir les droits qu'ils étaient chargés de maintenir et d'affermir, et par cela même anéantir leur propre autorité, qui n'est autre que celle de leurs commettants ; ils ne l'ont pas pu, ils ne l'ont pas voulu, ils ne l'ont pas fait. Mais si ceux dont nous parlons sont en effet citoyens, il leur reste donc des droits de cité, à moins que cette qualité ne soit un vain titre et une dérision : or, parmi tous les droits dont elle rappelle l'idée, trouvez-m'en, si vous le pouvez, un seul qui y soit plus essentiellement attaché, qui soit plus nécessairement fondé sur les principes les plus inviolables de toute société humaine que celui-ci. Si vous le leur ôtez, trouvez-moi une seule raison de leur en conserver aucun autre : il n'en est aucune. Reconnaissez donc comme le principe fondamental de l'organisation des gardes nationales, que *tous les citoyens domiciliés ont le droit d'être admis au nombre des gardes nationales, et décrétez, qu'ils pourront se faire inscrire comme tels dans les registres de la commune où ils demeurent.*

C'est en vain qu'à ces droits inviolables on voudrait opposer de prétendus inconvénients et de chimériques terreurs ; non, non ; l'ordre social ne peut être fondé sur la violation des droits imprescriptibles de l'homme, qui en sont les bases essentielles : après avoir annoncé d'une manière si franche et si imposante dans cette déclaration immortelle où nous les avons retracés, qu'elle était mise à la tête de notre Code constitutionnel, afin que les peuples fussent à portée de la comparer à chaque instant avec les principes inaltérables qu'elle renferme, nous n'affecterons pas sans cesse d'en détourner nos regards sous de nouveaux prétextes, lorsqu'il s'agit de les appliquer aux droits de nos commettants et au bonheur de notre patrie. L'humanité, la justice, la morale, voilà la politique, voilà la sagesse des législateurs ; tout le reste n'est que préjugés, ignorance, intrigues, mauvaise foi. Partisans de ces funestes systèmes, cessez de calomnier le peuple et de blasphémer contre votre souverain, en le représentant sans cesse indigne de jouir de ses droits, méchant, barbare, corrompu ! C'est vous qui êtes injustes et corrompus, ce sont les castes fortunées auxquelles vous voulez transférer sa puissance : c'est le peuple qui est bon, patient, généreux ; notre révolution, les crimes de ses ennemis l'attestent ; mille traits récents et héroïques qui ne sont chez lui que naturels en déposent : le peuple ne demande que tranquillité, justice, que le droit de vivre ; les hommes puissants, les riches sont affamés de distinctions, de trésors, de voluptés ; l'intérêt, le vœu du peuple est celui de la nature, de l'humanité ; c'est l'intérêt général ; l'intérêt, le vœu des riches et des hommes puissants, est celui de l'ambition, de l'orgueil, de la cupidité, des fantaisies les plus extravagantes, des passions les plus funestes au bonheur de la société ; les abus qui l'ont désolée furent toujours leur ouvrage ; ils furent toujours les fléaux du peuple. Aussi qui a fait notre glorieuse Révolution ? Sont-ce les riches, sont-ce les hommes puissants ? Le peuple seul pouvait la désirer et la faire ; le peuple seul peut la soutenir par la même raison… Et l'on ose nous proposer de lui ravir les droits qu'il a reconquis ! On veut diviser la nation en deux classes, dont l'une ne semblerait armée que pour contenir l'autre, comme un ramas d'esclaves toujours prêts à se mutiner ! Et la première renfermerait tous les tyrans, tous les oppresseurs, toutes les sangsues publiques, et l'autre le peuple ! Vous direz après cela que le peuple est dangereux à la liberté ! Ah ! il en sera le plus ferme appui si vous la lui laissez ! Cruels et ambitieux sophistes, c'est vous qui à force d'injustices voudriez le contraindre en quelque sorte à trahir sa propre cause par son désespoir ! Cessez donc de vouloir accuser ceux qui ne cesseront jamais de réclamer les droits sacrés de l'humanité ? Qui êtes-vous pour dire à la raison et à la liberté : Vous irez jusque là ; vous arrêterez vos progrès au point où ils ne s'accorderaient plus avec les calculs de notre ambition ou de notre intérêt personnel ?… Pensez-vous que l'univers sera assez aveugle pour préférer à ces lois éternelles de la justice, qui l'appellent au bonheur, ces déplorables subtilités d'un esprit étroit et dépravé, qui n'ont produit jusqu'ici que la puissance, les crimes de quelques tyrans, et les malheurs des nations ! C'est en vain que vous prétendez diriger par les petits manèges du charlatanisme et des intrigues de cour une Révolution dont vous n'êtes pas dignes ; vous serez entraînés comme de faibles insectes dans son cours irrésistible ; vos succès seront passagers comme le mensonge, et votre honte, immortelle comme la vérité ! Mais, au contraire, supposons qu'à la place de cet injuste système, on adopte les principes que nous avons établis, et nous voyons d'abord l'organisation des gardes nationales en sortir pour ainsi dire naturellement avec tous ses avantages, sans aucune espèce d'inconvénient.

D'un côté, il est impossible que le pouvoir exécutif et la force militaire dont il est armé puissent renverser la Constitution, puisqu'il n'est point de puissance capable de balancer celle de la nation armée. D'un autre côté, il est impossible que les gardes nationales deviennent elles-mêmes dangereuses à la liberté, puisqu'il est contradictoire que la nation veuille s'opprimer elle-même. Voyez comme partout à la place de l'esprit de domination ou de servitude naissent les sentiments de l'égalité, de la fraternité, de la confiance, et toutes les vertus douces et généreuses qu'ils doivent nécessairement enfanter !

Voyez encore combien, dans ce système, les moyens d'exécution sont simples et faciles !

On sent assez que pour être en état d'en imposer aux ennemis du dedans, tant de millions de citoyens armés répandus sur toute la surface de l'empire, n'ont pas besoin d'être soumis au service assidu, à la discipline savante d'un corps d'armée destiné à porter au loin la guerre ; qu'ils aient toujours à leur disposition des provisions et des armes, qu'ils se rassemblent et s'exercent à certains intervalles, et qu'ils volent à la défense de la liberté lorsqu'elle sera menacée, voilà tout ce qu'exige l'objet de leur institution.

Les cantons libres de la Suisse nous offrent des exemples de ce genre, quoique leur milice ait une destination plus étendue que nos gardes nationales, et qu'ils n'aient point d'autre force pour combattre les ennemis du dehors.

Là tout habitant est soldat, mais seulement quand il faut l'être, pour me servir de l'expression de J. J. Rousseau ; les jours de dimanche et de fête, on exerce ces milices selon l'ordre de leur rôle ; tant qu'ils ne sortent point de leurs travaux, ils n'ont aucune paie ; mais sitôt qu'ils marchent en campagne, ils sont à la solde de l'État. Quelles qu'aient été nos mœurs et nos idées avant la Révolution, il est peu de Français, même parmi les moins fortunés, qui ne pussent ou qui ne voulussent se prêter à un service de cette espèce, qu'on pourrait rendre parmi nous encore moins onéreux qu'en Suisse. Le maniement des armes a pour les hommes un attrait naturel qui redouble lorsque l'idée de cet exercice se lie à celle de la liberté et à l'intérêt de défendre ce qu'on a de plus cher et de plus sacré.

Il me semble que ce que j'ai dit jusqu'ici a dû prévenir une difficulté rebattue qu'on sera peut-être tenté d'opposer à mon système ; elle consiste à objecter qu'un très-grand nombre de citoyens n'a pas les moyens d'acheter des armes ni de suffire aux dépenses que le service peut exiger. Que concluez vous de là ? que tous ceux que vous appelez citoyens non actifs, qui ne paient point une certaine quotité d'imposition, sont déchus de ce droit essentiel du citoyen ? Non ;

en général l'obstacle particulier qui empêcherait ou qui dispenserait tels individus de l'exercer, ne peut empêcher qu'il appartienne à tous sans aucune distinction de fortune, et, quelle que soit sa cotisation, tout citoyen qui a pu se procurer les moyens ou qui veut faire tous les sacrifices nécessaires pour en user, ne peut jamais être repoussé… Cet homme n'est pas assez riche pour donner quelques jours de son temps aux assemblées publiques ; je lui défendrai d'y paraître !… Cet homme n'est point assez riche pour faire le service des citoyens soldats ; je le lui interdis ! Ce n'est pas là le langage de la raison et de la liberté ; au lieu de condamner ainsi la plus grande partie des citoyens à une espèce d'esclavage, il faudrait au contraire écarter les obstacles qui pourraient les éloigner des fonctions publiques : payez ceux qui les remplissent ; indemnisez ceux que l'intérêt public appelle aux assemblées ; équipez, armez les citoyens soldats : pour établir la liberté, ce n'est pas même assez que les citoyens aient la faculté oisive de s'occuper de la chose publique, il faut encore qu'ils puissent l'exercer en effet.

Pour moi, je l'avoue, mes idées sur ce point sont bien éloignées de celles de beaucoup d'autres : loin de regarder la disproportion énorme des fortunes qui place la plus grande partie des richesses dans quelques mains comme un motif de dépouiller le reste de la nation de sa souveraineté inaliénable, je ne vois là pour le législateur et pour la société qu'un devoir sacré de lui fournir les moyens de recouvrer l'égalité essentielle des droits au milieu de l'inégalité inévitable des biens. Hé quoi ! ce petit nombre d'hommes excessivement opulens, cette multitude infinie d'indigens n'est-elle pas en grande partie le crime des lois tyranniques et des gouvernemens corrompus ! Quelle manière de l'expier que d'ajouter à la privation des avantages de la fortune l'opprobre de l'exhérédation politique, afin d'accumuler sur quelques têtes privilégiées toutes les richesses et tout le pouvoir, et sur le reste des hommes toutes les humiliations et toute la misère ! Certes il faut ou soutenir que l'humanité, la justice, les droits du peuple sont de vains noms, ou convenir que ce système n'est point si absurde.

Au reste, pour me renfermer dans l'objet de cette discussion, je conclus de ce que j'ai dit que l'État doit faire les dépenses nécessaires pour mettre les citoyens en état de remplir les fonctions de gardes nationales, qu'il doit les armer, qu'il doit, comme en Suisse, les salarier lorsqu'ils abandonnent leurs foyers pour le défendre ! Eh ! quelle dépense publique fut jamais plus nécessaire et plus sacrée ! Quelle serait cette

Maximilien de Robespierre

étrange économie qui, prodiguant tout au luxe funeste et corrupteur des cours ou au faste des suppôts du despotisme, refuserait tout au besoin des fonctionnaires publics et aux défenseurs de la liberté ! Que pourrait-elle annoncer si ce n'est qu'on préfère le despotisme à l'argent et l'argent à la vertu et à la liberté ![1]

---

1 Ce discours prononcé aux Jacobins provoqua un vif enthousiasme : « Qui pourrait ne pas partager la sainte indignation que Robespierre fit éclater aux Jacobins dans un discours admirable ? » s'écrie Camille Desmoulins dans les *Révolutions de France et de Brabant*. Ce discours fut aussitôt publié en brochure, et voici en quels termes l'annonce le même Camille Desmoulins : « *Discours sur l'organisation des gardes nationales*, par Maximilien Robespierre (et non pas Roberts-pierre, comme affectent de le nommer des journalistes qui trouvent apparemment ce dernier nom plus noble et plus moelleux, et qui ignorent que ce député, quand même il se nommerait la *bête* comme Brutus, ou *pois chiche* comme Cicéron, porterait toujours le plus beau nom de la France. » — Robespierre en reproduisit les principales idées à la tribune de l'Assemblée constituante, dans les séances du 27 et 28 avril 1791.

SUR L'ORGANISATION DES GARDES NATIONALES

SUR LE SUFFRAGE UNIVERSEL.[1]

J'ai douté un moment si je devais vous proposer mes idées sur des dispositions que vous paraissiez avoir adoptées. Mais j'ai vu qu'il s'agissait de défendre la cause de la nation et de la liberté, ou de la trahir par mon silence, et je n'ai plus balancé. J'ai même entrepris cette tâche avec une confiance d'autant plus ferme, que la passion impérieuse de la justice et du bien public qui me l'imposait, m'était commune avec vous, et que ce sont vos propres principes et votre propre autorité que j'invoque en leur faveur.

Pourquoi sommes-nous rassemblés dans ce temple des lois ? Sans doute pour rendre à la nation française l'exercice des droits imprescriptibles qui appartiennent à tous les hommes ; tel est l'objet de toute constitution politique, elle est juste, elle est libre si elle le remplit ; elle n'est qu'un attentat contre l'humanité si elle le contrarie.

Vous avez vous-mêmes reconnu cette vérité d'une manière frappante, lorsque avant de commencer votre grand ouvrage vous avez décidé qu'il fallait déclarer solennellement ces droits sacrés, qui sont comme les bases éternelles sur lesquelles il doit reposer :

« Tous les hommes naissent et demeurent libres et égaux en droits.

» La souveraineté réside essentiellement dans la nation.

» La loi est l'expression de la volonté générale. Tous les citoyens ont le droit de concourir à sa formation, soit par eux-mêmes, soit par leurs représentants librement élus.

» Tous les citoyens sont admissibles à tous les emplois publics, sans aucune autre distinction que celle de leurs vertus et de leurs talents. »

Voilà les principes que vous avez consacrés ; il sera facile maintenant d'apprécier les dispositions que je me propose de combattre ; il suffira de les rapprocher de ces règles invariables de la société humaine.

Or, 1° la loi est-elle l'expression de la volonté générale, lorsque le plus grand nombre de ceux pour qui elle est faite ne pourront concourir en

1 Robespierre ne cessa de protester contre le décret de l'Assemblée nationale dit du *marc d'argent*, établissant que pour exercer les droits de citoyens il fanait être porté sur le rôle des contributions directes pour une somme égale à un nombre déterminé de journées d'ouvrier. Ses principales idées sur ce sujet se trouvent résumées dans ce discours qu'il prononça d'abord au club des Jacobins ; puis à l'Assemblée constituante et qu'il fit imprimer à part.

aucune manière à sa formation ? Non. Cependant, interdire à tous ceux qui ne paient pas une contribution égale à trois journées d'ouvrier le droit même de choisir les électeurs destinés à nommer les membres de l'Assemblée législative, qu'est-ce autre chose que rendre la majeure partie des Français absolument étrangère à la formation de la loi ? Cette disposition est donc essentiellement anti-constitutionnelle et anti-sociale.

2° Les hommes sont-ils égaux en droits, lorsque les uns jouissant exclusivement de la faculté de pouvoir être élus membres du corps législatif ou des autres établissements publics, les autres de celle de les nommer seulement, les autres restent privés en même temps de tous ces droits ? Non : telles sont cependant les monstrueuses différences qu'établissent entre eux les décrets qui rendent un citoyen actif ou passif, moitié actif et moitié passif, suivant les degrés de fortune qui lui permettent de payer trois journées d'impositions directes ou un marc d'argent. Toutes ces dispositions sont donc essentiellement anti-constitutionnelles et anti-sociales.

3° Les hommes sont-ils admissibles à tous les emplois publics, sans autre distinction que celle des vertus et des talents, lorsque l'impuissance d'acquitter la contribution exigée les écarte de tous les emplois publics, quels que soient leurs vertus et leurs talents ? Non : toutes ces dispositions sont donc essentiellement anti-constitutionnelles et anti-sociales.

4° Enfin, la nation est-elle souveraine quand le plus grand nombre des individus qui la composent est dépouillé des droits politiques qui constituent la souveraineté ? Non : et cependant vous venez de voir que ces mêmes décrets les ravissent à la plus grande partie des Français. Que serait donc votre déclaration des droits, si ces décrets pouvaient subsister ? Une vaine formule. Que serait la nation ? Esclave ; car la liberté consiste à obéir aux lois qu'on s'est données, et la servitude à être contraint de se soumettre à une volonté étrangère. Que serait votre constitution ? Une véritable aristocratie, car l'aristocratie est l'état où une portion des citoyens est souveraine et le reste sujette. Et quelle aristocratie ! la plus insupportable de toutes, celle des riches.

Tous les hommes *nés et domiciliés* en France sont membres de la société politique qu'on appelle la nation française, c'est-à-dire citoyens français. Ils le sont par la nature des choses et par les premiers principes du droit des gens. Les droits attachés à ce titre ne dépendent ni de

SUR LE SUFFRAGE UNIVERSEL.

la fortune que chacun d'eux possède, ni de la qualité de l'imposition à laquelle il est soumis, parce que ce n'est point l'impôt qui nous fait citoyens ; la qualité de citoyen oblige seulement à contribuer à la dépense commune de l'État, suivant ses facultés. Or, vous pouvez donner des lois aux citoyens, mais vous ne pouvez pas les anéantir.

Les partisans du système que j'attaque ont eux-mêmes senti cette vérité, puisque, n'osant contester la qualité de citoyen à ceux qu'ils condamnaient à l'exhérédation politique, ils se sont bornés à éluder le principe de l'égalité qu'elle suppose nécessairement, par la distinction de citoyens actifs et de citoyens inactifs. Comptant sur la facilité avec laquelle on gouverne les hommes par les mots, ils ont essayé de nous donner le change en publiant par cette expression nouvelle, la violation la plus manifeste des droits de l'homme.

Mais qui peut être assez stupide pour ne pas apercevoir que ce mot ne peut ni changer les principes, ni résoudre les difficultés ? puisque déclarer que tels citoyens ne seront point actifs, ou dire qu'ils n'exerceront plus les droits politiques attachés au titre de citoyen, c'est exactement la même chose dans l'idiome de ces subtils politiques. Or, je leur demanderai toujours de quel droit ils peuvent ainsi frapper d'inactivité et de paralysie leurs concitoyens et leurs commettants : je ne cesserai de réclamer contre cette locution insidieuse et barbare qui souillera, à la fois, et notre code et notre langue, si nous ne nous hâtons de l'effacer de l'un et de l'autre, afin que le mot de liberté ne soit pas lui-même insignifiant et dérisoire.

Qu'ajouterai-je à des vérités si évidentes ? Rien pour les représentants de la nation dont l'opinion et le vœu ont déjà prévenu ma demande : il ne me reste qu'à répondre aux déplorables sophismes sur lesquels les préjugés et l'ambition d'une certaine classe d'hommes s'efforcent d'étayer la doctrine désastreuse que je combats ; c'est à ceux-là seulement que je vais parler ?

Le peuple ! des gens qui n'ont rien ! les dangers de la corruption ! l'exemple de l'Angleterre, celui des peuples que l'on suppose libres ; voilà les arguments qu'on oppose à la justice et à la raison.

Je ne devrais répondre que ce seul mot : Le peuple, cette multitude d'hommes dont je défends la cause, ont des droits qui ont la même origine que les vôtres. Qui vous a donné le pouvoir de les leur ôter ?

Maximilien de Robespierre

L'utilité générale, dites-vous ! mais est il rien d'utile que ce qui est juste et honnête ? et cette maxime éternelle ne s'applique-t-elle pas surtout à l'organisation sociale ? et si le but de la société est le bonheur de tous, la conservation des droits de l'homme, que faut-il penser de ceux qui veulent l'établir sur la puissance de quelques individus, et sur l'avilissement et la nullité du reste du genre humain ? Quels sont donc ces sublimes politiques qui applaudissent eux-mêmes à leur propre génie, lorsque, à force de laborieuses subtilités, ils sont enfin parvenus à substituer leurs vaines fantaisies aux principes immuables que l'éternel législateur a lui-même gravés dans le cœur de tous les hommes ?

L'Angleterre ! eh ! que vous importe l'Angleterre et sa vicieuse constitution, qui a pu vous paraître libre lorsque vous étiez descendus au dernier degré de la servitude ; mais qu'il faut cesser enfin de vanter par ignorance ou par habitude ? Les peuples libres ! où sont-ils ? Que vous présente l'histoire de ceux que vous honorez de ce nom, si ce n'est des agrégations d'hommes plus ou moins éloignées des routes de la raison et de la nature, plus ou moins asservies, sous des gouvernements que le hasard, l'ambition ou la force avaient établis. Est-ce donc pour copier servilement les erreurs ou les injustices qui ont si longtemps dégradé et opprimé l'espèce humaine, que l'éternelle providence vous a appelés, seuls depuis l'origine du monde, à rétablir sur la terre l'empire de la justice et de la liberté, au sein des plus vives lumières qui aient jamais éclairé la raison publique, au milieu des circonstances presque miraculeuses qu'elle s'est plu à rassembler pour vous assurer le pouvoir de rendre à l'homme son bonheur, ses vertus et sa dignité première ?

Sentent-ils bien tout le poids de cette sainte mission, ceux qui, pour toute réponse à nos justes plaintes, se contentent de nous dire froidement : « Avec tous ses vices, notre constitution est encore la meilleure qui ait existé ? »

Est-ce donc pour que vous laissiez nonchalamment, dans cette constitution, des vices essentiels qui détruisent les premières bases de l'ordre social, que vingt-six millions d'hommes ont mis en vos mains le redoutable dépôt de leurs destinées ? Ne dirait-on pas que la réforme d'un grand nombre d'abus et plusieurs lois utiles soient autant de grâces accordées au peuple, qui dispensent de faire davantage en sa faveur ? Non, tout le bien que vous avez fait était un devoir rigoureux. L'omission de celui que vous pouvez faire est une prévarication, le mal que vous feriez un crime de lèse-nation et de lèse-humanité. Il y a

SUR LE SUFFRAGE UNIVERSEL.

plus : si vous ne faites tout pour la liberté, vous n'avez rien fait. Il n'y a pas deux manières d'être libre : il faut l'être entièrement, ou redevenir esclave. La moindre ressource laissée au despotisme rétablira bientôt sa puissance. Que dis-je ! déjà il vous environne de ses séductions et de son influence ; bientôt il vous accablerait de sa force. Ô vous qui, contents d'avoir attaché vos noms à un grand changement, ne vous inquiétez pas s'il suffit pour assurer le bonheur des hommes ! ne vous y trompez pas, le bruit des éloges que l'étonnement et la légèreté font retentir autour de vous s'évanouira bientôt ; la postérité, comparant la grandeur de vos devoirs et l'immensité de vos ressources avec les vices essentiels de votre ouvrage, dira de vous avec indignation : « Ils pouvaient rendre les hommes heureux et libres, mais ils ne l'ont pas voulu ; ils n'en étaient pas dignes. »

Mais, dites-vous, le peuple, des gens qui n'ont rien à perdre, pourront donc, comme nous, exercer tous les droits de citoyens ?

Des gens qui n'ont rien à perdre ! que ce langage de l'orgueil en délire est injuste et faux aux yeux de la vérité !

Ces gens dont vous parlez sont apparemment des hommes qui vivent, qui subsistent au sein de la société, sans aucun moyen de vivre et de subsister. Car s'ils sont pourvus de ces moyens-là, ils ont, ce me semble, quelque chose à perdre où à conserver. Oui, les grossiers habits qui me couvrent, l'humble réduit où j'achète le droit de me retirer et de vivre en paix ; le modique salaire avec lequel je nourris ma femme, mes enfants ; tout cela, je l'avoue, ce ne sont point des terres, des châteaux, des équipages ; tout cela s'appelle *rien*, peut-être, pour le luxe et pour l'opulence, mais c'est quelque chose pour l'humanité ; c'est une propriété sacrée, aussi sacrée sans doute que les brillants domaines de la richesse.

Que dis-je ! ma liberté, ma vie, le droit d'obtenir sûreté ou vengeance pour moi et pour ceux qui me sont chers, le droit de repousser l'oppression, celui d'exercer librement toutes les facultés de mon esprit et de mon cœur ; tous ces biens si doux, les premiers de ceux que la nature a départis à l'homme, ne sont-ils pas confiés, comme les vôtres, à la garde des lois ? Et vous dites que je n'ai point d'intérêt à ces lois ; et vous voulez me dépouiller de la part que je dois avoir, comme vous, dans l'administration de la chose publique, et cela par la seule raison que vous êtes plus riches que moi ! Ah ! si la balance cessait d'être égale, n'est-ce pas en faveur des citoyens les moins aisés qu'elle devrait pencher ? Les

Maximilien de Robespierre

lois, l'autorité publique n'est-elle pas établie pour protéger la faiblesse contre l'injustice et l'oppression ? C'est donc blesser tous les principes sociaux, que de la placer tout entière entre les mains des riches.

Mais les riches, les hommes puissants ont raisonné autrement. Par un étrange abus des mots, ils ont restreint à certains objets l'idée générale de propriété ; ils se sont appelés seuls propriétaires ; ils ont prétendu que les propriétaires seuls étaient dignes du nom de citoyen ; ils ont nommé leur intérêt particulier l'intérêt général, et pour assurer le succès de cette prétention, ils se sont emparés de toute la puissance sociale. Et nous ! ô faiblesse des hommes ! nous qui prétendons les ramener aux principes de l'égalité et de la justice, c'est encore sur ces absurdes et cruels préjugés que nous cherchons, sans nous en apercevoir, à élever notre constitution !

Mais quel est donc, après tout, ce rare mérite, de payer un marc d'argent ou toute autre imposition à laquelle vous attachez de si hautes prérogatives ? Si vous portez au trésor public une contribution plus considérable que la mienne, n'est-ce pas par la raison que la société vous a procuré de plus grands avantages pécuniaires ! Et, si nous voulons presser cette idée, quelle est la source de cette extrême inégalité des fortunes qui rassemble toutes les richesses en un petit nombre de mains ? Ne sont-ce pas les mauvaises lois, les mauvais gouvernements, enfin tous les vices des sociétés corrompues ? Or, pourquoi faut-il que ceux qui sont les victimes de ces abus soient encore punis de leur malheur par la perte de la dignité de citoyens ? Je ne vous envie point le partage avantageux que vous avez reçu, puisque cette inégalité est un mal nécessaire ou incurable : mais ne m'enlevez pas du moins les biens imprescriptibles qu'aucune loi humaine ne peut me ravir. Permettez même que je puisse être fier quelquefois d'une honorable pauvreté, et ne cherchez point à m'humilier par l'orgueilleuse prétention de vous réserver la qualité de souverain, pour ne me laisser que celle de sujet.

Mais le peuple !... mais la corruption ! Ah ! cessez, cessez de profaner ce nom touchant et sacré du peuple, en le liant à l'idée de corruption. Quel est celui qui, parmi des hommes égaux en droits, ose déclarer ses semblables indignes d'exercer les leurs pour les en dépouiller à son profit ! Et certes, si vous vous permettez de fonder une pareille condamnation sur des présomptions de corruptibilité, quel terrible pouvoir vous vous arrogez sur l'humanité ! Où sera le terme de vos proscriptions ?

SUR LE SUFFRAGE UNIVERSEL.

Mais est-ce bien sur ceux qui ne paient point le marc d'argent qu'elles doivent tomber, ou sur ceux qui paient beaucoup au delà ? Oui, en dépit de toute prévention en faveur des vertus que donne la richesse, j'ose croire que vous en trouverez autant dans la classe des citoyens les moins aisés que dans celle des plus opulens. Croyez-vous de bonne foi qu'une vie dure et laborieuse enfante plus de vices que la mollesse, le luxe et l'ambition ? et avez-vous moins de confiance dans la probité de nos artisans et de nos laboureurs, qui, suivant votre tarif, ne seront presque jamais citoyens actifs, que dans celle des traitants, des courtisans, de ceux que vous appelez grands seigneurs, qui, d'après le même tarif, le seraient six cents fois ? Je veux venger une fois ceux que vous nommez le *peuple* de ces calomnies sacrilèges.

Êtes-vous donc faits pour l'apprécier, et pour connaître les hommes, vous qui, depuis que votre raison s'est développée, ne les avez jugés que d'après les idées absurdes du despotisme et de l'orgueil féodal ; vous qui, accoutumés au jargon bizarre qu'il a inventé, avez trouvé simple de dégrader la plus grande partie du genre humain par les mots de *canaille*, de *populace*, vous qui avez révélé au monde qu'il existait des gens sans naissance, comme si tous les hommes qui vivent n'étaient pas nés ; *des gens de rien* qui étaient des hommes de mérite, et *d'honnêtes gens, des gens comme il faut*, qui étaient les plus vils et les plus corrompus de tous les hommes ? Ah ! sans doute, on peut vous permettre de ne pas rendre au peuple toute la justice qui lui est due. Pour moi, j'atteste tous ceux que l'instinct d'une âme noble et sensible a rapprochés de lui et rendus dignes de connaître et d'aimer l'égalité, qu'en général il n'y a rien d'aussi juste ni d'aussi bon que le peuple, toutes les fois qu'il n'est point irrité par l'excès de l'oppression ; qu'il est reconnaissant des plus faibles égards qu'on lui témoigne, du moindre bien qu'on lui fait, du mai même qu'on ne lui fait pas ; que c'est chez lui qu'on trouve, sous des dehors grossiers, des âmes franches et droites, un bon sens et une énergie que l'on chercherait longtemps en vain dans la classe qui le dédaigne. Le peuple ne demande que le nécessaire, il ne veut que justice et tranquillité ; les riches prétendent à tout, ils veulent tout envahir et tout dominer. Les abus sont l'ouvrage et le domaine des riches, ils sont les fléaux du peuple : l'intérêt du peuple est l'intérêt général, celui des riches est l'intérêt particulier ; et vous voulez rendre le peuple nul et les riches tout-puissants.

M'opposera-t-on encore ces inculpations éternelles dont on n'a cessé

Maximilien de Robespierre

de le charger depuis l'époque où il a secoué le joug des despotes jusqu'à ce moment, comme si le peuple entier pouvait être accusé de quelques actes de vengeance locaux et particuliers, exercés au commencement d'une révolution inespérée, où, respirant enfin d'une si longue oppression, il était dans un état de guerre avec tous ses tyrans ? Que dis-je ? quel temps a donc jamais fourni des preuves plus éclatantes de sa bonté naturelle, que celui où, armé d'une force irrésistible, il s'est tout à coup arrêté lui-même pour rentrer dans le calme à la voix de ses représentants ? Ô vous ! qui vous montrez si inexorables pour l'humanité souffrante, et si indulgents pour ses oppresseurs, ouvrez l'histoire, et Jetez les yeux autour de vous, comptez les crimes des tyrans, et jugez entre eux et le peuple !

Que dis-je ? à ces efforts même qu'ont faits les ennemis de la Révolution pour le calomnier auprès de ses représentants, pour vous calomnier auprès de lui, pour vous suggérer des mesures propres à étouffer sa voix ou à abattre son énergie, ou à égarer son patriotisme pour prolonger l'ignorance de ses droits, en lui cachant vos décrets ; à la patience inaltérable avec laquelle il a supporté tous ses maux et attendu un ordre de choses plus heureux, comprenons que le peuple est le seul appui de la liberté. Eh ! qui pourrait donc supporter l'idée de le voir dépouiller de ses droits par la révolution même qui est due à son courage, au tendre et généreux attachement avec lequel il a défendu ses représentants ? Est-ce aux riches, est-ce aux grands que vous devez cette glorieuse insurrection qui a sauvé la France et vous ? Ces soldats qui ont déposé leurs armes aux pieds de la patrie alarmée, n'étaient-ils pas du peuple ? Ceux qui les conduisaient contre vous, à quelles classes appartenaient-ils ?... Était-ce donc pour vous aider à défendre ses droits et sa dignité qu'il combattait alors, ou pour vous assurer le pouvoir de les anéantir ? Est-ce pour retomber sous le joug de l'aristocratie des riches qu'il a brisé avec le joug de l'aristocratie féodale ?

Ce n'est pas tout : vous avez fait de la privation des droits de citoyen actif la peine du crime, et du plus grand de tous les crimes, celui de lèse-nation. Cette peine vous a paru si grande, que vous en avez limité la durée ; que vous avez laissé les coupables maîtres de la terminer eux-mêmes, par le premier acte de citoyen qu'il leur plairait de faire... Et cette même privation, vous l'avez infligée à tous les citoyens qui ne sont pas assez riches pour suffire à telle quotité et à telle nature de contribution : de manière que par la combinaison de ces décrets, ceux

SUR LE SUFFRAGE UNIVERSEL.

qui ont conspiré contre le salut et contre la liberté de la nation, et les meilleurs citoyens, les défenseurs de la liberté, que la fortune n'aura point favorisés, ou qui auront repoussé la fortune pour servir la patrie, sont confondus dans la même classe. Je me trompe, c'est en faveur des premiers que votre prédilection se déclare ; car, dès le moment où ils voudront bien consentir à faire la paix avec la nation, et à accepter le bienfait de la liberté, ils peuvent rentrer dans la plénitude des droits du citoyen, au lieu que les autres en sont privés indéfiniment, et ne peuvent les recouvrer que sous une condition qui n'est point en leur pouvoir. Juste ciel ! le génie et la vertu mis plus bas que l'opulence et le crime par le législateur !

« Que ne vit-il encore ! avons-nous dit quelquefois, en rapprochant l'idée de cette grande révolution et celle d'un grand homme qui a contribué à la préparer, que ne vit-il encore ce philosophe sensible et éloquent, dont les écrits ont développé parmi nous ces principes de morale publique qui nous ont rendus dignes de concevoir le dessein de régénérer notre patrie. » Eh bien ! s'il vivait encore, que verrait-il ? les lois sacrées de l'homme, qu'il a défendue, violées par la constitution naissante, et son nom effacé de la liste des citoyens. Que diraient aussi tous ces grands hommes qui gouvernèrent jadis les peuples les plus libres et les plus vertueux de la terre, mais qui ne laissèrent pas de quoi fournir aux frais de leurs funérailles, et dont les familles étaient nourries aux dépens de l'État ? que diraient-ils, si, revivant parmi nous, ils pouvaient voir s'élever cette constitution si vantée ? *Ô Aristide*, la Grèce t'a surnommé le juste, et t'a fait l'arbitre de sa destinée : la France *régénérée* ne verra en toi qu'un *homme de rien*, qui ne paie point un marc d'argent. En vain la confiance du peuple t'appellerait à défendre ses droits, il n'est point de municipalité qui ne te repoussât de son sein. Tu aurais vingt fois sauvé la patrie, que tu ne serais pas encore citoyen actif, ou éligible… à moins que ta grande âme ne consentit à vaincre les rigueurs de la fortune aux dépens de ta liberté, ou de quelqu'une de tes vertus.

Ces héros n'ignoraient pas, et nous répétons quelquefois nous-mêmes, que la liberté ne peut être solidement fondée que sur les mœurs. Or, quelles mœurs peut avoir un peuple chez qui les lois semblent s'appliquer à donner à la soif des richesses la plus furieuse activité ? et quel moyen plus sûr les lois peuvent-elles prendre pour irriter cette passion, que de flétrir l'honorable pauvreté, et de réserver pour la

Maximilien de Robespierre

richesse tous les honneurs et toute la puissance ? Adopter une pareille institution, qu'est-ce autre chose que forcer l'ambition même la plus noble, celle qui cherche la gloire en servant la patrie, à se réfugier dans le sein de la cupidité et de l'intrigue, et faire de la constitution même la corruptrice de la vertu ? Que signifie donc ce tableau civique que vous affichez avec tant de soin ? Il étale à mes yeux, avec exactitude, tous les noms des vils personnages que le despotisme a engraissés de la substance du peuple : mais j'y cherche en vain celui d'un honnête homme indigent. Il donne aux citoyens cette étonnante leçon : « Sois riche, à quelque prix que ce soit, ou tu ne seras rien. »

Comment, après cela, pourriez-vous vous flatter de faire renaître parmi nous cet esprit public auquel est attachée la régénération de la France ; lorsque rendant la plus grande partie des citoyens étrangers aux soins de la chose publique, vous la condamnez à concentrer toutes ses pensées et toutes ses affections dans les objets de son intérêt personnel et de ses plaisirs ; c'est-à-dire quand vous élevez l'égoïsme et la frivolité sur les ruines des talents utiles et des vertus généreuses, qui sont les seules gardiennes de la liberté ? Il n'y aura jamais de constitution durable dans tout pays où elle sera, en quelque sorte, le domaine d'une classe d'hommes, et n'offrira aux autres qu'un objet indifférent, ou un sujet de jalousie et d'humiliation. Qu'elle soit attaquée par des ennemis adroits et puissants, il faut qu'elle succombe tôt ou tard. Déjà, *messieurs*, il est facile de prévoir toutes les conséquences fatales qu'entraîneraient les dispositions dont je parle, si elles pouvaient subsister. Bientôt vous verrez vos Assemblées primaires et électives désertes, non-seulement parce que ces mêmes décrets en interdisent l'accès au plus grand nombre des citoyens, mais encore parce que la plupart de ceux qu'ils appellent, tels que les gens à trois journées, réduits à la faculté d'élire sans pouvoir être eux-mêmes nommés aux emplois que donne la confiance des citoyens, ne s'empresseront pas d'abandonner leurs affaires et leurs familles pour fréquenter des Assemblées où ils ne peuvent porter ni les mêmes espérances ni les mêmes droits que les citoyens plus aisés, à moins que plusieurs d'entre eux ne s'y rendent pour vendre leurs suffrages. Elles resteront abandonnées à un petit nombre d'intrigants qui se partageront toutes les magistratures, et donneront à la France des juges, des administrateurs, des législateurs. Des législateurs réduits à sept cent cinquante pour un si vaste empire ! qui délibéreront environnés de l'influence d'une cour armée des forces publiques, et du pouvoir de

SUR LE SUFFRAGE UNIVERSEL.

disposer d'une multitude de grâces et d'emplois, et d'une liste civile qui peut être évaluée au moins à trente-cinq millions. Voyez-la, cette cour, déployant ses immenses ressources dans chaque Assemblée, secondée par tous ces aristocrates déguisés, qui, sous le masque du civisme, cherchent à capter les suffrages d'une nation encore trop idolâtre, trop frivole, trop peu instruite de ses droits, pour connaître ses ennemis, ses intérêts et sa dignité ; voyez-la essayer ensuite son fatal ascendant sur ceux des membres du Corps Législatif qui ne seront point arrivés corrompus d'avance et voués à ses intérêts ; voyez-la se jouer du destin de la France, avec une facilité qui n'étonnera pas ceux qui depuis quelque temps suivent les progrès de son esprit dangereux et de ses funestes intrigues ; et préparez–vous à voir insensiblement le despotisme tout avilir, tout dépraver, tout engloutir ; ou bien hâtez-vous de rendre au peuple tous ses droits, et à l'esprit public toute la liberté dont il a besoin pour s'étendre et pour se fortifier.

Je finis cette discussion : peut-être même aurais-je pu m'en dispenser ; peut-être aurais-je dû examiner, avant tout, si ces dispositions que j'attaquais existent en effet, si elles sont de véritables lois.

Pourquoi craindrais-je de présenter la vérité aux représentants du peuple ? pourquoi oublierais-je que défendre devant eux la cause sacrée des hommes et la souveraineté inviolable des nations, avec toute la franchise qu'elle exige, c'est à la fois flatter le plus doux de leurs sentiments et rendre le plus noble hommage à leurs vertus ? D'ailleurs, l'univers ne sait-il pas que votre véritable vœu, que votre véritable décret même est la prompte révocation des dispositions dont je parle ; et que c'est en effet l'opinion de la majorité de l'Assemblée nationale que je défends, en les combattant ? Je le déclare donc ; de semblables décrets n'ont pas même besoin d'être révoqués expressément ; ils sont essentiellement nuls, parce qu'aucune puissance humaine, pas même la vôtre, n'était compétente pour les porter. Le pouvoir des représentants, des mandataires d'un peuple est nécessairement déterminé par la nature et par l'objet de leur mandat. Or quel est votre mandat ? De faire des lois pour rétablir et pour cimenter les droits de vos commettants ; il ne vous est donc pas possible de les dépouiller de ces mêmes droits. Faites-y bien attention : ceux qui vous ont choisis, ceux par qui vous existez, n'étaient pas des contribuables au marc d'argent, à trois, à dix journées de contributions directes ; c'étaient tous les Français, c'est-à-dire tous les hommes nés et domiciliés en France, ou naturalisés, payant

Maximilien de Robespierre

une imposition quelconque.

Le despotisme lui-même n'avait pas osé imposer d'autres conditions aux citoyens qu'il convoquait.[1] Comment donc pouviez-vous dépouiller unie partie de ces hommes-là, à plus forte raison la plus grande partie d'entre eux, de ces mêmes droits politiques qu'ils ont exercés en vous envoyant à cette Assemblée, et dont ils nous ont confié la garde ? Vous ne le pouvez pas sans détruire vous-mêmes votre pouvoir, puisque voire pouvoir n'est que celui de vos commettants. En portant de pareils décrets vous n'agiriez pas comme représentants de la nation ; vous agiriez directement contre ce titre : vous ne feriez point de lois ; vous frapperiez l'autorité législative dans son principe. Les peuples mêmes ne pourraient jamais ni les autoriser ni les adopter, parce qu'ils ne peuvent jamais renoncer ni à l'égalité, ni à la liberté, ni à leur existence comme peuple, ni aux droits inaliénables de l'homme. Aussi, messieurs, quand vous avez formé la résolution, déjà bien connue, de les révoquer, c'est moins parce que vous en avez reconnu la nécessité, que pour donner à tous les législateurs et à tous les dépositaires de l'autorité publique un grand exemple du respect qu'ils doivent aux peuples, pour couronner tant de lois salutaires, tant de sacrifices généreux, par le magnanime désaveu d'une surprise passagère, qui ne changea jamais rien ni à vos principes, ni à votre volonté constante et courageuse pour le bonheur des hommes.

Que signifie donc l'éternelle objection de ceux qui vous disent qu'il ne vous est permis dans aucun cas de changer vos propres décrets ? Comment a-t-on pu faire céder à cette prétendue maxime cette règle inviolable, que le salut du peuple et le bonheur des hommes est toujours la loi suprême, et imposer aux fondateurs de la constitution française celle de détruire leur propre ouvrage, et d'arrêter les glorieuses destinées de la nation et de l'humanité entière, plutôt que de réparer une erreur dont ils connaissent tous les dangers. Il n'appartient qu'à l'être essentiellement infaillible d'être immuable : changer est non seulement un droit, mais un devoir pour toute volonté humaine qui a failli. Les hommes qui décident du sort des autres hommes sont moins que personne exempts de cette obligation commune. Mais tel est le malheur d'un peuple qui passe rapidement de la servitude à la liberté, qu'il transporte, sans s'en apercevoir, au nouvel ordre de choses, les préjugés de l'ancien dont il n'a pas encore eu le temps de se défaire ; il

1 Voyez le règlement de la convocation des états-généraux.

SUR LE SUFFRAGE UNIVERSEL.

est certain que ce système de l'irrévocabilité absolue des décisions du corps législatif n'est autre chose qu'une idée empruntée au despotisme. L'autorité ne peut reculer sans se compromettre, disait-il, quoiqu'en effet elle ait été forcée quelquefois de reculer. Cette maxime était bonne en effet pour le despotisme, dont la puissance oppressive ne pouvait se soutenir que par l'illusion et la terreur ; mais l'autorité tutélaire des représentants de la nation, fondée à la fois sur l'intérêt général et sur la force de la nation même, peut réparer une erreur funeste, sans courir d'autre risque que de réveiller les sentiments de la confiance et de l'admiration qui l'environnent ; elle ne peut se compromettre que par une persévérance invincible dans les mesures contraires à la liberté, et réprouvées par l'opinion publique. Il est cependant quelques décrets que vous ne pouvez point abroger, ce sont ceux qui renferment la déclaration des droits de l'homme, parce que ce n'est point vous qui avez fait ces lois ; vous les avez promulguées Ce sont ces décrets immuables du législateur éternel, déposés dans la raison et dans le cœur de tous les hommes avant que vous les eussiez inscrits dans votre code, que je réclame, contre des dispositions qui les blessent et qui doivent disparaître devant eux. Vous avez ici à choisir entre les uns et les autres, et votre choix ne peut être incertain d'après vos propres principes. Je propose à l'Assemblée nationale le projet de décret suivant :

« L'Assemblée nationale, pénétrée d'un respect religieux pour les droits des hommes, dont le maintien doit être l'objet de toutes les institutions politiques ;

» Convaincue qu'une constitution faite pour assurer la liberté du peuple français, et pour influer sur celle du monde, doit être surtout établie sur ce principe ;

» Déclare que tous les Français, c'est-à-dire tous les hommes *nés et domiciliés* en France, ou naturalisés, doivent jouir de la plénitude et de l'égalité des droits du citoyen, et sont admissibles à tous les emplois publics, sans autre distinction que celle des vertus et des talents.[1]»

1 Robespierre revenant encore sur cette importante question dans la séance du 11 août 1791, disait : « Vous avez reconnu que tous les citoyens étaient admissibles à toutes les fonctions, sans autre distinction que celle des vertus et des talents. À quoi nous sert cette promesse, puisqu'elle a été violée sur-le-champ ? Que nous importe qu'il n'y ait plus de noblesse féodale, si vous y substituez une distinction plus réelle, à laquelle vous attachez un droit politique ? Et que m'importe à moi qu'il n'y ait plus d'armoiries, s'il faut que je voie naître une nouvelle classe d'hommes à laquelle je serai exclusivement obligé de donner ma confiance ? Cette contradiction permet-

Maximilien de Robespierre

SUR L'ABOLITION DE LA PEINE DE MORT

CONSTITUANTE. — *Séance du 30 mai* 1791.

La nouvelle ayant été portée à Athènes que des citoyens avaient été condamnés à mort dans la ville d'Argos, on courut dans les temples et on conjura les dieux de détourner des Athéniens des pensées si cruelles et si funestes. Je viens prier, non les dieux, mais les législateurs, qui doivent être les organes et les interprètes des lois éternelles que la divinité a dictées aux hommes, d'effacer du code des Français les lois de sang qui commandent des meurtres juridiques, et que repoussent leurs mœurs et leur constitution nouvelle. Je veux leur prouver : 1° que la peine de mort est essentiellement injuste ; 2° qu'elle n'est pas la plus réprimante des peines, et qu'elle multiplie les crimes beaucoup plus qu'elle ne les prévient.

Hors de la société civile, qu'un ennemi acharné vienne attaquer mes jours, ou que, repoussé vingt fois, il revienne encore ravager le champ que mes mains ont cultivé, puisque je ne puis opposer que mes forces individuelles aux siennes, il faut que je périsse ou que je le tue ; et la loi de la défense naturelle me justifie et m'approuve. Mais la société, quand la force de tous est armée contre un seul, quel principe de justice peut l'autoriser à lui donner la mort ? Quelle nécessité peut l'en absoudre ? Un vainqueur qui fait mourir ses ennemis captifs est appelé barbare ! Un homme qui fait égorger un enfant, qu'il peut désarmer et punir,

---

trait de douter de votre bonne foi et de votre loyauté. (*Les tribunes applaudissent*) Je conviens cependant qu'il faut une garantie qui rassure contre les électeurs ; mais est-ce la richesse ? L'indépendance et la probité se mesurent-elles sur la fortune ? Un artisan, un laboureur, qui paient dix journées de travail, voilà des hommes plus indépendants que le riche, parce que leurs besoins sont encore plus bornés que leurs fortunes. Quoique ces idées soient morales, elles n'en sont pas moins dignes d'être présentées à l'Assemblée. (*On rit et on murmure.* — Une voix s'élève : *C'est trop fort, M. Robespierre !*) D'après les principes de vos comités, nous devrions rougir d'avoir élevé une statue à J.-J. Rousseau, parce qu'il ne payait pas le marc d'argent. Apprenez à reconnaître la dignité d'homme dans tout être qui n'est pas noté d'infamie. Il n'est pas vrai qu'il faille être riche pour tenir à son pays ; la loi est faite pour protéger les plus faibles ; et n'est-il pas injuste qu'on leur ôte toute influence dans sa confection ? Pour vous décider, réfléchissez quels sont ceux qui vous ont envoyés ? Étaient-ils calculés sur un marc d'argent ? Je vous rappelle au titre de votre convocation : « Tout Français ou naturalisé Français, payant une imposition quelconque, devra être admis à choisir les électeurs. » Nous ne sommes donc pas purs, puisque nous avons été choisis par des électeurs qui ne payaient rien. (*On applaudit*).

parait un monstre ! Un accusé que la société condamne n'est tout au plus pour elle qu'un ennemi, vaincu et impuissant ; il est devant elle plus faible qu'un enfant devant un homme fait.

Ainsi, aux yeux de la vérité et de la justice, ces scènes de mort qu'elle ordonne avec tant d'appareil ne sont autre chose que de lâches assassinats, que des crimes solennels, commis, non par des individus, mais par des nations entières, avec des formes légales. Quelque cruelles, quelque extravagantes que soient ces lois, ne vous en étonnez plus. Elles sont l'ouvrage de quelques tyrans ; elles sont les chaînes dont ils accablent l'espèce humaine ; elles furent écrites avec du sang. « Il n'est point permis de mettre à mort un citoyen romain. » Telle était la loi que le peuple avait portée : mais Sylla vainquit, et dit : *Tous ceux qui ont porté les armes contre moi sont dignes de mort.* Octave et les compagnons de ses forfaits confirmèrent cette loi.

Sous Tibère, avoir loué Brutus fut un crime digne de mort. Caligula condamna à mort ceux qui étaient assez sacrilèges pour se déshabiller devant l'image de l'empereur. Quand la tyrannie eut inventé les crimes de lèse-majesté, qui étaient ou des actions indifférentes, ou des actions héroïques, qui eût osé penser qu'elles pouvaient mériter une peine plus douce que la mort, à moins de se rendre coupable lui-même de lèse-majesté ?

Quand le fanatisme, né de l'union monstrueuse de l'ignorance et du despotisme, inventa à son tour les crimes de lèse-majesté divine, quand il conçut, dans son délire, de venger Dieu lui-même, ne fallut-il pas qu'il lui offrit aussi du sang, et qu'il le mît au moins au niveau des monstres qui se disaient ses images ?

La peine de mort est nécessaire, disent les partisans de l'antique et barbare routine ; sans elle il n'est point de frein assez puissant pour le crime. Qui vous l'a dit ? Avez-vous calculé tous les ressorts par lesquels les lois pénales peuvent agir sur la sensibilité humaine ? Hélas ! avant la mort, combien de douleurs physiques et morales l'homme ne peut-il pas endurer !

Le désir de vivre cède à l'orgueil, la plus impérieuse de toutes les passions qui maîtrisent le cœur de l'homme ; la plus terrible de toutes les peines pour l'homme social, c'est l'opprobre, c'est l'accablant témoignage de l'exécration publique. Quand le législateur peut frapper les Citoyens par tant d'endroits et de tant de manières comment

Maximilien de Robespierre

pourrait-il se croire réduit à employer la peine de mort ? Les peines ne sont pas faites pour tourmenter les coupables, mais pour prévenir le crime par la crainte de les encourir.

Le législateur qui préfère la mort et les peines atroces aux moyens les plus doux qui sont en son pouvoir, outrage la délicatesse publique, émousse le sentiment moral chez le peuple qu'il gouverne, semblable à un précepteur malhabile qui, par le fréquent usage des châtiments cruels, abrutit et dégrade l'âme de son élève ; enfin, il use et affaiblit les ressorts du gouvernement, en voulant les tendre avec plus de force.

Le législateur qui établit cette peine, renonce à ce principe salutaire, que le moyen le plus efficace de réprimer les crimes est d'adapter les peines au caractère des différentes passions qui les produisent, et de les punir, pour ainsi dire, par elles-mêmes. Il confond toutes les idées, il trouble tous les rapports, et contrarie ouvertement le but des lois pénales.

La peine de mort est nécessaire, dites-vous ? Si cela est, pourquoi plusieurs peuples ont-ils su s'en passer ? par quelle fatalité ces peuples ont-ils été les plus sages, les plus heureux et les plus libres ? Si la peine de mort est la plus propre à prévenir les grands crimes, il faut donc qu'ils aient été plus rares chez les peuples qui l'ont adoptée et prodiguée. Or, c'est précisément tout le contraire. Voyez le Japon : nulle part la peine de mort et les supplices ne sont autant prodigués ; nulle part les crimes ne sont ni si fréquents ni si atroces. On dirait que les Japonais veulent disputer de férocité avec les lois barbares qui les outragent et qui les irritent. Les républiques de la Grèce, où les peines étaient modérées, où la peine de mort était ou infiniment rare ou absolument inconnue, offraient-elles plus de crimes et moins de vertus que les pays gouvernés par des lois de sang ? Croyez-vous que Rome fut souillée par plus de forfaits, lorsque, dans les jours de sa gloire, la loi *Porcia* eut anéanti les peines sévères portées par les rois et par les décemvirs, qu'elle ne le fut sous Sylla qui les fit revivre, et sous les empereurs qui en portèrent la rigueur à un excès digne de leur infâme tyrannie ? La Russie a-t-elle été bouleversée depuis que le despote qui la gouverne a entièrement supprimé la peine de mort, comme s'il eût voulu expier par cet acte d'humanité et de philosophie le crime de retenir des millions d'hommes sous le joug du pouvoir absolu ?

Écoutez la voix de la justice et de la raison : elle nous crie que les jugements humains ne sont jamais assez certains pour que la société

SUR L'ABOLITION DE LA PEINE DE MORT

puisse donner la mort à un homme condamné par d'autres hommes sujets à l'erreur. Eussiez-vous imaginé l'ordre judiciaire le plus parfait, eussiez-vous trouvé les juges les plus intègres et les plus éclairés, il vous restera toujours quelque place à l'erreur ou à la prévention. Pourquoi vous interdire le moyen de les réparer ? pourquoi vous condamner à l'impuissance de tendre une main secourable à l'innocence opprimée ? Qu'importent ces stériles regrets, ces réparations illusoires que vous accordez à une ombre vaine, à une cendre insensible ? elles sont les tristes témoignages de la barbare témérité de vos lois pénales. Ravir à l'homme la possibilité d'expier son forfait par son repentir ou par des actes de vertu, lui fermer impitoyablement tout retour à la vertu, à l'estime de soi-même, se hâter de le faire descendre, pour ainsi dire, dans le tombeau encore tout couvert de la tache récente de son crime, est à mes yeux le plus horrible raffinement de la cruauté.

Le premier devoir du législateur est de former et de conserver les mœurs publiques, source de toute liberté, source de tout bonheur social ; lorsque, pour courir à un but particulier, il s'écarte de ce but général et essentiel, il commet la plus grossière et la plus funeste des erreurs.

Il faut donc que les lois présentent toujours aux peuples le modèle le plus pur de la justice et de la raison. Si, à la place de cette sévérité puissante, de ce calme modéré qui doit les caractériser, elles mettent la colère et la vengeance ; si elles font couler le sang humain qu'elles peuvent épargner et qu'elles n'ont pas le droit de répandre ; si elles étalent aux yeux du peuple des scènes cruelles et des cadavres meurtris par des tortures, alors elles altèrent dans le cœur des citoyens les idées du juste et de l'injuste, elles font germer au sein de la société des préjugés féroces qui en produisent d'autres à leur tour. L'homme n'est plus pour l'homme un objet si sacré ; on a une idée moins grande de sa dignité quand l'autorité publique se joue de sa vie. L'idée du meurtre inspire bien moins d'effroi, lorsque la loi même en donne l'exemple et le spectacle ; l'horreur du crime diminue dès qu'elle ne le punit plus que par un autre crime. Gardez-vous bien de confondre l'efficacité des peines avec l'excès de la sévérité : l'un est absolument opposé à l'autre. Tout seconde les lois modérées ; tout conspire contre les lois cruelles.

On a observé que dans les pays libres, les crimes étaient plus rares, et les lois pénales plus douces : toutes les idées se tiennent. Les pays libres sont ceux où les droits de l'homme sont respectés, et où, par

Maximilien de Robespierre

conséquent, les lois sont justes. Partout où elles offensent l'humanité par un excès de rigueur, c'est une preuve que la dignité de l'homme n'y est pas connue, que celle du citoyen n'existe pas ; c'est une preuve que le législateur n'est qu'un maître qui commande à des esclaves, et qui les châtie impitoyablement suivant sa fantaisie. Je conclus à ce que la peine de mort soit abrogée.

SUR L'ABOLITION DE LA PEINE DE MORT

SUR LA GUERRE

DISCOURS PRONONCÉS AU CLUB DES JACOBINS

Les plus grandes questions qui agitent les hommes ont souvent pour base un malentendu ; il y en a un, si je ne me trompe, même dans celle-ci ; il suffit de le faire cesser, et tous les bons citoyens se rallieront aux principes et à la vérité.

Des deux opinions qui ont été balancées dans cette assemblée, l'une a pour elle toutes les idées qui flattent l'imagination, toutes les espérances brillantes qui animent l'enthousiasme et même un sentiment généreux soutenu de tous les moyens que le gouvernement le plus actif et le plus puissant peut employer pour influer sur l'opinion ; l'autre n'est appuyée que sur la froide raison et sur la triste vérité. Pour plaire, il faut défendre la première ; pour être utile, il faut soutenir la seconde avec la certitude de déplaire à tous ceux qui ont le pouvoir de nuire : c'est pour celle-ci que je me déclare.

Ferons-nous la guerre, ou ferons-nous la paix ? Attaquerons-nous nos ennemis, ou les attendrons-nous dans nos foyers ? Je crois que cet énoncé ne présente pas la question sous tous ses rapports et dans toute son étendue. Quel parti la nation et ses représentants doivent-ils prendre, dans les circonstances où nous sommes, à l'égard de nos ennemis intérieurs et extérieurs ? Voilà le véritable point de vue sous lequel on doit l'envisager, si on veut l'embrasser tout entière, et la discuter avec toute l'exactitude qu'elle exige. Ce qui importe, par-dessus tout, quel que puisse être le fruit de nos efforts, c'est d'éclairer la nation sur ses véritables intérêts et sur ceux de ses ennemis ; c'est de ne pas ôter à la liberté sa dernière ressource, en donnant le change à l'esprit public dans des circonstances critiques. Je tâcherai de remplir cet objet en répondant principalement à l'opinion de M. Brissot.

Si des traits ingénieux, si la peinture brillante et prophétique des succès d'une guerre terminée par les embrassements fraternels de tous les peuples de l'Europe, sont des raisons suffisantes pour décider une question aussi sérieuse, je conviendrai que M. Brissot l'a parfaitement résolue ; mais son discours m'a paru présenter un vice qui n'est rien dans un discours académique, et qui est de quelque importance dans la plus grande de toutes les discussions politiques ; c'est qu'il a sans cesse évité le point fondamental de la question, pour élever à côté tout son

Maximilien de Robespierre

système sur une base absolument ruineuse.

Certes, j'aime, tout autant que M. Brissot, une guerre entreprise pour étendre le règne de la liberté, et je pourrais me livrer aussi au plaisir d'en raconter d'avance toutes les merveilles. Si j'étais maître des destinées de la France, si je pouvais, à mon gré, diriger ses forces et ses ressources, j'aurais envoyé, dès longtemps, une armée en Brabant, j'aurais secouru les Liégeois et brisé les fers des Bataves : ces expéditions sont fort de mon goût. Je n'aurais point, il est vrai, déclaré la guerre à des sujets rebelles, je leur aurais ôté jusqu'à la volonté de se rassembler ; je n'aurais pas permis à des ennemis plus formidables et plus près de nous de les protéger et de susciter au-dedans des dangers plus sérieux.

Mais, dans les circonstances où je trouve mon pays, je jette un regard inquiet autour de moi, et je me demande si la guerre que l'on fera sera celle que l'enthousiasme nous promet ; je me demande qui la propose, comment, dans quelles circonstances, et pourquoi ?

C'est là, c'est dans notre situation tout extraordinaire que réside toute la question. Vous en avez sans cesse détourné vos regards ; mais j'ai prouvé ce qui était clair pour tout le monde, que la proposition de la guerre actuelle était le résultat d'un projet formé dès longtemps par les ennemis intérieurs de noire liberté ; je vous en ai montré le but ; je vous ai indiqué les moyens d'exécution ; d'autres vous ont prouvé qu'elle n'était qu'un piège visible : un orateur, membre de l'Assemblée constituante, vous a dit, à cet égard, des vérités de fait très-importantes ; il n'est personne qui n'ait aperçu ce piège, en songeant que c'était après avoir constamment protégé les émigrations et les émigrants rebelles qu'on proposait de déclarer la guerre à leurs protecteurs, en même temps qu'on défendait encore les ennemis du dedans, confédérés avec eux. Vous êtes convenus vous-mêmes que la guerre plaisait aux émigrés, qu'elle plaisait au ministère, aux intrigants de la cour, à cette faction nombreuse dont les chefs, trop connus, dirigent, depuis longtemps, toutes les démarches du pouvoir exécutif ; toutes les trompettes de l'aristocratie et du gouvernement en donnent à la fois le signal ; enfin, quiconque pourrait croire que la conduite de la cour, depuis le commencement de cette révolution, n'a pas été toujours en opposition avec les principes de l'égalité et le respect pour les droits du peuple, serait regardé comme insensé, s'il était de bonne foi ; quiconque pourrait dire que la cour propose une mesure aussi décisive que la guerre sans la rapporter à son plan, ne donnerait pas une idée

SUR LA GUERRE

plus avantageuse de son jugement : or, pouvez-vous dire qu'il soit indifférent au bien de l'État que l'entreprise de la guerre soit dirigée par l'amour de la liberté ou par l'esprit du despotisme, par la fidélité ou par la perfidie ? Cependant, qu'avez-vous répondu à tous ces faits décisifs ? qu'avez-vous dit pour dissiper tant de justes soupçons ? Votre réponse à ce principe fondamental de toute cette discussion fait juger tout votre système.

La défiance, avez-vous dit dans votre premier discours, *la défiance est un état affreux : elle empêche les deux pouvoirs d'agir de concert, empêche le peuple de croire aux démonstrations du pouvoir exécutifs attiédit son attachement, relâche sa soumission.*

La défiance est un état affreux ! Est-ce là le langage d'un homme libre qui croit que la liberté ne peut être achetée à trop haut prix ? Elle empêche les deux pouvoirs d'agir de concert ! Est-ce encore vous qui parlez ici ? Quoi ! c'est la défiance du peuple qui empêche le pouvoir exécutif de marcher, et ce n'est pas sa volonté propre ? Quoi ! c'est le peuple qui doit croire aveuglement aux*démonstrations* du pouvoir exécutif, et ce n'est plus le pouvoir exécutif qui doit mériter la confiance du peuple, non par des *démonstrations*, mais par des faits ? La défiance attiédit son attachement ! Et à qui donc le peuple doit-il de l'attachement ? Est-ce à un homme ? est-ce à l'ouvrage de ses mains, ou bien à la patrie, à la liberté ? *Elle relâche sa soumission !* à la loi, sans doute. En a-t-il manqué jusqu'ici ? Qui a le plus de reproche à se faire à cet égard, ou de lui, ou de ses oppresseurs ? ...

Personne ne doute aujourd'hui qu'il existe une ligue puissante et dangereuse contre l'égalité et contre les principes de notre liberté ; on sait que la coalition qui porte des mains sacrilèges sur les bases de la constitution s'occupe avec activité des moyens d'achever son ouvrage, qu'elle domine à la cour, qu'elle gouverne les ministres : vous êtes convenu qu'elle avait le projet d'étendre encore la puissance ministérielle, et d'aristocratiser la représentation nationale ; vous nous avez priés de croire que les ministres et la cour n'avaient rien de commun avec elle ; vous avez démenti, à cet égard, les assertions positives de plusieurs orateurs et l'opinion générale ; vous vous êtes contenté d'alléguer que des intrigants ne pouvaient porter atteinte à la liberté. Ignorez-vous que ce sont les intrigants qui font le malheur des peuples ? ignorez-vous que des intrigants, secondés par la force et par les trésors du gouvernement, ne sont pas à négliger ? que vous-même

Maximilien de Robespierre

vous vous êtes fait une loi jadis de poursuivre avec chaleur une partie de ceux dont il est ici question ? ignorez-vous que, depuis le départ du roi, dont le mystère commence à s'éclaircir, ils ont eu le pouvoir de faire rétrograder la révolution, et de commettre impunément les plus coupables attentats contre la liberté ? D'où vous vient donc tout à coup tant d'indulgence ou de sécurité ?...

Ou je me trompe, ou la faiblesse des motifs par lesquels vous avez voulu nous rassurer sur les intentions de ceux qui nous poussent à la guerre est la preuve la plus frappante qui puisse les démontrer. Loin d'aborder le véritable état de la question, vous l'avez toujours fui. Tout ce que vous avez dit est donc hors de la question. Votre opinion n'est fondée que sur des hypothèses vagues et étrangères.

Que nous importent, par exemple, vos longues et pompeuses dissertations sur la guerre américaine ? Qu'y a-t-il de commun entre la guerre ouverte qu'un peuple fait à ses tyrans, et un système d'intrigue conduit par le gouvernement même contre la liberté naissante ? Si les Américains avaient triomphé de la tyrannie anglaise en combattant sous les drapeaux de l'Angleterre et sous les ordres de ses généraux contre ses propres alliés, l'exemple des Américains serait bon à citer : on pourrait même y joindre celui des Hollandais et des Suisses, s'ils s'étaient reposés sur le duc d'Albe et sur les princes d'Autriche et de Bourgogne du soin de venger leurs outrages et d'assurer leur liberté. Que nous importent encore les victoires rapides que vous remportez à la tribune sur le despotisme et sur l'aristocratie de l'univers ? Comme si la nature des choses se pliait si facilement à l'imagination d'un orateur ! Est-ce le peuple ou le génie de la liberté qui dirigera le plan qu'on nous propose ? c'est la cour, ce sont ses officiers, ce sont ses ministres. Vous oubliez toujours que cette donnée change toutes les combinaisons...

Il résulte de ce que j'ai dit plus haut, qu'il pourrait arriver que l'intention de ceux qui demandent et qui conduiraient la guerre ne fût pas de ; la rendre fatale aux ennemis de notre révolution et aux amis du pouvoir absolu des rois : n'importe ! vous vous chargez vous-même de la conquête de l'Allemagne, d'abord ; vous promenez notre armée triomphante chez tous les peuples voisins ; vous établissez partout des municipalités, des directoires, des assemblées nationales, et vous vous écriez vous-mêmes que cette pensée est sublime, comme si le destin des empires se réglait par des figures de rhétorique. Nos généraux, conduits par vous, ne sont plus que les missionnaires de la constitution ; notre camp, qu'une école de droit public ; les satellites des monarques étrangers, loin de mettre aucun obstacle à l'exécution de ce projet, volent au-devant de nous, non pour nous repousser, mais pour nous écouter.

Il est fâcheux que la liberté et le bon sens démentent ces magnifiques prédictions ; il est dans la nature des choses que la marche de la raison soit lentement progressive. Le gouvernement le plus vicieux trouve un puissant appui dans les préjugés, dans les habitudes, dans l'éducation des peuples. Le despotisme même déprave l'esprit des hommes jusqu'à s'en faire adorer, et jusqu'à rendre la liberté suspecte et effrayante au premier abord. La plus extravagante idée qui puisse naître dans la tête d'un politique, est de croire qu'il suffise à un peuple d'entrer à main armée chez un peuple étranger, pour lui faire adopter ses lois et sa constitution. Personne n'aime les missionnaires armés ; et le premier conseil que donnent la nature et la prudence, c'est de les repousser comme des ennemis. J'ai dit qu'une telle invasion pourrait réveiller l'idée de l'embrasement du Palatinat et des dernières guerres plus facilement qu'elle ne ferait germer des idées constitutionnelles, parce que la masse du peuple, dans ces contrées, connaît mieux ces faits que notre constitution. Les récits des hommes éclairés qui les connaissent, démentent tout ce qu'on nous raconte de l'ardeur avec laquelle elles soupirent après notre constitution et nos armées. Avant que les effets de notre révolution se fassent sentir chez les nations étrangères, il faut qu'elle soit consolidée. Vouloir leur donner la liberté avant de l'avoir nous-mêmes conquise, c'est assurer à la fois notre servitude et celle du monde entier ; c'est se former des choses une idée exagérée et absurde de penser que, dès le moment où un peuple se donne une constitution, tous les autres répondent au même instant à ce signal. L'exemple de l'Amérique, que vous avez cité, aurait-il suffit pour briser nos fers ; si le temps et le concours des plus heureuses circonstances n'avaient amené insensiblement cette révolution ? La déclaration des droits n'est point la lumière du soleil qui éclaire au même instant tous les hommes ; ce n'est point la foudre qui frappe en même temps tous les trônes. Il est plus facile de l'écrire sur le papier, ou de la graver sur l'airain, que de rétablir dans le cœur des hommes ses sacrés caractères effacés par l'ignorance, par les passions et par le despotisme. Que dis-je ? n'est-elle pas tous les jours méconnue, foulée aux pieds, ignorée même parmi vous qui l'avez promulguée ? L'égalité des droits est-elle ailleurs que

Maximilien de Robespierre

dans les principes de notre charte constitutionnelle ? Le despotisme, l'aristocratie ressuscitée sous des formes nouvelles ne relève-t-elle pas sa tête hideuse ? n'opprime-t-elle pas encore la faiblesse, la vertu, l'innocence, au nom des lois et de la liberté même ? La constitution, que l'on dit fille de la déclaration des droits, ressemble-t-elle si fort à sa mère ? Que dis-je ? cette vierge, jadis rayonnante d'une beauté céleste, est-elle encore semblable à elle-même ? N'est-elle pas sortie meurtrie et souillée des mains impures de cette coalition qui trouble et tyrannise aujourd'hui la France, et à qui il ne manque, pour consommer ses funestes projets, que l'adoption des mesures perfides que je combats en ce moment ? Comment donc pouvez-vous croire qu'elle opérera, dans le moment même que nos ennemis intérieurs auront marqué pour la guerre, les prodiges qu'elle n'a pu encore opérer parmi nous ?

Je suis loin de prétendre que notre révolution n'influera pas dans la suite sur le sort du globe, plus tôt même que les apparences actuelles ne semblent l'annoncer, à Dieu ne plaise que je renonce à une si douce espérance ! Mais je dis que ce ne sera pas encore aujourd'hui ; je dis que cela n'est pas du moins prouvé, et que, dans le doute, il ne faut pas hasarder notre liberté ; je dis que, dans tous les temps, pour exécuter une telle entreprise avec succès, il faudrait le vouloir, et que le gouvernement qui en serait chargé, que ses principaux agents, ne le veulent pas, et qu'ils l'ont hautement déclaré.

Enfin, voulez-vous un contre-poison sûr à toutes les illusions que l'on vous présente ? réfléchissez seulement sur la marche naturelle des révolutions. Dans des états constitués, comme presque tous les pays de l'Europe, il y a trois puissances : le monarque, les aristocrates et le peuple, ou plutôt le peuple est nul. S'il arrive une révolution dans ces pays, elle ne peut être que graduelle ; elle commence par les nobles, par le clergé, par les riches, et le peuple les soutient lorsque son intérêt s'accorde avec le leur pour résister à la puissance dominante, qui est celle du monarque. C'est ainsi que, parmi vous, ce sont les parlements, les nobles, le clergé, les riches, qui ont donné le branle à la révolution ; ensuite le peuple a paru. Ils s'en sont repentis, ou du moins ils ont voulu arrêter la révolution, lorsqu'ils ont vu que le peuple pouvait recouvrer sa souveraineté ; mais ce sont eux qui l'ont commencée ; et, sans leur résistance et leurs faux calculs, la nation serait encore sous le joug du despotisme. D'après cette vérité historique et morale, vous pouvez juger à quel point vous devez compter sur les nations de l'Europe en général, car, chez elles, loin de donner le signal de l'insurrection, les aristocrates, avertis par notre exemple même, tout aussi ennemis du peuple et de l'égalité que les nôtres, se sont ligués comme eux avec le gouvernement pour retenir le peuple dans l'ignorance et dans les fers, et pour échapper à la déclaration des droits. Ne nous objectez pas les mouvements qui s'annoncent dans quelques parties des états de Léopold, et particulièrement dans le Brabant ; car ces mouvements sont absolument indépendants de notre révolution et de nos principes actuels. La révolution de Brabant avait commencé avant la nôtre ; elle fût arrêtée par les intrigues de la cour de Vienne secondées par les agents de celle de France ; elle est près de reprendre son cours aujourd'hui, mais par l'influence, par le pouvoir, par les richesses des aristocrates, et surtout du clergé qui l'avait commencée, il y a un siècle, entre les Pays-Bas autrichiens et nous, comme, il y a un siècle, entre le peuple des frontières de vos provinces du Nord et celui de la capitale. Votre organisation civile du clergé et l'ensemble de votre constitution, proposés brusquement aux Brabançons, suffiraient pour raffermir la puissance de Léopold ; ce peuple est condamné, par l'empire de la superstition et de l'habitude, à passer par l'aristocratie pour arriver à la liberté.

Comment peut-on, sur des calculs aussi incertains que ceux-là, compromettre les destinées de la France et de tous les peuples ?

Je ne connais rien d'aussi léger que l'opinion de *M. Anacharsis Cloots*. Je réfuterai en passant, et par un seul mot, le discours étincelant de M. Anacharsis Cloots ; je me contenterai de lui citer un trait de ce sage de la Grèce, de ce philosophe voyageur dont il a emprunté le nom. C'est, je crois, cet Anacharsis grec qui se moquait d'un astronome qui, en considérant le ciel avec trop d'attention, était tombé dans une fosse qu'il n'avait point aperçue sur la terre. Eh bien ! l'Anacharsis moderne, en voyant dans le soleil *des taches pareilles à celles de notre constitution*,[1] en voyant descendre du ciel l'ange de la liberté pour se mettre à la tête de nos légions, et exterminer, par leurs bras, tous les tyrans de l'univers, n'a pas vu sous ses pieds un précipice où l'on veut entraîner le peuple français. Puisque *l'orateur du genre humain* pense que la destinée de l'univers est liée à celle de la France, qu'il défende avec plus de réflexion les intérêts de ses cliens, ou qu'il craigne que le genre humain ne lui retire sa procuration.

---

1 Discours prononcé par M. Cloots à la Société de Amas de la Constitution

Maximilien de Robespierre

Laissez donc, laissez toutes ces trompeuses déclamations ; ne nous présentez pas l'image touchante du bonheur, pour nous entraîner dans des maux réels ; donnez-nous moins de descriptions agréables et de plus sages conseils...

Mais j'adopte votre hypothèse favorite, et j'en tire un raisonnement auquel je défie tous les partisans de votre système de répondre d'une manière satisfaisante. Je leur propose ce dilemme : ou bien nous pouvons craindre l'intervention des puissances étrangères, et alors tous vos calculs sont en défaut, ou bien les puissances étrangères ne se mêleront en aucune manière de votre expédition ; dans ce dernier cas, la France n'a donc d'autre ennemi à craindre que cette poignée d'aristocrates émigrés auxquels elle faisait à peine attention il y a quelque temps : or, prétendez-vous que cette puissance doive nous alarmer ? et si elle était redoutable, ne serait-ce pas évidemment par l'appui que lui prêteraient nos ennemis intérieurs, pour lesquels vous n'avez nulle défiance ? Tout vous prouve donc que cette guerre ridicule est une intrigue de la cour et des factions qui nous déchirent ; leur déclarer la guerre sur la foi de la cour, violer le territoire étranger, qu'est-ce autre chose que seconder leurs vues ? Traiter comme une puissance rivale des criminels qu'il suffit de flétrir, de juger, de punir par contumace ; nommer pour les combattre des maréchaux de France extraordinaires contre les lois, affecter d'étaler aux yeux de l'univers Lafayette tout entier, qu'est-ce autre chose que leur donner une illustration, une importance qu'ils désirent, et qui convient aux ennemis du dedans qui les favorisent ? La cour et les factieux ont sans doute des raisons d'adopter ce plan : quelles peuvent êtres les nôtres ? *L'honneur du nom français*, dites-vous. Juste ciel ! la nation française déshonorée par cette tourbe de fugitifs aussi ridicules qu'impuissants, qu'elle peut dépouiller de leurs biens, et marquer, aux yeux de l'univers, du sceau du crime et de la trahison ! Ah ! la honte consiste à être trompé par les artifices grossiers des ennemis de notre liberté. La magnanimité, la sagesse, la liberté, le bonheur, la vertu, voilà notre honneur. Celui que vous voulez ressusciter est l'ami, le soutien du despotisme ; c'est l'honneur des héros de l'aristocratie, de tous les tyrans ; c'est l'honneur du crime, c'est un être bizarre que je croirais né de je ne sais quelle union monstrueuse du vice et de la vertu, mais qui s'est rangé du parti du premier pour égorger sa mère ; il est proscrit de la terre de la liberté, laissez cet honneur, ou reléguez-le au delà du Rhin ; qu'il aille chercher un asile dans le cœur ou dans la tête

SUR LA GUERRE

des princes et des chevaliers de Coblentz.

Est-ce donc avec cette légèreté qu'il faut traiter des plus grands intérêts de l'État ?

Avant de vous égarer dans la politique et dans les États des princes de l'Europe, commencez par ramener vos regards sur votre position intérieure ; remettez l'ordre chez vous avant de porter la liberté ailleurs. Mais vous prétendez que ce soin ne doit pas même vous occuper, comme si les règles ordinaires du bon sens n'étaient pas faites pour les grands politiques. Remettre l'ordre dans les finances, en arrêter la déprédation, armer le peuple et les gardes nationales, faire tout ce que le gouvernement a voulu empêcher jusqu'ici, pour ne redouter ni les attaques de nos ennemis, ni les intrigues ministérielles ; ranimer par des lois bienfaisantes, par un caractère soutenu d'énergie, de dignité, de sagesse, l'esprit public et l'horreur de la tyrannie qui, seule, peut nous rendre invincibles contre tous nos ennemis, tout cela n'est que des idées ridicules ; la guerre, la guerre, dès que la cour la demande ; ce parti dispense de tout autre soin, on est quitte envers le peuple dès qu'on lui donne la guerre ; la guerre contre les justiciables de la cour nationale, ou contre les princes allemands, confiance, idolâtrie pour les ennemis du dedans. Mais que dis-je ? en avons-nous des ennemis du dedans ? Non, vous n'en connaissez pas ; vous ne connaissez que Coblentz. N'avez-vous pas dit que le siège du mal est à Coblentz ? Il n'est donc pas à Paris ? Il n'y a donc aucune relation entre Coblentz et un autre lieu qui n'est pas loin de nous ? Quoi ! vous osez dire que ce qui a fait rétrograder la révolution c'est la peur qu'inspirent à la nation les aristocrates fugitifs qu'elle a toujours méprisés ; et vous attendez de cette nation des prodiges de tous les genres ! Apprenez donc qu'au jugement de tous les Français éclairés, le véritable Coblentz est en France ; que celui de l'évêque de Trèves n'est que l'un des ressorts d'une conspiration profonde tramée contre la liberté, dont le foyer, dont le centre, dont les chefs sont au milieu de nous. Si vous ignorez tout cela, vous êtes étranger à tout ce qui se passe dans ce pays-ci. Si vous le savez, pourquoi le niez-vous ? Pourquoi détourner l'attention publique de nos ennemis les plus redoutables pour la fixer sur d'autres objets, pour nous conduire dans le piège où ils nous attendent ?

D'autres personnes sentant vivement la profondeur de nos maux et connaissant leur véritable cause, se trompent évidemment sur le remède. Dans une espèce de désespoir, ils veulent se précipiter vers

Maximilien de Robespierre

une guerre étrangère, comme s'ils espéraient que le mouvement seul de la guerre nous rendra la vie, ou que de la confusion générale sortiront enfin l'ordre et la liberté. Ils commettent la plus funeste des erreurs, parce qu'ils ne discernent pas les circonstances, et confondent des idées absolument distinctes. Il est dans les révolutions des mouvements contraires et des mouvements favorables à la liberté, comme il est dans les maladies des crises salutaires et des crises mortelles.

Les mouvements favorables sont ceux qui sont dirigés directement contre les tyrans, comme l'insurrection des Américains, ou comme celle du 14 juillet ; mais la guerre au-dehors, provoquée, dirigée par le gouvernement dans les circonstances où nous sommes, est un mouvement à contre-sens, c'est une crise qui peut conduire à la mort du corps politique. Une telle guerre ne peut que donner le change à l'opinion publique, faire diversion aux justes inquiétudes de la nation, et prévenir la crise favorable que les attentats des ennemis de la liberté auraient pu amener. C'est sous ce rapport que j'ai d'abord développé les inconvénients de la guerre. Pendant la guerre étrangère, le peuple, comme je l'ai déjà dit, distrait par les événements militaires des délibérations politiques qui intéressent les bases essentielles de sa liberté, prête une attention moins sérieuse aux sourdes manœuvres des intrigants qui les minent, du pouvoir exécutif qui les ébranle, à la faiblesse ou à la corruption des représentants qui ne les défendent pas. Cette politique fut connue de tout temps ; et quoi qu'en ait dit M. Brissot, il est applicable et frappant l'exemple des aristocrates de Rome que j'ai cité. Quand le peuple réclamait ses droits contre les usurpations du sénat et des patriciens, le sénat déclarait la guerre ; et le peuple, oubliant ses droits et ses outrages, ne s'occupait que de la guerre, laissait au sénat son empire, et préparait de nouveaux triomphes aux patriciens. La guerre est bonne pour les officiers militaires, pour les ambitieux, pour les agioteurs qui spéculent sur ces sortes d'événements ; elle est bonne pour les ministres, dont elle couvre les opérations d'un voile plus épais et presque sacré ; elle est bonne pour la cour ; elle est bonne pour le pouvoir exécutif, dont elle augmente l'autorité, la popularité, l'ascendant ; elle est bonne pour la coalition des nobles, des intrigants, des modérés qui gouvernent la France. Cette faction peut placer ses héros et ses membres à la tête de l'armée ; la cour peut confier les forces de l'État aux hommes qui peuvent la servir dans l'occasion avec d'autant plus de succès qu'on leur aura travaillé une espèce de réputation de patriotisme ; ils gagneront les cœurs et la confiance des soldats pour les attacher plus fortement à la cause du royalisme et du modérantisme : voilà la seule espèce de séduction que je craigne pour les soldats ; ce n'est pas sur une désertion ouverte et volontaire de la cause publique qu'il faut me rassurer. Tel homme qui aurait horreur de trahir la patrie, peut être conduit par des chefs adroits à porter le fer dans le sein des meilleurs citoyens ; le mot perfide de républicain et de factieux, inventé par la secte des ennemis hypocrites de la constitution, peut amener l'ignorance trompée contre la cause du peuple. Or, la destruction du parti patriotique est le grand objet de tous leurs complots ; dès qu'une fois ils l'ont anéanti, que reste-t-il si ce n'est la servitude ? Ce n'est pas une contre-révolution que je crains, ce sont les progrès des faux principes de l'idolâtrie, et la perte de l'esprit public. Or, croyez-vous que ce soit un médiocre avantage pour la cour et pour le parti dont je parle de cantonner les soldats, de les camper, de les diviser en corps d'armée, de les isoler des citoyens pour substituer insensiblement, sous les noms imposants de discipline militaire et d'honneur, l'esprit d'obéissance aveugle et absolue, l'ancien esprit militaire enfin, à l'amour de la liberté, aux sentiments populaires qui étaient entretenus par leur communication avec le peuple ! Quoique l'esprit de l'armée soit encore bon en général, devez-vous vous dissimuler que l'intrigue et la suggestion ont obtenu des succès dans plusieurs corps, et qu'il n'est plus entièrement ce qu'il était dans les premiers jours de la révolution ? Ne craignez vous pas le système constamment suivi, depuis si longtemps, de ramener l'armée au pur amour des rois, et de la purger de l'esprit patriotique qu'on a toujours paru regarder comme une peste qui la désolait ? Voyez-vous sans quelque inquiétude le voyage du ministre et la nomination de tel général fameux par les désastres des régiments les plus patriotes ? Comptez-vous pour rien le droit de vie et de mort arbitraire dont la loi va investir nos patriciens militaires dès le moment où la nation sera constituée en guerre ? Comptez-vous pour rien l'autorité de la police qu'elle remet aux chefs militaires dans toutes nos villes frontières ? A-t-on répondu à tous ces faits par la dissertation sur la dictature des Romains, et par le parallèle de César avec nos généraux ? On a dit que la guerre imposerait aux aristocrates du dedans et tarirait la source de leurs manœuvres ; point du tout : ils devinent trop bien les intentions de leurs amis secrets pour en redouter l'issue ; ils n'en seront que plus actifs à poursuivre la guerre sourde qu'ils peuvent nous faire impunément

Maximilien de Robespierre

en semant la division, le fanatisme, et en dépravant l'opinion. C'est surtout alors que, revêtu des livrées du patriotisme, le parti modéré, dont les chefs sont les artisans de cette trame, déploiera toute sa sinistre influence ; c'est alors qu'au nom du salut public il imposera silence à quiconque oserait élever quelques soupçons sur la conduite ou sur les intentions des agens du pouvoir exécutif, sur lequel il reposera, et des généraux qui seront devenus, comme lui, l'espoir et l'idole de la nation. Si l'un de ces généraux est destiné à remporter quelque succès apparent qui, je crois, ne sera pas fort meurtrier pour les émigrants, ni fatal à leurs protecteurs, quel ascendant ne donnera-t-il pas à son parti ? quels services ne pourra-t-il pas rendre à la cour ? C'est alors qu'on fera une guerre plus sérieuse aux véritables amis de la liberté, et que le système perfide de l'égoïsme et de l'intrigue triomphera. L'esprit public une fois corrompu, alors jusqu'où le pouvoir exécutif et les factieux qui le serviront ne pourront-ils pas pousser leurs usurpations ? Il n'aura pas besoin de compromettre le succès de ses projets par une précipitation imprudente ; il ne se pressera pas peut-être de proposer le plan de transaction dont on a déjà parlé : soit qu'il s'en tienne à celui-là, soit qu'il en adopte un autre, que ne peut-il pas attendre du temps, de la langueur, de l'ignorance, des divisions intestines, des manœuvres de la nombreuse cohorte de ses affidés dans le corps législatif, de tous les ressorts enfin qu'il prépare depuis si longtemps ?

Nos généraux, dites-vous, ne nous trahiront pas ; et si nous étions trahis, tant mieux ! Je ne vous dirai pas que je trouve singulier ce goût pour la trahison, car je suis en cela parfaitement de votre avis. Oui, nos ennemis sont trop habiles pour nous trahir ouvertement, comme vous l'entendez ; l'espèce de trahison que nous avons à redouter, je viens de vous la développer : celle-là n'avertit point la vigilance publique ; elle prolonge le sommeil du peuple jusqu'au moment où on l'enchaîne ; celle-là ne laisse aucune ressource ; celle-là...... Tous ceux qui endorment le peuple en favorisent le succès, et, remarquez bien que pour y parvenir, il n'est pas même nécessaire de faire sérieusement la guerre ; il suffit de nous constituer sur le pied de guerre ; il suffit de nous entretenir de l'idée d'une guerre étrangère : n'en recueillit-on d'autre avantage que les millions qu'on se fait compter d'avance, on n'aurait pas tout à fait perdu sa peine. Ces vingt millions, surtout dans le moment où nous sommes, ont au moins autant de valeur que les adresses patriotiques où l'on prêche au peuple la confiance et la guerre.

SUR LA GUERRE

Je décourage la nation, dites-vous ; non, je l'éclaire ; éclairer des hommes libres, c'est réveiller leur courage, c'est empêcher que leur courage même ne devienne recueil de leur liberté : et n'eussé-je fait autre chose que de dévoiler tant de pièces, que de réfuter tant de fausses idées et de mauvais principes ; que d'arrêter les élans d'un enthousiasme dangereux, j'aurais avancé l'esprit public et servi la patrie.

Vous avez dit encore que j'avais outragé les Français en doutant de leur courage et de leur amour pour la liberté. Non, ce n'est point le courage des Français dont je me délie, c'est la perfidie de leurs ennemis que je crains ; que la tyrannie les attaque ouvertement, ils seront invincibles ; mais le courage est inutile contre l'intrigue.

Vous avez été étonnés, avez-vous dit, d'entendre un défenseur du peuple, calomnier et avilir le peuple. Certes, je ne m'attendais pas à un pareil reproche. D'abord, apprenez que je ne suis point le défenseur du peuple ; jamais je n'ai prétendu à ce titre fastueux ; je suis du peuple, je n'ai jamais été que cela, je ne veux être que cela ; je méprise quiconque a la prétention d'être quelque chose de plus. S'il faut dire plus, j'avouerai que je n'ai jamais compris pourquoi on donnait des noms pompeux à la fidélité constante de ceux qui n'ont point trahi sa cause ; serait-ce un moyen de ménager une excuse à ceux qui l'abandonnent en présentant la conduite contraire comme un effort d'héroïsme et de vertu ? Non, ce n'est rien de tout cela ; ce n'est que le résultat naturel du caractère de tout homme qui n'est point dégradé. L'amour de la justice, de l'humanité, de la liberté, est une passion comme une autre ; quand elle est dominante, on lui sacrifie tout ; quand on a ouvert son âme à des passions d'une autre espèce, comme à la soif de l'or et des honneurs, on leur immole tout, et la gloire et la justice, et l'humanité, et le peuple, et la patrie. Voilà le secret du cœur humain ; voilà toute la différence qui existe entre le crime et la probité, entre les tyrans et les bienfaiteurs de leur pays.

Que dois-je donc répondre au reproche d'avoir avili et calomnié le peuple ! Non, on n'avilit point ce qu'on aime, on ne se calomnie pas soi-même.

J'ai, avili le peuple ! Il est vrai que je ne sais point le flatter pour le perdre ; que j'ignore l'art de le conduire au précipice par des routes semées de fleurs : mais en revanche c'est moi qui sus déplaire à tous ceux qui ne sont pas peuple, en défendant, presque seul, les droits des citoyens les plus pauvres et les plus malheureux, contre la majorité des législateurs ; c'est moi qui opposai constamment la déclaration des droits à toutes

Maximilien de Robespierre

ces distinctions calculées sur la quotité des impositions, qui laissaient une distance entre des citoyens et des citoyens ; c'est moi qui défendis non-seulement les droits du peuple, mais son caractère et ses vertus ; qui soutins contre l'orgueil et les préjugés que les vices ennemis de l'humanité et de l'ordre social allaient toujours en décroissant, avec les besoins factices et l'égoïsme, depuis le trône jusqu'à la chaumière ; c'est moi qui consentis à paraître exagéré, opiniâtre, orgueilleux même pour être juste.

Le vrai moyen de témoigner son respect pour le peuple n'est point de l'endormir en lui vantant sa force et sa liberté, c'est de le défendre, c'est de le prémunir contre ses propres défauts ; car le peuple même en a. *Le peuple est là*, est dans ce sens un mot très-dangereux. Personne ne nous a donné une plus juste idée du peuple que Rousseau, parce que personne ne l'a plus aimé. « Le peuple veut toujours le bien, mais il ne le voit pas toujours. » Pour compléter la théorie des principes des gouvernements, il suffirait d'ajouter : Les mandataires du peuple voient souvent le bien ; mais ils ne le veulent pas toujours. Le peuple veut le bien, parce que le bien public est son intérêt, parce que les bonnes lois sont sa sauvegarde : ses mandataires ne le veulent pas toujours, parce qu'ils se forment un intérêt séparé du sien, et qu'ils veulent tourner l'autorité qu'il leur confie au profit de leur orgueil. Lisez ce que Rousseau a écrit du gouvernement représentatif, et vous jugerez si le peuple peut dormir impunément. Le peuple cependant sent plus vivement et voit mieux tout ce qui tient aux premiers principes de la justice et de l'humanité que la plupart de ceux qui se séparent de lui ; et son bon sens à cet égard est souvent supérieur à l'esprit des habiles gens ; mais il n'a pas la même aptitude à démêler les détours de la politique artificieuse qu'ils emploient pour le tromper et pour l'asservir, et sa bonté naturelle le dispose à être la dupe des charlatans politiques. Ceux-ci le savent bien, et ils en profitent.

Lorsqu'il s'éveille et déploie sa force et sa majesté, ce qui arrive une fois dans des siècles, tout plie devant lui ; le despotisme se prosterne contre terre et contrefait le mort, comme un animal lâche et féroce à l'aspect du lion ; mais bientôt il se relève ; il se rapproche du peuple d'un air caressant ; il substitue la ruse à la force ; on le croit converti ; on a entendu sortir de sa bouche le mot de liberté : le peuple s'abandonne à la joie, à l'enthousiasme ; on accumule entre ses mains des trésors immenses ; on lui livre la fortune publique ; on lui donne une puissance colossale ; il peut offrir des appâts irrésistibles à l'ambition et à la cupidité de ses partisans, quand le peuple ne peut payer ses serviteurs que de son estime. Bientôt quiconque a des talents avec des vices lui appartient ; il suit constamment un plan d'intrigue et de séduction : il s'attache surtout à corrompre l'opinion publique ; il réveille les anciens préjugés, les anciennes habitudes qui ne sont point encore effacées ; il entretient la dépravation des mœurs qui ne sont point encore régénérées ; il étouffe le germe des vertus nouvelles ; la horde innombrable de ses esclaves ambitieux répand partout de fausses maximes ; on ne prêche plus aux citoyens que le repos et la confiance ; le mot de liberté passe presque pour un cri de sédition ; on persécute, on calomnie ses plus zélés défenseurs ; on cherche à égarer, à séduire, ou à maîtriser les délégués du peuple ; des hommes usurpent la confiance pour vendre ses droits, et jouissent en paix du fruit de leurs forfaits. Ils auront des imitateurs qui, en les combattant, n'aspireront qu'à les remplacer. Les intrigants et les partis se pressent comme les flots de la mer. Le peuple ne reconnaît les traîtres que lorsqu'ils lui ont déjà fait assez de mal pour le braver impunément. À chaque atteinte portée à sa liberté, on l'éblouit par des prétextes spéciaux, on le séduit par des actes de patriotisme illusoire, on trompe son zèle et on égare son opinion par le jeu de tous les ressorts de l'intrigue et du gouvernement ; on le rassure en lui rappelant sa force et sa puissance. Le moment arrive où la division règne partout, où tous les pièges des tyrans sont tendus, où la ligue de tous les ennemis de l'égalité est entièrement formée, où les dépositaires de l'autorité publique en sont les chefs, où la portion des citoyens qui a le plus d'influence par ses lumières et par sa fortune est prête à se ranger de leur parti.

Voilà la nation placée entre la servitude et la guerre civile. On avait montré au peuple l'insurrection comme un remède ; mais ce remède extrême est-il même possible ? Il est impossible que toutes les parties d'un empire, ainsi divisé, se soulèvent à la fois ; et toute insurrection partielle est regardée comme un acte de révolte ; la loi la punit, et la loi serait entre les mains des conspirateurs. Si le peuple est souverain, il ne peut exercer sa souveraineté ; il ne peut se réunir tout entier, et la loi déclare qu'aucune section du peuple ne peut pas même délibérer. Que dis-je ? Alors l'opinion, la pensée ne serait pas même libre. Les écrivains seraient vendus au gouvernement ; les défenseurs de la liberté qui oseraient encore élever la voix, ne seraient regardés que comme des séditieux ; car la sédition est tout signe d'existence qui déplaît au plus

Maximilien de Robespierre

fort ; ils boiraient la ciguë comme Socrate, ou ils expireraient sous le glaive de la tyrannie comme Sidney, ou ils se déchireraient les entrailles comme Caton. Ce tableau effrayant peut-il s'appliquer exactement à notre situation ? Non, nous ne sommes pas encore arrivés à ce dernier terme de l'opprobre et du malheur, où conduisent la crédulité des peuples et la perfidie des tyrans. On veut nous y mener ; nous avons déjà fait peut-être d'assez grands pas vers ce but ; mais nous en sommes encore à une grande distance ; la liberté triomphera, je l'espère, je n'en doute pas même ; mais à cette condition que nous adopterons tôt ou tard, et le plus tôt possible, les principes et le caractère des hommes libres, que nous fermerons l'oreille à la voix des Syrènes qui nous attirent vers les écueils du despotisme ; que nous ne continuerons pas de courir, comme un troupeau stupide, dans la route par laquelle on cherche à nous conduire à l'esclavage ou à la mort.

J'ai dévoilé une partie des projets de nos ennemis ; car je ne doute pas qu'ils ne recèlent encore des profondeurs que nous ne pouvons sonder ; j'ai indiqué nos véritables dangers et la véritable cause de nos maux : c'est dans la nature de cette cause qu'il faut puiser le remède, c'est elle qui doit déterminer la conduite des représentants du peuple.

Il resterait bien des choses à dire sur cette matière, qui renferme tout ce qui peut intéresser la cause de la liberté ; mais j'ai déjà occupé trop longtemps les moments de la société : si elle me l'ordonne, je remplirai cette tâche dans une autre séance.

La Société des amis de la Constitution ordonna l'impression de ce discours, et invita Robespierre à lui communiquer le reste de ses vues.

Dans un second discours Robespierre s'attacha surtout à développer les motifs empruntés aux circonstances qui lui font repousser la guerre ; il blâma très-vivement la conduite de l'Assemblée, ses complaisances pour les ministres et pour la cour, son peu de souci des véritables intérêts populaires. « Il faut donc que l'Assemblée législative reprenne un caractère d'autant plus imposant qu'elle a jusqu'ici laissé plus d'avantage aux ministres et à leurs valets ; qu'elle comprenne que ces ennemis, comme ceux du peuple, sont les ennemis de l'égalité ; que le seul ami, le seul soutien de la liberté, c'est le peuple ; — qu'elle se hâte de prendre les mesures que sollicite l'intérêt des citoyens les plus malheureux, et que repoussent l'orgueil et la cupidité de ceux que l'on appelait les grands. » Voici la péroraison de ce discours, que les limites restreintes de cette publication nous empêchent de reproduire tout

SUR LA GUERRE

entier :

On sait assez, sans que je le dise, par quels moyens les représentants du peuple peuvent le servir, l'honorer, l'élever à la hauteur de la liberté, et forcer l'orgueil et tous les vices à baisser devant lui un front respectueux. Chacun sent que si l'Assemblée nationale déploie ce caractère, nous n'aurons plus d'ennemis. Ce serait donc en vain que mes adversaires voudraient rejeter ces moyens-là, sous le prétexte qu'ils seraient trop simples, trop généreux : on ne se dispense pas de remplir un devoir sacré en cherchant à donner à la place un supplément illusoire et pernicieux. Lorsqu'un malade capricieux refuse un remède salutaire, et puis un autre, et puis un autre, et qu'il dit : « Je veux guérir avec du poison, » s'il meurt, ce n'est point au remède qu'il faut s'en prendre, c'est au malade. Que, réveillé, encouragé par l'énergie de ses représentants, le peuple reprenne cette attitude qui fit un moment trembler tous ses oppresseurs ; domptons nos ennemis du dedans ; guerre aux conspirateurs et au despotisme, et ensuite marchons à Léopold ; marchons à tous les tyrans de la terre : c'est à cette condition qu'un nouvel orateur, qui, à la dernière séance, a soutenu mes principes, en prétendant qu'il les combattait, a demandé la guerre ; c'est à cette condition, et non au cri de guerre et aux lieux communs sur la guerre, dès longtemps appréciés par cette Assemblée, qu'il a dû les applaudissements dont il a été honoré.

C'est à cette condition que moi-même je demande à grands cris la guerre. Que dis-je ? je vais bien plus loin que mes adversaires eux-mêmes ; car si cette condition n'est pas remplie, je demande encore la guerre ; je la demande, non comme un acte de sagesse, non comme une résolution raisonnable, mais comme la ressource du désespoir ; je la demande à une autre condition, qui, sans doute, est convenue entre nous ; car je ne pense pas que les avocats de la guerre aient voulu nous tromper ; je la demande telle qu'ils nous la dépeignent ; je la demande telle que le génie de la liberté la déclarerait, telle que le peuple français la ferait lui-même, et non telle que de vils intrigants pourraient la désirer, et telle que des ministres et des généraux, même patriotes, pourraient nous la faire.

Français ! hommes du 14 juillet, qui sûtes conquérir la liberté sans guide et sans maître, venez, formons cette armée qui doit affranchir l'univers. Où est-il le général, qui, imperturbable défenseur des droits du peuple, éternel ennemi des tyrans, ne respira jamais l'air

Maximilien de Robespierre

empoisonné des cours, dont la vertu austère est attestée par la haine et par la disgrâce de la cour ; ce général, dont les mains pures du sang innocent et des dons honteux du despotisme, sont dignes de porter devant nous l'étendard sacré de la liberté ? Où est-il ce nouveau Caton, ce troisième Brutus, ce héros encore inconnu ? Qu'il se reconnaisse à ces traits ; qu'il vienne ; mettons-le à notre tête… Où est-il ? Où sont-ils ces héros, qui, au 14 juillet, trompant l'espoir des tyrans, déposèrent leurs armes aux pieds de la patrie alarmée ? Soldats de Château-Vieux, approchez, venez guider nos efforts victorieux… Où êtes-vous ? Hélas ! on arracherait plutôt sa proie à la mort, qu'au désespoir ses victimes ! Citoyens, qui, les premiers, signalâtes votre courage levant les murs de la Bastille, venez, la patrie, la liberté vous appellent aux premiers rangs ! Hélas ! on ne vous trouve nulle part ; la misère, la persécution, la haine de nos despotes nouveaux vous ont dispersés. Venez, du moins, soldats de tous ces corps immortels qui ont déployé le plus ardent amour pour la cause du peuple. Quoi ! le despotisme que vous aviez vaincu vous a punis de votre civisme et de votre victoire ; quoi ! frappés de cent mille ordres arbitraires et impies, cent mille soldats, l'espoir de la liberté, sans vengeance, sans état et sans pain, expient le tort d'avoir trahi le crime pour servir la vertu ! Vous ne combattrez pas non plus avec nous, citoyens, victimes d'une loi sanguinaire, qui parut trop douce encore à tous ces tyrans qui se dispensèrent de l'observer pour vous égorger plus promptement. Ah ! qu'avaient fait ces femmes, ces enfants massacrés ? Les criminels tout-puissants ont-ils peur aussi des femmes et des enfants ? Citoyens du Comtat, de cette cité malheureuse, qui crut qu'on pouvait impunément réclamer le droit d'être Français et libres ; vous qui pérîtes sous les coups des assassins encouragés par nos tyrans ; vous qui languissez dans les fers où ils vous ont plongés, vous ne viendrez point avec nous : vous ne viendrez pas non plus, citoyens infortunés et vertueux, qui, dans tant de provinces, avez succombé sous le coup du fanatisme, de l'aristocratie et de la perfidie ! Ah ! Dieu ! que de victimes, et toujours dans le peuple, toujours parmi les plus généreux patriotes, quand les conspirateurs puissants respirent et triomphent ! Venez au moins, gardes nationales, qui vous êtes spécialement dévouées à la défense de nos frontières. Dans cette guerre, dont une cour perfide nous menace, venez. Quoi ! vous n'êtes point encore armées ? Quoi ! depuis deux ans vous demandez des armes, et vous n'en avez pas ? Que dis-je ? on vous a refusé des habits, on vous condamne à errer

SUR LA GUERRE

sans but de contrées en contrées, objet des mépris du ministère et de la risée des patriciens insolents qui vous passent en revue, pour jouir de votre détresse. N'importe ! venez ; nous confondrons nos fortunes pour vous acheter des armes ; nous combattrons tout nuds, comme les Américains… Venez. Mais attendrons-nous pour renverser les trônes des despotes de l'Europe, attendrons-nous les ordres du bureau de la guerre ? Consulterons-nous, pour cette noble entreprise, le génie de la liberté ou l'esprit de la cour ? Serons-nous guidés par ces mêmes patriciens, ses éternels favoris, dans la guerre déclarée au milieu de nous, entre la noblesse et le peuple ? Non. Marchons nous-mêmes à Léopold ; ne prenons conseil que de nous-mêmes. Mais quoi ! voilà tous les orateurs de la guerre qui m'arrêtent ; voilà M. Brissot qui me dit qu'il faut que M. *le comte de Narbonne* conduise toute cette affaire ; qu'il faut marcher sous les ordres de M. *le marquis de Lafayette* ;… que c'est au pouvoir exécutif qu'il appartient de mener la nation à la victoire et à la liberté. Ah ! Français ! ce seul mot a rompu tout le charme ; il anéantit tous mes projets. Adieu la liberté des peuples. Si tous les sceptres des princes d'Allemagne sont brisés, ce ne sera point par de telles mains. L'Espagne sera quelque temps encore l'esclave de la superstition, du royalisme et des préjugés ; le stathouder et sa femme ne sont point encore détrônés ; Léopold continuera d'être le tyran de l'Autriche, du Milanais, de la Toscane, et nous ne verrons point de sitôt Caton et Cicéron remplacer au conclave le pape et les cardinaux. Je le dis avec franchise, si la guerre, telle que je l'ai présentée, est impraticable, si c'est la guerre de la cour, des ministres, des patriciens, des intrigants, qu'il nous faut accepter, loin de croire à la liberté universelle, je ne crois pas même à la vôtre ; et tout ce que nous pouvons faire de plus sage, c'est de la défendre contre la perfidie des ennemis intérieurs, qui vous bercent de ces douces illusions. Je me résume donc froidement et tristement. J'ai prouvé que la guerre n'était entre les mains du pouvoir exécutif qu'un moyen de renverser la Constitution, que le dénouement d'une trame profonde, ourdie pour perdre la liberté. Favoriser ce projet de guerre, sous quelque prétexte que ce soit, c'est donc mal servir la cause de la liberté. Tout le patriotisme du monde, tous les lieux communs de politique et de morale, ne changent point la nature des choses, ni le résultat nécessaire de la démarche qu'on propose. Prêcher la confiance dans les intentions du pouvoir exécutif, justifier ses agents, appeler la faveur publique sur ses généraux, représenter la défiance *comme un état*

Maximilien de Robespierre

affreux, ou comme un moyen *de troubler le concert des deux pouvoirs et l'ordre public,* c'était donc ôter à la liberté sa dernière ressource, la vigilance et l'énergie de la nation. J'ai dû combattre ce système ; je l'ai fait ; je n'ai voulu nuire à personne ; j'ai voulu servir ma patrie en réfutant une opinion dangereuse ; je l'aurais combattu de même, si elle eût été proposée par l'être qui m'est le plus cher.

Dans l'horrible situation où nous ont conduits le despotisme, la faiblesse, la légèreté et l'intrigue, je ne prends conseil que de mon cœur et de ma conscience ; je ne veux avoir d'égard que pour la vérité, de condescendance que pour l'infortune, de respect que pour le peuple. Je sais que des patriotes ont blâmé la franchise avec laquelle j'ai présenté le tableau décourageant, à ce qu'ils prétendent, de notre situation. Je ne me dissimule pas la nature de ma faute. La vérité n'a-t-elle pas déjà trop de tort d'être la vérité ? comment lui pardonner, lorsqu'elle vient, sous des formes austères, en nous enlevant d'agréables erreurs, nous reprocher tacitement l'incrédulité fatale avec laquelle on l'a trop longtemps repoussée ? Est-ce pour s'inquiéter et pour s'affliger qu'on embrasse la cause du patriotisme et de la liberté ? pourvu que le sommeil soit doux et non interrompu ; qu'importe qu'on se réveille au bruit deschaînes de sa patrie, ou dans le calme plus affreux de la servitude ? Ne troublons donc pas le quiétisme politique de ces heureux patriotes ; mais qu'ils apprennent que, sans perdre la tête, nous pouvons mesurer toute la profondeur de l'abîme. Arborons la devise du palatin de Posnanie ; elle est sacrée, elle nous convient. *Je préfère les orages de la liberté au repos de l'esclavage.* Prouvons aux tyrans de la terre que la grandeur des dangers ne fait que redoubler notre énergie, et qu'à quelque degré que montent leur audace et leurs forfaits, le courage des hommes libres s'élève encore plus haut. Qu'il se forme contre la vérité des ligues nouvelles, elles disparaîtront : la vérité aura seulement une plus grande multitude d'insectes à écraser sous sa massue. Si le moment de la liberté n'était pas encore arrivé, nous aurions le courage patient de l'attendre ; si cette génération n'était destinée qu'à s'agiter dans la fange des vices où le despotisme l'a plongée ; si le théâtre de notre Révolution ne devait montrer aux yeux de l'univers que les préjugés aux prises avec les préjugés, les passions avec les passions, l'orgueil avec l'orgueil, l'égoïsme avec l'égoïsme, la perfidie avec la perfidie, la génération naissante, plus pure, plus fidèle aux lois sacrés de la nature, commencera à purifier cette terre souillée par le crime ; elle apportera non la paix du despotisme, ni les honteuses agitations de l'intrigue, mais le feu sacré de la liberté, et le glaive exterminateur des tyrans ; c'est elle qui relèvera le trône du peuple, dressera des autels à la vertu, brisera le piédestal du charlatanisme, et renversera tous les monuments du vice et de la servitude. Doux et tendre espoir de l'humanité, postérité naissante, tu ne nous es point étrangère ; c'est pour toi que nous affrontons tous les coups de la tyrannie ; c'est ton bonheur qui est le prix de nos pénibles combats : découragés souvent par les objets qui nous environnent, nous sentons le besoin de nous élancer dans ton sein ; c'est à toi que nous confions le soin d'achever notre ouvrage, et la destinée de toutes les générations d'hommes qui doivent sortir du néant ! que le mensonge et le vice s'écartent à ton aspect ; que les premières leçons de l'amour maternel te préparent aux vertus des hommes libres ; qu'au lieu des chants empoisonnés de la volupté, retentissent à tes oreilles les cris touchants et terribles des victimes du despotisme ; que les noms des martyrs de la liberté occupent dans ta mémoire la place qu'avaient usurpée dans la nôtre ceux des héros de l'imposture et de l'aristocratie ; que tes premiers spectacles soient le champ de la fédération inondé du sang des plus vertueux citoyens ; que ton imagination ardente et sensible erre au milieu des cadavres des soldats de Château-Vieux, sur ces galères horribles où le despotisme s'obstine à retenir les malheureux que réclament le peuple et la liberté ; que ta première passion soit le mépris des traîtres et la haine des tyrans ; que ta devise soit : Protection, amour, bienveillance pour les malheureux, guerre éternelle aux oppresseurs ! Postérité naissante, hâte-toi de croître et d'amener les jours de l'égalité, de la justice, et du bonheur !

Maximilien de Robespierre

SUR LE PARTI À PRENDRE À L'ÉGARD DE LOUIS XVI

CONVENTION. — *Séance du 3 décembre* 1792.

L'Assemblée a été entraînée, à son insu, loin de la véritable question. Il n'y a point ici de procès à faire. Louis n'est point un accusé ; vous n'êtes point des juges ; vous n'êtes, vous ne pouvez être que des hommes d'État et les représentants de la nation. Vous n'avez point une sentence à rendre pour ou contre un homme : mais une mesure de salut public à prendre, un acte de providence nationale à exercer. Un roi détrôné, dans la république, n'est bon qu'à deux usages, ou à troubler la tranquillité de l'État, et à ébranler la liberté ; ou à affermir l'une et l'autre. Or, je soutiens que le caractère qu'a pris jusqu'ici votre délibération va directement contre ce but.

En effet, quel est le parti que la saine politique prescrit pour cimenter la république naissante ? c'est de graver profondément dans les cœurs le mépris de la royauté, et de frapper de stupeur tous les partisans du roi. Donc, présenter à l'univers son crime comme un problème ; sa cause comme l'objet de la discussion la plus imposante, la plus religieuse, la plus difficile qui puisse occuper les représentants du peuple français, mettre une distance incommensurable entre le seul souvenir de ce qu'il fut, et la dignité d'un citoyen ; c'est précisément avoir trouvé le secret de le rendre encore dangereux à la liberté.

Louis fut roi, et la république est fondée ; la question fameuse qui vous occupe est décidée par ces seuls mots. Louis a été détrôné par ses crimes ; Louis dénonçait le peuple français comme rebelle ; il a appelé, pour le châtier, les armes des tyrans, ses confrères ; la victoire et le peuple ont décidé que lui seul était rebelle : Louis ne peut donc être jugé ; il est déjà jugé. Il est condamné, ou la république n'est point absoute. Proposer de faire le procès à Louis XVI, de quelque manière que ce puisse être, c'est rétrograder vers le despotisme royal et constitutionnel ; c'est une idée contre-révolutionnaire ; car c'est mettre la révolution elle-même en litige. En effet, si Louis peut être encore l'objet d'un procès, Louis peut être absous ; il peut être innocent. Que dis-je ? Il est présumé l'être jusqu'à ce qu'il soit jugé. Mais si Louis est absous, si Louis peut être présumé innocent, que devient la révolution ? Si Louis est innocent, tous les défenseurs de la liberté deviennent des calomniateurs. Tous les rebelles étaient les amis de la vérité et les défenseurs de l'innocence opprimée ; tous les manifestes des cours étrangères ne sont que des réclamations légitimes contre une faction dominatrice. La détention même que Louis a subie jusqu'à ce moment est une vexation injuste ; les fédérés, le peuple de Paris, tous les patriotes de l'empire français sont coupables ; et ce grand procès pendant au tribunal de la nature entre le crime et la vertu, entre la liberté et la tyrannie, est enfin décidé en faveur du crime et de la tyrannie. Citoyens, prenez-y garde ; vous êtes ici trompés par de fausses notions ; vous confondez les règles du droit civil et positif avec les principes du droit des gens ; vous confondez les relations des citoyens entre eux avec les rapports des nations à un ennemi qui conspire contre elle ; vous confondez encore la situation d'un peuple en révolution avec celle d'un peuple dont le gouvernement est affermi ; vous confondez une nation qui punit un fonctionnaire public, en conservant la forme du gouvernement, et celle qui détruit le gouvernement lui-même. Nous rapportons à des idées qui nous sont familières un cas extraordinaire qui dépend des principes que nous n'avons jamais appliqués. Ainsi, parce que nous sommes accoutumés à voir les délits dont nous sommes les témoins, jugés selon des règles uniformes, nous sommes naturellement portés à croire que, dans aucune circonstance, les nations ne peuvent avec équité, sévir autrement contre un homme qui a violé leurs droits, et où nous ne voyons point un juré, un tribunal, une procédure, nous ne trouvons point la justice. Ces termes mêmes que nous appliquons à des idées différentes de celles qu'ils expriment dans l'usage, achèvent de nous tromper. Tel est l'empire naturel de l'habitude, que nous regardons les plus arbitraires, quelquefois même les institutions les plus défectueuses, comme la règle la plus absolue du vrai ou du faux, du juste ou de l'injuste. Nous ne songeons pas même que la plupart tiennent encore nécessairement aux préjugés dont le despotisme nous a nourris ; nous avons été si longtemps courbés sous son joug, que nous nous relevons difficilement jusqu'aux principes éternels de la raison ; que tout ce qui remonte à la source sacrée de toutes les lois semble prendre à nos yeux un caractère illégal, et que l'ordre même de la nature nous parait un désordre. Les mouvements majestueux d'un grand peuple, les sublimes élans de la vertu se présentent souvent à nos yeux timides comme les éruptions d'un volcan ou le renversement de la société politique ; et certes ce n'est pas la moindre cause des troubles qui nous agitent, que cette

Maximilien de Robespierre

contradiction éternelle entre la faiblesse de nos mœurs, la dépravation de nos esprits, et la pureté des principes, l'énergie des caractères que suppose le gouvernement libre auquel nous osons prétendre.

Lorsqu'une nation a été forcée de recourir au droit de l'insurrection, elle rentre dans l'état de la nature à l'égard du tyran. Comment celui-ci pourrait-il invoquer le pacte social ? Il l'a anéanti. La nation peut le conserver encore, si elle le juge à propos, pour ce qui concerne les rapports des citoyens entre eux : mais l'effet de la tyrannie et de l'insurrection, c'est de le rompre entièrement par rapport au tyran ; c'est de les constituer réciproquement en état de guerre ; les tribunaux, les procédures judiciaires sont faites pour les membres de la cité. C'est une contradiction grossière de supposer que la constitution puisse présider à ce nouvel état de choses ; ce serait supposer qu'elle survit elle-même. Quelles sont les lois qui la remplacent ? Celles de la nature, celle qui est la base de la société même ; le salut du peuple. Le droit de punir le tyran et celui de le détrôner, c'est la même chose. L'un ne comporte pas d'autres formes que l'autre ; le procès du tyran, c'est l'insurrection ; son jugement c'est la chute de sa puissance ; sa peine celle qu'exige la liberté du peuple.

Les peuples ne jugent pas comme les cours judiciaires ; ils ne rendent point de sentence, ils lancent la foudre ; ils ne condamnent pas les rois, ils les replongent dans le néant ; et cette justice vaut bien celle des tribunaux. Si c'est pour leur salut qu'ils s'arment contre leurs oppresseurs, comment seraient-ils tenus d'adopter un mode de les punir, qui serait pour eux un nouveau danger ?

Nous nous sommes laissés induire en erreur par des exemples étrangers qui n'ont rien de commun avec nous. Que Cromwel ait fait juger Charles Ier par un tribunal dont il disposait ; qu'Élisabeth ait fait condamner Marie d'Écosse de la même manière, il est naturel que des tyrans qui immolent leurs pareils, non au peuple, mais à leur ambition, cherchent à tromper l'opinion du vulgaire par des formes illusoires. Il n'est question là ni de principes, ni de liberté, mais de fourberie et d'intrigues : mais le peuple ! qu'elle autre loi peut-il suivre, que la justice et la raison appuyées de sa toute-puissance ?

Dans quelle république la nécessité de punir le tyran fut-elle litigieuse ? Tarquin fut-il appelé en jugement ? Qu'aurait-on dit à Rome, si des Romains avaient osé se déclarer ses défenseurs ? Que faisons-nous ? Nous appelons de toute part *des avocats pour plaider la cause de Louis*

SUR LE PARTI À PRENDRE À L'ÉGARD DE LOUIS XVI

XVI.

Nous consacrons comme des actes légitimes ce qui chez tout peuple libre eût été regardé comme le plus grand des crimes. Nous invitons nous-mêmes les citoyens à la bassesse et à la corruption. Nous pourrons bien un jour décerner aux défenseurs de Louis des couronnes civiques ; car s'ils défendent sa cause, ils peuvent espérer de la faire triompher ; autrement, vous ne donneriez à l'univers qu'une ridicule comédie. Et nous osons parler de république ! Nous invoquons des formes, parce que nous n'avons pas de principes ; nous nous piquons de délicatesse, parce que nous manquons d'énergie ; nous étalons une fausse humanité, parce que le sentiment de la véritable humanité nous est étranger ; nous révérons l'ombre d'un roi, parce que nous sommes sans entrailles pour les opprimés.

Le procès à Louis XVI ! Mais qu'est-ce que ce procès, si ce n'est l'appel de l'insurrection à un tribunal ou à une assemblée quelconque ? Quand un roi a été anéanti par le peuple, qui a le droit de le ressusciter pour en faire un nouveau prétexte de trouble et de rébellion ? Et quels autres effets peut produire ce système ? En ouvrant une arène aux champions de Louis XVI, vous ressuscitez toutes les querelles du despotisme contre la liberté ; vous consacrez le droit de blasphémer contre la république et contre le peuple, car le droit de défendre l'ancien despote emporte le droit de dire tout ce qui tient à sa cause. Vous réveillez toutes les factions ; vous ranimez, vous encouragez le royalisme assoupi. On pourra librement prendre parti pour ou contre. Quoi de plus légitime, quoi de plus naturel que de répéter partout les maximes que ses défenseurs pourront professer hautement à votre barre et dans votre tribune même ? Quelle république que celle dont les fondateurs lui suscitent de toutes parts des adversaires pour l'attaquer dans son berceau ! ... ...

C'est une grande cause, a-t-on dit, qu'il faut juger avec une sage lente circonspection. C'est vous qui en faites une grande cause. Que dis-je ? C'est vous qui en faites une cause ? Que trouvez-vous là de grand ? est-ce la difficulté ? non. Est-ce le personnage ? aux yeux de la liberté, il n'en est pas de plus vil ; aux yeux de l'humanité, il n'en est pas de plus coupable. Il ne peut en imposer encore qu'à ceux qui sont plus lâches que lui. Est-ce l'utilité du résultat ? c'est une raison de plus de le hâter. Une grande cause, c'est un projet de loi populaire ; une grande cause, c'est celle d'un malheureux opprimé par le despotisme. Quel est le

Maximilien de Robespierre

motif de ces délais éternels que vous nous recommandez ? Craignez-vous de blesser l'opinion du peuple ? comme si le peuple lui-même craignait autre chose que la faiblesse ou l'ambition de ses mandataires ! comme si le peuple était un vil troupeau d'esclaves stupidement attaché au stupide tyran qu'il a proscrit, voulant, à quelque prix que ce soit, se vautrer dans la bassesse et dans la servitude ! Vous parlez de l'opinion ; n'est-ce point à vous de la diriger, de la fortifier ? Si elle s'égare, si elle se déprave, à qui faudrait-il s'en prendre, si ce n'est à vous-mêmes ? Craignez-vous de mécontenter les rois étrangers ligués contre nous ? Oh ! sans doute, le moyen de les vaincre, c'est de paraître les craindre ? le moyen de confondre la criminelle conspiration des despotes de l'Europe, c'est de respecter leur complice. Craignez-vous les peuples étrangers ? Vous croyez donc encore à l'amour inné de la tyrannie ? Pourquoi donc aspirez-vous à la gloire d'affranchir le genre humain ? Par quelle contradiction supposez-vous que les nations qui n'ont point été étonnées de la proclamation des droits de l'humanité seront épouvantées du châtiment de l'un de ses plus cruels oppresseurs ? Enfin, vous redoutez, dit-on, les regards de la postérité. Oui, la postérité s'étonnera en effet de votre inconséquence et de votre faiblesse ; et nos descendants riront à la fois de la présomption et des préjugés de leurs pères. On a dit qu'il fallait du génie pour approfondir cette question ; je soutiens qu'il ne faut que de la bonne foi : il s'agit bien moins de s'éclairer que de ne point s'aveugler volontairement. Pourquoi ce qui nous parait clair dans un temps, nous semble-t-il obscur dans un autre ? Pourquoi ce que le bon sens du peuple décide aisément se change-t-il, pour ses délégués, en problème presque insoluble ? Avons-nous le droit d'avoir une volonté générale et une sagesse différente de la raison universelle ?

J'ai entendu les défenseurs de l'inviolabilité avancer un principe hardi, que j'aurais presque hésité à énoncer moi-même. Ils ont dit que ceux qui, le 10 août, auraient immolé Louis XVI auraient fait une action vertueuse. Mais la seule base de cette opinion ne peut être que les crimes de Louis XVI et les droits du peuple. Or trois mois d'intervalle ont-ils changé ses crimes ou les droits du peuple ? Si alors on l'arracha à l'indignation publique, ce fut sans doute uniquement pour que sa punition, ordonnée solennellement par la Convention nationale, au nom de la nation, en devint plus imposante pour les ennemis de l'humanité ; mais remettre en question s'il est coupable ou s'il peut être puni, c'est trahir la foi donnée au peuple français. Il est peut-être des gens qui, soit pour empêcher que l'assemblée ne prenne un caractère digne d'elle ; soit pour ravir aux nations un exemple qui élèverait les âmes à la hauteur des principes républicains ; soit par des motifs encore plus honteux, ne seraient pas fâchés qu'une main privée remplît les fonctions de la justice nationale. Citoyens, défiez-vous de ce piège ; quiconque oserait donner un tel conseil, ne servirait que les ennemis du peuple. Quoi qu'il arrive, la punition de Louis n'est bonne désormais qu'autant qu'elle portera le caractère solennel d'une vengeance publique

Qu'importe au peuple le méprisable individu du dernier des rois ? Représentants, ce qui lui importe, ce qui vous importe à vous-mêmes, c'est que vous remplissiez les devoirs que sa confiance vous a imposé. Vous avez proclamé la république, mais nous l'avez-vous donnée ? Nous n'avons point encore fait une seule loi qui justifie ce nom ; nous n'avons pas encore réformé un seul abus du despotisme. Ôtez les noms, nous avons encore la tyrannie tout entière, et de plus, des factions plus viles et des charlatans plus immoraux, avec de nouveaux ferments de troubles et de guerre civile. La république ! et Louis vit encore ! et vous placez encore la personne du roi entre nous et la liberté ! À force de scrupules, craignons de nous rendre criminels ; craignons qu'en montrant trop d'indulgence pour le coupable, nous ne nous mettions nous-mêmes à sa place.

Nouvelle difficulté. À quelle peine condamnerons-nous Louis ? La peine de mort est trop cruelle. Non, dit un autre, la vie est plus cruelle encore. Je demande qu'il vive. Avocats du roi, est-ce par pitié ou par cruauté que vous voulez le soustraire à la peine de ses crimes ! Pour moi, j'abhorre la peine de mort prodiguée par vos lois, et je n'ai pour Louis ni amour, ni haine : je ne hais que ses forfaits. J'ai demandé l'abolition de la peine de mort à l'Assemblée que vous nommez encore constituante, et ce n'est pas ma faute, si les premiers principes de la raison lui ont paru des hérésies morales et politiques. Mais si vous ne vous avisâtes jamais de les réclamer en faveur de tant de malheureux dont les délits sont moins les leurs que ceux du gouvernement, par quelle fatalité vous en souvenez-vous seulement pour plaider la cause du plus grand de tous les criminels ? Vous demandez une exception à la peine de mort pour celui-là seul qui peut la légitimer ? Oui, la peine de mort en général est un crime, et par cette raison seule que, d'après les principes indestructibles de la nature, elle ne peut être justifiée que dans les cas

Maximilien de Robespierre

où elle est nécessaire à la sûreté des individus ou du corps social. Or, jamais la sûreté publique ne la provoque contre les délits ordinaires, parce que la société peut toujours les prévenir par d'autres moyens, et mettre le coupable dans l'impuissance de lui nuire. Mais un roi détrôné au sein d'une révolution qui n'est rien moins que cimentée par les lois, un roi dont le nom seul attire le fléau de la guerre sur la nation agitée, ni la prison, ni l'exil ne peut rendre son existence indifférente au bonheur public ; et cette cruelle exception aux lois ordinaires que la justice avoue, ne peut être imputée qu'à la nature de ses crimes. Je prononce à regret cette fatale vérité… Mais Louis doit mourir, parce qu'il faut que la patrie vive. Chez un peuple paisible, libre et respecté au dedans comme au dehors, on pourrait écouter les conseils qu'on vous donne d'être généreux. Mais un peuple à qui l'on dispute encore sa liberté, après tant de sacrifices et de combats ; un peuple chez qui les lois ne sont encore inexorables que pour les malheureux ; un peuple chez qui les crimes de la tyrannie sont des sujets de dispute, doit désirer qu'on le venge ; et la générosité dont on nous flatte ressemblerait trop à celle d'une société de brigands qui se partagent des dépouilles.

Je vous propose de statuer dès ce moment sur le sort de Louis. Quant à sa femme, vous la renverrez aux tribunaux, ainsi que toutes les personnes prévenues des mêmes attentats. Son fils sera gardé au Temple, jusqu'à ce que la paix et la liberté publique soient affermies. Pour lui, je demande que la Convention *le déclare dès ce moment, traître à la nation française, criminel envers l'humanité* ; je demande qu'il donne un grand exemple au monde, dans le lieu même où sont morts, le 10 août, les généreux martyrs de la liberté. Je demande que cet événement mémorable soit consacré par un monument destiné à nourrir dans le cœur des peuples le sentiment de leurs droits et l'horreur des tyrans ; et dans l'âme des tyrans, la terreur salutaire de la justice du peuple.

SUR LE PARTI À PRENDRE À L'ÉGARD DE LOUIS XVI

OBSERVATIONS SUR LE PROJET ANNONCÉ AU NOM DU COMITÉ DES FINANCES, DE SUPPRIMER LES FONDS AFFECTÉS AU CULTE, ADRESSÉES À LA CONVENTION NATIONALE.

Extrait des Lettres à ses commettants.

Les questions qui tiennent aux idées politiques, morales et religieuses peuvent-elles être discutées, comme de simples questions de finance ou d'économie ? Non ; il est même dangereux de les présenter sous ce point de vue ; car jamais la sagesse du législateur, ni celle du peuple lui-même, ne doit être tentée ou distraite par l'appât de l'intérêt pécuniaire. Le plus sacré, le plus grand de tous les intérêts, c'est celui de nos mœurs et de notre liberté ; mettez d'un côté cent milliards, et de l'autre une seule raison, puisée dans la cause de la révolution et de l'ordre public, ce dernier poids fera pencher la balance.

L'abolition du culte entretenu par l'état peut être considérée, ou dans les principes généraux ou abstraits de la philosophie, ou dans les circonstances particulières de notre situation politique. On peut examiner ce qui est bon et utile aujourd'hui, et ce qui ne le sera que demain ; on peut raisonner enfin, ou en philosophes spéculatifs, ou en philosophes hommes d'État.

Je laisse à la superstition et à la métaphysique tout ce qui leur appartient à chacune dans cette question, et je m'attache à prouver 1° que l'opération qu'on vous propose, est mauvaise en révolution, dangereuse en politique, et qu'elle n'est même pas bonne en finances.

Ce n'est pas une faible preuve des progrès de la raison humaine, que l'embarras que j'éprouve à traiter cette question, et l'espèce de nécessité où je crois me trouver de faire une profession de foi qui, dans d'autres temps ou dans d'autres lieux, n'aurait pas été impunie. Mon Dieu, c'est celui qui créa tous les hommes pour l'égalité et pour le bonheur ; c'est celui qui protège les opprimés et qui extermine les tyrans ; mon culte, c'est celui de la justice et de l'humanité ! Je n'aime pas plus qu'un autre le pouvoir des prêtres ; c'est une chaîne de plus donnée à l'humanité. Mais c'est une chaîne invisible attachée aux esprits, et la raison seule peut la rompre. Le législateur peut aider la raison ; mais il ne peut la suppléer. Il ne doit jamais rester en arrière ; il doit encore moins la devancer trop vite.

Maximilien de Robespierre

Commencez donc par fixer vos regards sur les dispositions générales du peuple que vous devez instituer. Si vous les bornez à l'horizon qui vous environne, peut-être croirez-vous pouvoir tout faire ; mais si vous embrassez la nation tout entière, si vous pénétrez surtout sous le toit du laboureur et de l'artisan, vous reconnaîtrez sans doute qu'il est des bornes à votre puissance morale.

Pour moi, sous le rapport des préjugés religieux, notre situation me paraît très-heureuse, et l'opinion publique très-avancée. L'empire de la superstition est presque détruit ; déjà c'est moins le prêtre qui est un objet de vénération, que l'idée de la religion, et l'objet même du culte. Déjà le flambeau de la philosophie, pénétrant jusqu'aux conditions les plus éloignées d'elle, a chassé tous les redoutables ou ridicules fantômes que l'ambition des prêtres et la politique des rois nous avait ordonné d'adorer au nom du ciel ; et il ne reste plus guère dans les esprits que ces dogmes imposants qui prêtent un appui aux idées morales, et la doctrine sublime et touchante de la vertu et de l'égalité que le fils de Marie enseigna jadis à ses concitoyens. Bientôt sans doute l'évangile de la raison et de la liberté sera l'évangile du monde.

Législateurs, vous pouvez hâter cette époque par des lois générales, par une constitution libre qui éclaire les esprits, régénère les mœurs, et élève toutes les âmes à la simplicité de la nature ; mais non par un décret de circonstances et par une spéculation financière. Si le peuple est dégagé de la plupart des préjugés superstitieux il n'est point disposé à regarder la religion en elle-même comme une institution indifférente ou soumise aux calculs de la politique. Le dogme de la divinité est gravé dans les esprits, et ce dogme, le peuple le lie au culte qu'il a professé jusques ici ; et à ce culte, il lie au moins en partie le système de ses idées morales. Attaquer directement ce culte, c'est attenter à la moralité du peuple. Qu'une société de philosophes fonde la sienne sur d'autres bases, on le conçoit, mais les hommes qui, étrangers à leurs méditations profondes, ont appris à confondre les motifs de la vertu avec les principes de la religion, ne peuvent voir sans effroi le culte sacrifié par le gouvernement à des intérêts d'une autre nature. Si le peuple en agissait autrement, ce ne serait qu'aux dépens de ses mœurs ; car quiconque renonce, par cupidité, même à une erreur qu'il regarde comme une vérité, est déjà corrompu. Or, rappelez-vous que votre révolution est fondée sur les notions de la justice, et que tout ce qui tend à affaiblir le sentiment moral du peuple, en énerve le ressort. Songez que le premier but des ennemis hypocrites de l'égalité fut toujours de l'étouffer, et que votre premier devoir est de l'éveiller et de l'exalter. Si vous voulez être heureux et libres, il faut que le peuple croie à sa propre vertu ; il faut qu'il croie à celle de ses représentants ; il ne suffit pas qu'il dise : « Mes représentants sont économes ; » il faut qu'il dise : « Mes représentants sont justes et intègres », et il n'aura pas de vous cette idée, s'il vous voit immoler à des intérêts pécuniaires, des objets qu'il regarde comme sacrés. Ne dédaignez pas de vous rappeler avec quelle sagesse les plus grands législateurs de l'antiquité, ceux qui fondèrent l'empire des lois sur l'empire des mœurs, surent manier ces ressorts cachés du cœur humain ; avec quel art sublime, ménageant la faiblesse ou les préjugés de leurs concitoyens, ils consentirent à faire sanctionner par le ciel l'ouvrage de leur génie tutélaire ! D'autres temps, d'autres mœurs ; je le sais, mais chaque siècle a ses erreurs et sa faiblesse ; et quel que soit notre enthousiasme, nous ne sommes point encore arrivés aux bornes de la raison et de la vertu humaines, et nos neveux nous trouveront peut-être encore assez encroûtés d'un reste d'ignorance et de barbarie. Ce n'est pas que je croie que vous deviez employer de semblables moyens, ni que je vous conseille de respecter les préjugés, même les plus respectables par leur principe et par leurs conséquences. Mais attendez le moment où les bases sacrées de la moralité publique pourront être remplacées par les lois, par les mœurs et par les lumières publiques. Jusques-là, consolez-vous en songeant que ce que la superstition avait de plus dangereux a disparu ; que la religion, dont les ministres sont stipendiés encore par la patrie, nous présente au moins une morale analogue à nos principes politiques. Si la déclaration des droits de l'humanité était déchirée par la tyrannie, nous la retrouverions encore dans ce code religieux que le despotisme sacerdotal présentait à notre vénération ; et s'il faut qu'aux frais de la société entière les citoyens se rassemblent encore dans des temples communs devant l'imposante idée d'un être suprême, là du moins le riche et le pauvre, le puissant et le faible sont réellement égaux et confondus devant elle.

Il résulte de ce que j'ai dit, que le projet du comité des finances n'est rien moins que philosophique ; si l'on parle de la philosophie qui choisit les moyens les plus sûrs d'être utile aux hommes. Mais combien paraîtra-t-il impolitique, si vous prévoyez les conséquences nécessaires qu'il doit entraîner ! Formez-vous une idée juste de votre situation. Vous êtes précisément au moment le plus difficile de la crise

Maximilien de Robespierre

révolutionnaire. L'ancien gouvernement n'est plus ; le nouveau n'existe pas encore. La république est proclamée, plutôt qu'établie ; notre pacte social est à faire ; et nos lois ne sont encore que le code provisoire et incohérent que la tyrannie royale et constitutionnelle nous a transmis ; l'esprit de faction s'éveille, et tous les ennemis de l'égalité se rallient ; vous avez à la fois à prévenir les sourdes menées de l'intrigue, et la ligue des tyrans à exterminer. Est-ce là le moment qu'il faut choisir pour jeter au milieu de nous de nouveaux fermens de troubles et de discorde, et pour mettre de nouvelles armes entre les mains de la malveillance ou du fanatisme ? À peine délivrés des maux que nous a causés la vengeance des anciens ecclésiastiques, votre intention est-elle de les renouveler ? Voulez-vous créer une nouvelle génération de prêtres réfractaires ? Et, si nous avons eu tant de peine à déterminer une grande partie du peuple à accepter les nouveaux prêtres à la place des anciens, en conservant le culte lui-même ; s'il a fallu tant d'efforts et d'instructions pour lui persuader que la religion était indépendante des changements apportés dans l'état de ses ministres, que penserait-il s'il voyait périr le culte lui-même ? Les nouveaux ministres seront-ils moins ardents ou moins habiles à le circonvenir ? Seront-ils moins dangereux avec leurs arguments spécieux, que les autres avec leurs grossiers sophismes ? Et si ceux qui étaient couverts de la lèpre des anciens abus, ont trouvé des spectateurs, manquera-t-il des partisans à ceux qui auront été dépouillés de l'existence que la révolution même venait de leur assurer.

Ne dites pas qu'il ne s'agit point ici d'abolir le culte, mais de ne plus le payer. Car ceux qui croient au culte croient aussi que c'est un devoir du gouvernement de l'entretenir, et ils sentent bien que ne plus le payer, ou le laisser périr, c'est à peu près la même chose.

Quant au principe que les ministres ne doivent être payés que par ceux qui veulent les employer, il ne peut s'appliquer exactement qu'à une société, où la majorité des citoyens ne le regarde pas comme une institution publique utile ; hors de là ce n'est plus qu'un sophisme. Mais qu'y a-t-il de plus funeste à la tranquillité publique que de réaliser cette théorie du culte individuel ? Vous semblez craindre l'influence des prêtres ; mais vous la rendrez bien plus puissante et bien plus active, puisque, dès le moment où cessant d'être les prêtres du public, ils deviennent ceux des particuliers, ils ont avec ceux-ci des rapports beaucoup plus fréquents et plus intimes.

Que peut-il résulter de cette étroite alliance entre des prêtres mécontents et des citoyens superstitieux, ou du moins assez attachés aux principes religieux, pour les pratiquer à leurs propres frais ? Vous verrez naître mille associations religieuses, qui ne seront que des conciliabules mystiques ou séditieux, que des ligues particulières contre l'esprit public ou contre l'intérêt général ; vous ressuscitez, sous des formes plus dangereuses, les confréries et toutes les corporations contraires aux principes de l'ordre public, mais pernicieuses surtout dans les circonstances actuelles, où l'esprit religieux se combinera avec l'esprit de parti et avec le zèle contre-révolutionnaire. Vous verrez les citoyens les plus riches saisir cette occasion de réunir légitimement les partisans du royalisme sous l'étendard du culte dont ils feront les frais. Vous allez rouvrir ces églises particulières que la sagesse des magistrats avait fermées ; toutes ces écoles d'incivisme et de fanatisme, où l'aristocratie irritée rassemblait ses prosélytes sous l'égide de la religion. Vous réveillez la pieuse prodigalité des fanatiques envers les prêtres dépouillés et réduits à l'indigence ; vous établissez entre les uns et les autres un commerce de soins spirituels et de services temporels, également funeste aux bonnes mœurs, au bien des familles et à celui de l'État ; enfin, vous réchauffez le fanatisme engourdi ; vous rappelez à la vie la superstition agonisante, pour le seul plaisir de violer toutes les règles de la saine politique. Ne voyez-vous pas encore le signal de la discorde élevée dans chaque ville, dans chaque village surtout ; les uns voudront un culte, les autres voudront s'en passer, et tous deviendront, les uns pour les autres, suivant la diversité des opinions, des objets de mépris ou de haine. Et d'ailleurs, pouvez-vous compter pour rien le manquement à la foi publique, donnée aux ministres actuels, au nom de la liberté même, par les premiers représentants du peuple, et le malheur de réduire à l'indigence un si grand nombre de citoyens ? Ne craignez-vous pas que leur désastre paraisse même un sinistre présage à tous les créanciers de l'état ?

Si ce système est détestable en politique, il n'est guère meilleur en finances. C'est la dernière proposition que j'ai promis de prouver.

Pour qu'une mesure financière soit bonne, il faut 1° qu'elle tende au soulagement des citoyens les plus indigents ; si c'est une mesure d'économie, il faut qu'elle porte sur les dépenses les plus inutiles et qui peuvent être supprimées avec le moins d'inconvénient. Or, quoiqu'on en ait dit, loin que le système du comité soulage le peuple, il fait retomber sur lui tout le poids des dépenses du culte. Faites-y

Maximilien de Robespierre

bien attention : quelle est la portion de la société qui est dégagée de toute idée religieuse ? Ce sont les riches : cette manière de voir dans cette classe d'hommes suppose chez les uns plus d'instruction, chez les autres seulement plus de corruption. Qui sont ceux qui croient à la nécessité du culte ? Ce sont les citoyens les plus faibles et les moins aisés, soit parce qu'ils sont moins raisonneurs ou moins éclairés, soit aussi par une des raisons auxquelles on a attribué les progrès rapides du christianisme, savoir que la morale du fils de Marie prononce des anathèmes contre la tyrannie et contre l'impitoyable opulence, et porte des consolations à la misère et au désespoir lui-même. Ce sont donc les citoyens pauvres qui seront obligés de supporter les frais du culte, ou bien ils seront encore à cet égard dans la dépendance des riches ou dans celle des prêtres, ils seront réduits à mendier la religion, comme ils mendient du travail et du pain. Ou bien encore réduits à l'impuissance de salarier les prêtres, ils seront forcés de renoncer à leur ministère ; et c'est la plus funeste de toutes les hypothèses ; car, c'est alors qu'ils sentiront tout le poids de leur misère, qui semblera leur ôter tous les biens, jusqu'à l'espérance ; c'est alors qu'ils accuseront ceux qui les auront réduits à acheter le droit de remplir ce qu'il regarde comme des devoirs sacrés : Vous parlez de la liberté des consciences, et ce système l'anéantit. Car réduire le peuple à l'impuissance de pratiquer la religion, ou la proscrire par une loi expresse, c'est exactement la même chose. Or, nulle puissance n'a le droit de supprimer le culte établi, jusqu'à ce que le peuple en soit lui-même détrompé.

Peu importe que les opinions religieuses qu'il a embrassées soient des préjugés ou non ; c'est dans son système qu'il faut raisonner.

J'ai annoncé que le projet proposé ne portait pas sur la suppression du genre de dépense le plus onéreux et le plus inutile. Pour adopter un système d'économies vraiment utiles, il faudrait embrasser le système entier des dépenses et des dilapidations, et frapper sur les abus les plus criants.

Les économies salutaires seraient celles qui rendraient impossibles les déprédations du gouvernement, en résolvant le problème encore nouveau pour nous d'une comptabilité sérieuse. Ce seraient celles qui ne laisseraient point à un seul l'administration presque arbitraire des domaines immenses de la nation, avec une dictature aussi ridicule que monstrueuse.

Les véritables économies sont celles qui assurent par des moyens

OBSERVATIONS SUR LE PROJET ANNONCÉ...

infaillibles et simples la subsistance publique.

Les véritables économies sont celles qui enchaînent l'agiotage, qui proscrivent ce commerce scandaleux de l'argent, qui s'exerce sous vos yeux avec une imprudence hideuse, et qui préviennent les faux publics.

Les véritables économies seraient celles qui combleraient les gouffres dévorants qui menacent d'engloutir la fortune publique, en fixant des bornes sages à nos entreprises militaires. Il est temps de ramener votre attention sur cet objet important. Il est nécessaire que vous formiez un plan à cet égard, et que vous preniez une idée précise et du but politique de la guerre, et des moyens que vous devez employer pour l'atteindre. Si vous êtes convaincus qu'après avoir affranchi les peuples voisins chez qui vous avez porté vos armes, vous devez défendre leur liberté comme une partie de la vôtre : et ramenant ensuite votre énergie à vos affaires domestiques pour fixer au milieu de nous la liberté, la paix, l'abondance et les lois, si tous les ministres et tous les généraux conforment leur conduite à ces principes, vous serez également économes et du sang et des larmes et de l'or de la nation. Mais si vous abandonnez la destinée du peuple au hasard ou à l'intrigue, vous ne ferez que creuser l'abîme où la fortune publique s'engloutira avec la liberté. La nouvelle ressource qui vous est offerte sera dévorée en un instant, avec les domaines que la ruine de la royauté a remis dans nos mains. Tous ces immenses trésors n'auront servi qu'à enrichir la cupidité et la tyrannie, sans soulager l'indigence, sans secourir l'humanité. Législateurs, point de mesures mesquines et partielles, mais des vues générales et profondes ; point d'engouement, point de précipitation, mais de la sagesse et de la maturité ; point de passions ni de préjugés, mais des principes et de la raison ; enfin, des lois et des mœurs ! voilà la plus utile de toutes les économies ; voilà le seul moyen de sauver la patrie.

Maximilien de Robespierre

OBSERVATIONS GÉNÉRALES SUR LE PROJET D'INSTRUCTION PUBLIQUE PROPOSÉ À LA CONVENTION NATIONALE.

Extrait des Lettres à ses commettants.

L'homme est bon sortant des mains de la nature : quiconque nie ce principe, ne doit point songer à instituer l'homme. Si l'homme est corrompu, c'est donc aux vices des institutions sociales qu'il faut imputer ce désordre. De ces deux vérités découlent tous les principes de l'éducation, soit publique, soit particulière.

Si la nature a créé l'homme bon, c'est à la nature qu'il faut le ramener. Si les institutions sociales ont dépravé l'homme, ce sont les institutions sociales qu'il faut réformer.

Mais quelle est la puissance qui opérera ce prodige ? Je m'effraie, si ceux qui ont déjà vieilli sous le régime d'une société corrompue sont ceux qui prétendent régénérer les mœurs publiques. Suivant le cours naturel des choses, nos neveux sont destinés à être meilleurs que nous ; et c'est nous qui devons les instituer. Je tremble que l'intrigue ne s'empare encore des générations futures, pour perpétuer l'empire des vices et les malheurs de la race humaine.

Le but de la société civile est de développer les facultés naturelles de l'homme pour le bonheur des individus et de la société entière. Le seul moyen d'atteindre ce but, c'est l'accord de l'intérêt privé avec l'intérêt général ; c'est la direction des passions du cœur humain vers les objets utiles à la prospérité publique. Les bonnes lois, les lois que j'appelle conformes à la nature, c'est-à-dire à la raison, sont celles qui établissent cette heureuse harmonie ; les mauvaises sont celles qui la troublent.

Partout où les lois sont fondées sur ces principes, elles sont elles-mêmes l'éducation publique : partout où elles les violent, l'éducation publique est nécessairement mauvaise. Soumise à l'influence d'un gouvernement vicieux, elle ne sera entre ses mains qu'un nouvel instrument de corruption et de tyrannie. Pour un peuple qui a de mauvaises lois, l'éducation publique est un fléau de plus ; la dernière ressource qui lui reste est de conserver dans l'indépendance de la vie privée et de l'éducation paternelle le moyen de tenir encore, par quelque lien, aux principes éternels de la justice et de la vérité. Le chef-d'œuvre de la politique des despotes est de s'emparer de la raison de l'homme pour la rendre complice de la servitude. Législateurs, le véritable caractère de votre mission, pour devenir les précepteurs de vos concitoyens, c'est la bonté des lois que vous leur proposerez. Vous prétendez vous-mêmes que l'un des principaux objets de l'instruction publique sera de graver vos lois dans les esprits.

Comment voulez-vous que nous les apprenions avant qu'elles existent, ou si elles étaient telles qu'il fallût plutôt les désapprendre ? Quelles lois avons-nous jusqu'à présent ? Celles que la tyrannie royale et constitutionnelle nous a données, et que vous désavouez tous les jours vous-mêmes. Commencez donc avant tout par nous en donner de meilleures.

Quelles que soient celles que vous nous donnerez, n'oubliez pas que votre raison ne doit pas tyranniser la raison universelle, et que l'autorité publique doit laisser à l'opinion publique la liberté de perfectionner les lois et le gouvernement. Nous avons bien des préjugés à vaincre, avant de concevoir seulement que la source de toutes les mauvaises lois, que l'écueil de l'ordre public, c'est l'intérêt personnel, c'est l'ambition et la cupidité de ceux qui gouvernent. L'homme qui exerce un grand pouvoir s'accoutume facilement à le regarder comme un domaine particulier ; il est toujours tenté d'en abuser pour élever sa volonté propre au-dessus de la volonté générale, et pour immoler le bien public à ses passions personnelles, si la vigueur de la volonté générale éclairée ne le relance dans les bornes qu'elle a mises à son autorité. Lisez l'histoire, et vous verrez partout des peuples crédules et esclaves, des délégués du peuple ambitieux et despotes : le fléau de la liberté n'est point l'indocilité des peuples, c'est l'injustice des tyrans.

C'est une vérité dure à l'oreille des ambitieux, et trop ignorée des hommes abrutis par l'esclavage : mais *le premier objet des institutions politiques doit être de défendre la liberté des citoyens contre les usurpations du gouvernement lui-même.* Je dirai plus : *le premier soin du législateur doit être de se mettre lui-même en garde contre la tentation de faire des lois pour son intérêt personnel.* Par la même raison, le but de l'éducation publique doit être de poser une nouvelle barrière autour des droits du peuple et des principes qui les garantissent. L'éducation publique n'est point un culte superstitieux dont les rois, les sénateurs sont les ministres ; c'est la religion de la nature et de la vérité, dont le seul chef est le législateur éternel, le seul évangile, les maximes sacrées de la justice et de l'humanité. Les lois sont-elles justes ? la raison publique qu'elles ont

Maximilien de Robespierre

contribué à former les aime et les révère. Sont-elles injustes ? elle les réforme, et enseigne à les observer jusqu'à ce qu'elles soient réformées.

De ces principes incontestables, il résulte que l'éducation des citoyens ne doit pas être dans la dépendance absolue de ceux qui gouvernent ; elle ne serait que la sauvegarde de leurs crimes et un obstacle funeste aux progrès des lumières, qui doivent amener la destruction des abus et la perfection du bonheur social.

L'opinion publique est à peu près la seule puissance qui en impose aux dépositaires de la force et de l'autorité : si vous la remettez entre leurs mains, vous créez le plus monstrueux de tous les despotismes, vous imitez la lâche hypocrisie des tyrans les plus habiles dans l'art d'asservir et de dégrader l'humanité. Quelles sont les choses qu'il importe surtout d'apprendre aux citoyens ? Ce sont les droits de l'humanité, ce sont les devoirs de chaque homme envers son semblable ; ce sont les principes divins de la morale et de l'égalité. Or, quel sera le meilleur précepteur en ce genre ? Sera-ce l'homme en place, toujours prêt à les oublier pour étendre ou pour perpétuer son autorité ? Non, ce sera le philosophe indépendant, étranger aux amorces de l'ambition et aux séductions du pouvoir ; ce sera le citoyen persécuté par l'injustice du gouvernement ; ce sera le père de famille qui gémit dans l'oppression et dans la misère. C'est par un étrange renversement de toutes les idées qu'on a regardé les fonctionnaires publics comme essentiellement destinés à diriger la raison publique ; c'est au contraire la raison publique qui doit les maîtriser et les juger. Le peuple vaut toujours mieux que les individus : or, que sont les dépositaires de l'autorité publique, si ce ne sont des individus plus exposés que les autres à l'erreur ? Le peuple veut toujours sou propre bien : l'individu, l'homme puissant veut aussi le sien ; mais le bien du peuple est l'intérêt de l'humanité ; le bien particulier des hommes puissants, c'est l'intérêt de l'orgueil ; remettre à ceux-ci le soin de former l'esprit public, c'est leur confier le soin de le corrompre à leur profit. Quelque vertueux que soit un homme en place, il ne l'est jamais autant qu'une nation entière, et son géniefût-il égal à sa probité, il ne sera jamais à la fois infaillible et impeccable ; il aura au moins une passion, et elle peut suffire pour l'égarer et pour compromettre le bonheur commun. Il croira servir la patrie en servant son ressentiment et ses passions, ou, s'il en est exempt, celles de ses amis et de ses serviteurs. Au reste, ce n'est jamais au caractère d'un homme qu'il est permis de confier la destinée de l'État ; mais aux principes et à la sage prévoyance des lois fondatrices de la liberté. Les lois ne doivent voir dans le gouvernement qu'un serviteur nécessaire du souverain que l'œil du maître doit surveiller ; elles ne doivent jamais permettre au serviteur de mettre un bandeau sur cet œil importun. Aussi l'idée la plus extravagante qui soit jamais entrée dans la tête d'un législateur, ce serait sans contredit celle de l'Assemblée précédente, lorsqu'elle donna au ministre de l'intérieur des sommes énormes destinées à propager l'esprit public, si le même ministre n'avait depuis peu donné un exemple plus absurde encore, en instituant dans son immense département un bureau particulier sous le titre de bureau de formation de l'esprit public. Il faut convenir que si une manufacture de cette espèce n'est pas la plus ridicule de toutes les institutions, elle en est au moins la plus dangereuse pour l'esprit public et pour la liberté. Mon intention n'est pas de développer ici les abus particuliers, ni d'analyser les poisons qu'elle a répandus sur toute la surface de la République ; je ne veux m'attacher qu'aux principes.

Si quelqu'un croit pouvoir objecter aux vérités que je viens de développer l'exemple de quelque peuple ancien ; qu'il veuille bien y réfléchir un instant, il verra qu'il parle d'une petite ville dont les lois étaient fondées sur deux bases qui nous font horreur, la pauvreté et la communauté de biens ; il verra qu'il n'y a rien de commun entre cette famille de républicains austères et une nation de 25 millions d'hommes, dans les circonstances où nous sommes. Il sentira qu'un peuple qui sort du sein de la servitude, pour retomber entre les mains de l'intrigue, doit suivre une autre politique que celle d'une société dont la liberté est assise depuis longtemps sur les lois et sur les mœurs. Fixez vos regards sur notre propre situation, et voyez si la principale cause de nos troubles n'est pas dans les efforts perfides que les fonctionnaires publics, nommés par l'intrigue, ont faits pour dépraver l'opinion en la faisant descendre de la hauteur des principes de la liberté à l'esprit du royalisme et de l'aristocratie ; voyez si, dans le moment actuel, les agitations qui nous menacent sont autre chose que la lutte des passions et des préjugés contre la raison et contre la vérité. Il faut le dire, le temps où nous sommes est celui des factions ; or, le temps des factions n'est pas propre à l'établissement d'un système d'instruction publique. Tout ce que peut faire un législateur probe, c'est de l'arracher à la domination des intérêts privés et de le faire surnager sur cet océan d'opinions particulières agitées par l'esprit départi. Or, le seul moyen de remplir cet objet, c'est de le rendre en quelque sorte à lui-même, de ne le livrer

Maximilien de Robespierre

à l'influence d'aucun corps, d'aucun individu. Ce moyen, c'est un système de lois propres à faire triompher la raison et la liberté, propres à replonger dans le néant toutes les ambitions particulières et toutes les espérances coupables.

Citoyens, je pourrais aussi vous tracer des plans détaillés d'éducation, je pourrais disserter, et sur la nécessité des lumières que personne ne conteste, et sur l'utilité de la lecture et de l'écriture, et sur les avantages des sciences exactes ou des connaissances agréables, et même sur le rang que chacun de ces objets doit occuper dans la hiérarchie des écoles publiques ; je pourrais créer d'avance les instituteurs, et m'occuper du soin de les nommer ; je pourrais vous étaler des descriptions brillantes de fêtes nationales et produire peut-être un moment d'illusion, en vous présentant le fantôme de quelques institutions lacédémoniennes, étrangères à notre situation actuelle ; mais avant de s'occuper des détails, il faut combiner le plan et surtout établir les principes : avant d'instituer le peuple, il faut le conserver et le constituer. Or, j'ai examiné d'après ces principes le plan de votre comité d'instruction ; il ne mérite pas d'être discuté.

Des détails minutieux, une constitution mécanique d'écoles primaires et secondaires ; des maîtres de lecture, d'écriture, de géométrie ; quelques institutions antiques, proposées avec faste ; point de plan, ni de principes ; des réminiscences historiques ; point de conceptions morales ni philosophiques ; des places lucratives, mises à la disposition d'un parti dominant ; de nouveaux moyens de tromper l'opinion publique, livrée au gouvernement actuel : voilà tous les avantages que présente ce système. Législateurs, repoussez les ennemis de l'État ; déconcertez les complots qui se renouvellent chaque jour sous nos yeux ; témoignez hautement votre mépris pour l'intrigue et pour l'imposture ; arrachez les rênes du pouvoir des mains de l'immoralité et de l'hypocrisie, et vous serez dignes alors de commencer le grand ouvrage de l'instruction publique.

DISCOURS SUR LA PROPRIÉTÉ, SUIVI DU PROJET COMPLET DE DÉCLARATION DES DROITS DE L'HOMME ET DU CITOYEN.

CONVENTION — *Séance du 24 avril 1793.*

Je vous proposerai d'abord quelques articles nécessaires pour compléter votre théorie sur la propriété ; que ce mot n'alarme personne. Âmes de boue ! qui n'estimez que l'or, je ne veux point toucher à vos trésors, quelque impure qu'en soit la source. Vous devez savoir que cette loi agraire, dont vous avez tant parlé, n'est qu'un fantôme créé par les fripons pour épouvanter les imbéciles ; il ne fallait pas une révolution sans doute pour apprendre à l'univers que l'extrême disproportion des fortunes est la source de bien des maux et de bien des crimes, mais nous n'en sommes pas moins convaincus que l'égalité des biens est une chimère. Pour moi, je la crois moins nécessaire encore au bonheur privé qu'à la félicité publique. Il s'agit bien plus de rendre la pauvreté honorable que de proscrire l'opulence. La chaumière de Fabricius n'a rien à envier au palais de Crassus. J'aimerais bien autant pour mon compte être l'un des fils d'Aristide, élevé dans le Prytannée, aux dépens de la république, que l'héritier présomptif de Xercès, né dans la fange des cours, pour occuper un trône décoré de l'avilissement des peuples, et brillant de la misère publique.

Posons donc de bonne foi les principes du droit de propriété ; il le faut d'autant plus qu'il n'en est point que les préjugés et les vices des hommes aient cherché à envelopper de nuages plus épais.

Demandez à ce marchand de chair humaine ce que c'est que la propriété ; il vous dira, en vous montrant cette longue bière qu'il appelle un navire, où il a encaissé et serré des hommes qui paraissent vivants : Voilà mes propriétés, je les ai achetées tant par tête. Interrogez ce gentilhomme qui a des terres et des vassaux, ou qui croit l'univers bouleversé depuis qu'il n'en a plus, il vous donnera de la propriété des idées à peu près semblables.

Interrogez les augustes membres de la dynastie capétienne ; ils vous diront que la plus sacrée de toutes les propriétés est, sans contredit, le droit héréditaire dont ils ont joui de toute antiquité d'opprimer, d'avilir, et de s'assurer légalement et monarchiquement les 25 millions d'hommes qui habitaient le territoire de la France sous leur bon plaisir.

Maximilien de Robespierre

Aux yeux de tous ces gens-là, la propriété ne porte sur aucun principe de morale. Pourquoi notre déclaration des droits semblerait-elle présenter la même erreur en définissant la liberté, « le premier des biens de l'homme, le plus sacré des droits qu'il tient de la nature. » Nous avons dit avec raison qu'elle avait pour bornes les droits d'autrui ; pourquoi n'avez-vous pas appliqué ce principe à la propriété, qui est une institution sociale, comme si les lois éternelles de la nature étaient moins inviolables que les conventions des hommes ? Vous avez multiplié les articles, pour assurer la plus grande liberté à l'exercice de la propriété, et vous n'avez pas dit un seul mot pour en déterminer la nature et la légitimité, de manière que votre déclaration parait faite, non pour les hommes, mais pour les riches, pour les accapareurs, pour les agioteurs et pour les tyrans. Je vous propose de réformer ces vices en consacrant les vérités suivantes :

Art. Ier — La propriété est le droit qu'a chaque citoyen de jouir et de disposer de la portion de biens qui lui est garantie par la loi.

II. — Le droit de propriété est borné, comme tous les autres, par l'obligation de respecter les droits d'autrui.

III. — Il ne peut préjudicier ni à la sûreté, ni à la liberté, ni à l'existence, ni à la propriété de nos semblables.

IV. — Toute possession, tout trafic qui viole ce principe est illicite et immoral.

Vous parlez aussi de l'impôt, pour établir le principe incontestable qu'il ne peut émaner que de la volonté du peuple ou de ses représentants ; mais vous oubliez une disposition que l'intérêt de l'humanité réclame : vous oubliez de consacrer la base de l'impôt progressif. Or, en matière de contributions publiques, est-il un principe plus évidemment puisé dans la nature des choses et dans l'éternelle justice que celui qui impose aux citoyens l'obligation de contribuer aux dépenses publiques progressivement, selon l'étendue de leur fortune, c'est-à-dire selon les avantages qu'ils retirent de la société ? Je vous propose de le consigner dans un article conçu en ces termes :

« Les citoyens dont les revenus n'excèdent point ce qui est nécessaire à leur subsistance doivent être dispensés de contribuer aux dépenses publiques ; les autres doivent les supporter progressivement, selon l'étendue de leur fortune. »

Le comité a encore absolument oublié de consacrer les devoirs de fraternité qui unissent tous les hommes à toutes les nations, et leur droit à une mutuelle assistance. Il paraît avoir ignoré les bases de l'éternelle alliance des peuples contre les tyrans. On dirait que votre déclaration a été faite pour un troupeau de créatures humaines parqué sur un coin du globe, et non pour l'immense famille à laquelle la nature a donné la terre pour domaine et pour séjour.

Je vous propose de remplir cette grande lacune par les articles suivants. Ils ne peuvent que vous concilier l'estime des peuples ; il est vrai qu'ils peuvent avoir l'inconvénient de vous brouiller sans retour avec les rois. J'avoue que cet inconvénient ne m'effraie pas ; il n'effraie point ceux qui ne veulent pas se réconcilier avec eux. Voici mes quatre articles :

Art. Ier. — Les hommes de tous les pays sont frères, et les différents peuples doivent s'entr'aider selon leur pouvoir, comme les citoyens du même État.

II. — Celui qui opprime une nation se déclare l'ennemi de toutes.

III. — Ceux qui font la guerre à un peuple pour arrêter les progrès de la liberté et anéantir les droits de l'homme, doivent être poursuivis par tous, non comme des ennemis ordinaires, mais comme des assassins et des brigands rebelles.

IV. — Les rois, les aristocrates, les tyrans, quels qu'ils soient, sont des esclaves révoltés contre le souverain de la terre, qui est le genre humain, et contre le législateur de l'univers qui est la nature.

Déclaration des droits de l'homme et du citoyen.

Les représentants du peuple français, réunis en Convention nationale,

Reconnaissant que les lois humaines qui ne découlent point des lois éternelles de la justice et de la raison ne sont que des attentats de l'ignorance ou du despotisme contre l'humanité ; convaincus que l'oubli et le mépris des droits naturels de l'homme sont les seules causes des crimes et des malheurs du monde,

Ont résolu d'exposer, dans une déclaration solennelle, ces droits sacrés, inaliénables, afin que tous les citoyens, pouvant comparer sans cesse les actes du gouvernement avec le but de toute institution sociale, ne se laissent jamais opprimer et avilir par la tyrannie, afin que le peuple ait toujours devant les yeux les bases de sa liberté et de son bonheur ;

Maximilien de Robespierre

le magistrat, la règle de ses devoirs ; le législateur, l'objet de sa mission.

En conséquence, la Convention nationale proclame, à la face de l'univers, et sous les yeux du législateur immortel, la déclaration suivante des droits de l'homme et du citoyen :

Art. — Iᵉʳ. Le but de toute association politique est le maintien des droits naturels et imprescriptibles de l'homme, et le développement de toutes ses facultés.

II. — Les principaux droits de l'homme sont celui de pourvoir à la conservation de son existence et de sa liberté.

III. — Ces droits appartiennent également à tous les hommes, quelle que soit la différence de leurs forces physiques et morales.

L'égalité des droits est établie par la nature : la société, loin d'y apporter atteinte, ne fait que la garantir contre l'abus de la force qui la rend illusoire.

IV. — La liberté est le pouvoir qui appartient à l'homme d'exercer, à son gré, toutes ses facultés. Elle a la justice pour règle, les droits d'autrui pour bornes, la nature pour principes, et la loi pour sauvegarde.

Le droit de s'assembler paisiblement, le droit de manifester ses opinions, soit par la voie de l'impression, soit de toute autre manière, sont des conséquences si nécessaires de la liberté de l'homme, que la nécessité de les énoncer suppose ou la présence ou le souvenir récent du despotisme.

V. — La loi ne peut défendre que ce qui est nuisible à la société : elle ne peut ordonner que ce qui lui est utile.

VI. — Toute loi qui viole les droits imprescriptibles de l'homme, est essentiellement injuste et tyrannique : elle n'est point une loi.

VII. — La propriété est le droit qu'a chaque citoyen de jouir et de disposer de la portion de biens qui lui est garantie par la loi.

VIII. — Le droit de propriété est borné, comme tous les autres, par l'obligation de respecter les droits d'autrui.

IX. — Il ne peut préjudicier ni à la sûreté, ni à la liberté, ni à l'existence, ni à la propriété de nos semblables.

X. — Toute possession, tout trafic qui viole ce principe est essentiellement illicite et immoral.

XI. — La société est obligée de pourvoir à la subsistance de tous ses membres, soit en leur procurant du travail, soit en assurant les moyens d'exister à ceux qui sont hors d'état de travailler.

XII. — Les secours nécessaires à l'indigence sont une dette du riche envers le pauvre ; il appartient à la loi de déterminer la manière dont cette dette doit être acquittée.

XIII. — La société doit favoriser de tout son pouvoir les progrès de la raison publique, et mettre l'instruction à la portée de tous les citoyens.

XIV. — La loi est l'expression libre et solennelle de la volonté du peuple.

XV. — Le peuple est le souverain : le gouvernement est son ouvrage et sa propriété, les fonctionnaires publics sont ses commis.

XVI. — Aucune portion du peuple ne peut exercer la puissance du peuple entier ; mais le vœu qu'elle exprime doit être respecté comme le vœu d'uneportion du peuple qui doit concourir à former la volonté générale.

Chaque section du souverain, assemblée, doit jouir du droit d'exprimer sa volonté avec une entière liberté : elle est essentiellement indépendante de toutes les autorités constituées, et maîtresse de régler sa police et ses délibérations.

Le peuple peut, quand il lui plait, changer son gouvernement et révoquer ses mandataires.

XVII. — La loi doit être égale pour tous.

XVIII. — Tous les citoyens sont admissibles à toutes les fonctions publiques, sans aucune autre distinction que celle des vertus et des talents, sans aucun autre titre que la confiance du peuple.

XIX. — Tous les citoyens ont un droit égal de concourir à la nomination des mandataires du peuple et à la formation de la loi.

XX. — Pour que ces droits ne soient point illusoires, et l'égalité chimérique, la société doit salarier les fonctionnaires publics, et faire de sorte que les citoyens qui vivent de leur travail puissent assister aux assemblées publiques, où la loi les appelle, sans compromettre leur existence ni celle de leurs familles.

XXI. — Tout citoyen doit obéir religieusement aux magistrats et aux agents du gouvernement, lorsqu'ils sont les organes ou les exécuteurs de la loi.

XXII. — Mais tout acte contre la liberté, contre la sûreté ou contre la

Maximilien de Robespierre

propriété d'un homme, exercé par qui que ce soit, même au nom de la loi, hors des cas déterminés par elle, et des formes qu'elles prescrit, est arbitraire et nul ; le respect même de la loi défend de s'y soumettre, et si l'on veut l'exécuter par violence ; il est permis de le repousser par la force.

XXIII. — Le droit de présenter des pétitions aux dépositaires de l'autorité publique appartient à tout individu. Ceux à qui elles sont adressées doivent statuer sur les points qui en sont l'objet, mais ils ne peuvent jamais ni en interdire, ni en restreindre, ni en condamner l'exercice.

XXIV. — La résistance à l'oppression est la conséquence des autres droits de l'homme et du citoyen.

Il y a oppression contre le corps social, lorsqu'un seul de ses membres est opprimé.

Il y a oppression contre chaque membre, lorsque le corps social est opprimé.

Quand le gouvernement opprime le peuple, l'insurrection du peuple entier et de chaque portion du peuple est le plus saint des devoirs.

Quand la garantie sociale manque à un citoyen, il rentre dans le droit naturel de se défendre lui-même.

Dans l'un et l'autre cas, assujettir à des formes légales la résistance à l'oppression est le dernier raffinement de la tyrannie.

XXV. — Dans tout état libre, la loi doit surtout défendre la liberté publique et individuelle contre l'abus de l'autorité de ceux qui gouvernent.

Toute institution qui ne suppose pas le peuple bon et le magistrat corruptible, est vicieuse.

XXVI. — Les fonctions publiques ne peuvent être considérées comme des distinctions, ni comme des récompenses, mais comme des devoirs publics. Les délits des mandataires du peuple doivent être sévèrement et *facilement* punis. Nul n'a le droit de se prétendre plus inviolable que les autres citoyens. Le peuple a le droit de connaître toutes les opérations de ses mandataires ; ils doivent lui rendre un compte fidèle de leur gestion, et subir son jugement avec respect. Les hommes de tous les pays sont frères, et les différents peuples doivent s'entr'aider, selon leur pouvoir, comme les citoyens du même État.

DISCOURS SUR LA PROPRIÉTÉ...

Celui qui opprime une seule nation, se déclare l'ennemi de toutes. Ceux qui font la guerre à un peuple, pour arrêter les progrès de la liberté et anéantir les droits de l'homme, doivent être poursuivis partout, non comme des ennemis ordinaires, mais comme des assassins et des brigands rebelles. Les rois, les aristocrates, les tyrans, quels qu'ils soient, sont des esclaves révoltés contre le souverain de la terre, qui est le genre humain et contre le législateur de l'univers, qui est la nature.

Maximilien de Robespierre

SUR LA CONSTITUTION

CONVENTION. — *Séance du 10 mai* 1793.

L'homme est né pour le bonheur et pour la liberté, et partout il est esclave et malheureux ! La société a pour but la conservation de ses droits et la perfection de son être, et partout la société le dégrade et l'opprime ! Le temps est arrivé de le rappeler à ses véritables destinées ; les progrès de la raison humaine ont préparé cette grande révolution, et c'est à vous qu'est spécialement imposé le devoir de l'accélérer.

Pour remplir votre mission, il faut faire précisément tout le contraire de ce qui a existé ayant vous.

Jusqu'ici l'art de gouverner n'a été que l'art de dépouiller et d'asservir le grand nombre au profit du petit nombre, et la législation le moyen de réduire ces attentats, en système : les rois et les aristocrates ont très-bien fait leur métier ; c'est à vous maintenant de faire le vôtre, c'est-à-dire de rendre les hommes heureux et libres par les lois.

Donner au gouvernement la force nécessaire pour que les citoyens respectent toujours les droits des citoyens, et faire en sorte que le gouvernement ne puisse jamais les violer lui-même, voilà, à mon avis, le double problème que le législateur doit chercher à résoudre. Le premier me paraît très-facile : quant au second, on serait tenté de le regarder comme insoluble, si l'on ne consultait que les événements passés et présents sans remonter à leurs causes.

Parcourez l'histoire, vous verrez partout les magistrats opprimer les citoyens, et le gouvernement dévorer la souveraineté : les tyrans parlent de sédition ; le peuple se plaint de la tyrannie ; quand le peuple ose se plaindre, ce qui arrive lorsque l'excès de l'oppression lui rend son énergie et son indépendance. Plût à Dieu qu'il pût les conserver toujours ! Mais le règne du peuple est d'un jour ; celui des tyrans embrasse la durée des siècles.

J'ai beaucoup entendu parler d'anarchie depuis la révolution du 14 juillet 1789, et surtout depuis la révolution du 10 août 1792 ; mais j'affirme que ce n'est point l'anarchie qui est la maladie des corps politiques, mais le despotisme et l'aristocratie. Je trouve, quoi qu'ils en aient dit, que ce n'est qu'à compter de cette époque tant calomniée que nous avons eu un commencement de lois et de gouvernement, malgré les troubles, qui ne sont autre chose que les dernières convulsions de la royauté expirante, et la lutte d'un gouvernement infidèle envers l'égalité.

L'anarchie a régné en France depuis Clovis jusqu'au dernier des Capets. Qu'est-ce que l'anarchie, si ce n'est la tyrannie, qui fait descendre du trône la nature et la loi pour y placer des hommes !

Jamais les maux de la société ne viennent du peuple, mais du gouvernement. Comment n'en serait-il pas ainsi ! l'intérêt du peuple c'est le bien public ; l'intérêt de l'homme en place est un inintérêt privé Pour être bon le peuple n'a besoin que de se préférer lui-même à ce qui n'est pas lui ; pour être bon, il faut que le magistrat s'immole lui-même au peuple.

Si je daignais répondre à des préjugés absurdes et barbares, j'observerais que ce sont le pouvoir et l'opulence qui enfantent l'orgueil et tous les vices ; que c'est le travail, la médiocrité, la pauvreté, qui sont les gardiens de la vertu ; que les vœux du faible n'ont pour objet que la justice et la protection de lois bienfaisantes, qu'il n'estime que les passions de l'honnêteté ; que les passions de l'homme puissant tendent à s'élever au-dessus des lois justes, ou à en créer de tyranniques : je dirais enfin que la misère des citoyens n'est autre chose que le crime des gouvernements. Mais j'établis la base de mon système par un seul raisonnement.

Le gouvernement est institué pour faire respecter la volonté générale ; mais les hommes qui gouvernent ont une volonté individuelle, et toute volonté cherche à dominer : s'ils emploient à cet usage la force publique dont ils sont armés, le gouvernement n'est que le fléau de la liberté. Concluez donc que le premier objet de toute constitution doit être de défendre la liberté publique etindividuelle contre le gouvernement lui-même.

C'est précisément cet objet que les législateurs ont oublié : ils se sont tous occupés de la puissance du gouvernement ; aucun n'a songé aux moyens de le ramener à son institution ; ils ont pris des précautions infinies contre l'insurrection du peuple, et ils ont encouragé de tout leur pouvoir la révolte de ses délégués. J'en ai déjà indiqué les raisons : l'ambition, la force et la perfidie ont été les législateurs du monde ; ils ont asservi jusqu'à la raison humaine en la dépravant, et l'ont rendue complice de la misère de l'homme : le despotisme a produit la corruption des mœurs, et la corruption des mœurs a soutenu le despotisme. Dans cet état de choses, c'est à qui vendra son âme au plus

Maximilien de Robespierre

fort pour légitimer l'injustice et diviniser la tyrannie. Alors la raison n'est plus que folie ; l'égalité, anarchie ; la liberté, désordre ; la nature, chimère ; le souvenir des droits de l'humanité, révolte : alors, on a des bastilles et des échafauds pour la vertu, des palais pour la débauche, des trônes et des chars de triomphe pour le crime : alors on a des rois, des prêtres, des nobles, des bourgeois, de la canaille ; mais point de peuple et point d'hommes.

Voyez ceux mêmes d'entre les législateurs que le progrès des lumières publiques semble avoir forcés à rendre quelque hommage aux principes ; voyez s'ils n'ont pas employé leur habileté à les éluder, lorsqu'ils ne pouvaient plus les raccorder à leurs vues personnelles ; voyez s'ils ont fait autre chose que varier les formes du despotisme et les nuances de l'aristocratie ! Ils ont fastueusement proclamé la souveraineté du peuple, et ils l'ont enchaîné ; tout en reconnaissant que les magistrats sont ses mandataires, ils les ont traités comme ses dominateurs et comme ses idoles : tous se sont accordés à supposer le peuple insensé et mutin, et les fonctionnaires publics essentiellement sages et vertueux. Sans chercher des exemples chez les nations étrangères, nous pourrions en trouver de bien frappants au sein de notre révolution, et dans la conduite même des législatures qui nous ont précédés. Voyez avec quelle lâcheté elles encensaient la royauté ! avec quelle impudence elles prêchaient la confiance aveugle pour les fonctionnaires publics corrompus ! avec quelle insolence elles avilissaient le peuple ! avec quelle barbarie elles l'assassinaient ! Cependant, voyez de quel côté étaient les vertus civiques ; rappelez-vous les sacrifices généreux de l'indigence et la honteuse avarice des riches, rappelez-vous le sublime dévouement des soldats et les infâmes trahisons des généraux, le courage invincible, la patience magnanime du peuple, et le lâche égoïsme, la perfidie odieuse de ses mandataires !

Mais ne nous étonnons pas trop de tant d'injustices. Au sortir d'une si profonde corruption, comment pouvaient-ils respecter l'humanité, chérir l'égalité, croire à la vertu ? Nous, malheureux, nous élevons le temple de la liberté avec des mains encore flétries des fers de la servitude ! Qu'était notre ancienne éducation, sinon une leçon continuelle d'égoïsme et de sotte vanité ? Qu'étaient nos usages et nos prétendues lois, sinon le code de l'impertinence et de la bassesse, où le mépris des hommes était soumis à une espèce de tarif, et gradué suivant des règles aussi bizarres que multipliées ? Mépriser et être méprisé, ramper pour dominer ; esclaves et tyrans tour à tour ; tantôt à genoux devant un maître, tantôt foulant aux pieds le peuple : telle était notre destinée, telle était noire ambition à nous tous tant que nous étions, *hommes bien nés ou hommes bien élevés, honnêtes gens ou gens comme il faut, hommes de loi et financiers, robins ou hommes d'épée.* Faut-il donc s'étonner si tant de marchands stupides, si tant de bourgeois égoïstes conservent encore pour les artisans ce dédain insolent que les nobles prodiguaient aux bourgeois et aux marchands eux-mêmes ? Oh ! le noble orgueil ! la belle éducation ! Voilà cependant pourquoi les grandes destinées du monde sont arrêtées ! voilà pourquoi le sein de la patrie est déchiré par les traîtres ! voilà pourquoi les satellites féroces des despotes de l'Europe ont ravagé nos moissons, incendié nos cités, massacré nos femmes et nos enfants ! Le sang de trois cent mille Français a déjà coulé ! Le sang de trois cent mille autres va peut-être couler encore, afin que le simple laboureur ne puisse siéger au sénat à côté du riche marchand de grains, afin que l'artisan ne puisse voter dans les assemblées du peuple à côté de l'illustre négociant ou du présomptueux avocat, et que le pauvre, intelligent et vertueux, ne puisse garder l'attitude d'un homme en présence du riche imbécile et corrompu ? Insensés, qui appelez des maîtres, pour ne point avoir d'égaux, croyez-vous donc que les tyrans adopteront tous les calculs de votre triste vanité et de votre lâche cupidité ! Croyez-vous que le peuple, qui a conquis la liberté, qui versait son sang pour la patrie, quand vous dormiez dans la mollesse ou que vous conspiriez dans les ténèbres, se laissera enchaîner, affamer, égorger par vous ? Non ! Si vous ne respectez ni l'humanité, ni la justice, ni l'honneur, conservez du moins quelque soin de vos trésors, qui n'ont d'autre ennemi que l'excès de la misère publique, que vous aggravez avec tant d'imprudence ! Mais quel motif peut toucher des esclaves orgueilleux ? La voix de la vérité, qui tonne dans les cœurs corrompus, ressemble aux sons qui retentissent dans les tombeaux, et qui ne réveillent point les cadavres.

Vous donc, à qui la liberté, à qui la patrie est chère, chargez-vous seuls du soin de la sauver, et puisque le moment où l'intérêt pressant de sa défense semblait exiger toute voire attention est celui où l'on veut élever précipitamment l'édifice de la constitution d'un grand peuple, fondez-la du moins sur la base éternelle de la vérité ! Posez d'abord cette maxime incontestable : *Que le peuple est bon, et que ses délégués sont corruptibles ; que c'est dans la vertu et dans la souveraineté du peuple qu'il faut chercher*

Maximilien de Robespierre

un préservatif contre les vices et le despotisme du gouvernement.

De ce principe incontestable, tirons maintenant des conséquences pratiques, qui sont autant de bases de toute constitution libre.

La corruption des gouvernements a sa source dans l'excès de leur pouvoir, et dans leur indépendance du souverain. Remédiez à ce double abus.

Commencez par modérer la puissance des magistrats.

Jusqu'ici les politiques qui ont semblé vouloir faire quelque effort, moins pour défendre la liberté que pour modifier la tyrannie, n'ont pu imaginer que deux moyens de parvenir à ce but ; l'un est l'équilibre des pouvoirs, et l'autre le tribunat.

Quant à l'équilibre des pouvoirs, nous avons pu être les dupes de ce prestige dans un temps où la mode semblait exiger de nous cet hommage à nos voisins, dans un temps où l'excès de notre propre dégradation nous permettait d'admirer toutes les institutions étrangères qui nous offraient quelque faible image de la liberté ; mais, pour peu qu'on réfléchisse, ont s'aperçoit aisément que cet équilibre ne peut être qu'une chimère ou un fléau, qu'il supposerait la nullité absolue du gouvernement, s'il n'amenait nécessairement une ligue des pouvoirs rivaux contre le peuple ; car on sent aisément qu'ils aiment beaucoup mieux s'accorder que d'appeler le souverain pour juger sa propre cause : témoin l'Angleterre, où l'or et le pouvoir du monarque font constamment pencher la balance du même côté, où le parti de l'opposition ne paraît solliciter de temps en temps la réforme de la représentation nationale que pour l'éloigner, de concert avec la majorité qu'elle semble combattre ; espèce de gouvernement monstrueux, où les vertus publiques ne sont qu'une scandaleuse parade, où le fantôme de la liberté anéantit la liberté même, où la loi consacre le despotisme, où les droits du peuple sont l'objet d'un trafic avoué, où la corruption est dégagée du frein même de la pudeur.

Eh ! que nous importe les combinaisons qui balancent l'autorité des tyrans ! C'est la tyrannie qu'il faut extirper : ce n'est pas dans les querelles de leurs maîtres que les peuples doivent chercher l'avantage de respirer quelques instants ; c'est dans leur propre force qu'il faut placer la garantie de leurs droits.

C'est par la même raison que je ne suis pas plus partisan de l'institution du tribunat ; l'histoire ne m'a pas appris à le respecter. Je ne confie point la défense d'une si grande cause à des hommes faibles ou corruptibles : la protection des tribuns suppose l'esclavage du peuple. Je n'aime point que le peuple romain se retire sur le Mont-Sacré pour demander des protecteurs à un sénat despotique et à des patriciens insolents : je veux qu'il reste dans Rome, et qu'il en chasse tous ses tyrans. Je hais autant que les patriciens eux-mêmes, et je méprise beaucoup plus ces tribuns ambitieux, ces vils mandataires du peuple qui vendent aux grands de Rome leurs discours et leur silence, et qui ne l'ont quelquefois défendu que pour marchander sa liberté avec ses oppresseurs.

Il n'y a qu'un seul tribun du peuple que je puisse avouer ; c'est le peuple lui-même : c'est à chaque section de la république française que je renvoie la puissance tribunitienne ; et il est facile de l'organiser d'une manière également éloignée des tempêtes de la démocratie absolue et de la perfide tranquillité du despotisme représentatif.

Mais avant de poser les digues qui doivent défendre la liberté publique contre les débordements de la puissance des magistrats, commençons par la réduire à de justes bornes.

Une première règle pour parvenir à ce but, c'est que la durée de leur pouvoir doit être courte, en appliquant surtout ce principe à ceux dont l'autorité est plus étendue ;

2° Que nul ne puisse exercer en même temps plusieurs magistratures ;

3° Que le pouvoir soit divisé : il vaut mieux multiplier les fonctionnaires publics que de confier à quelques-uns une autorité trop redoutable ;

4° Que la législation et l'exécution soient séparées soigneusement ;

5° Que les diverses branches de l'exécution soient elles-mêmes distinguées le plus qu'il est possible, selon la nature même des affaires, et confiées à des mains différentes.

L'un des plus grands vices de l'organisation actuelle, c'est la trop grande étendue de chacun des départements ministériels, où sont entassées diverses branches d'administration très-distinctes par leur nature.

Le ministère de l'intérieur surtout, tel qu'on s'est obstiné à le conserver jusqu'ici provisoirement, est un monstre politique, qui aurait probablement dévoré la république naissante, si la force de l'esprit public, animé par le mouvement de la révolution, ne l'avait défendue jusqu'ici, et contre les vices de l'institution, et contre ceux des individus.

Au reste, vous ne pourrez jamais empêcher que les dépositaires du

Maximilien de Robespierre

pouvoir exécutif ne soient des magistrats très-puissants ; ôtez-leur donc toute autorité et toute influence étrangère à leurs fonctions.

Ne permettez pas qu'ils assistent et qu'ils votent dans les assemblées du peuple, pendant la durée de leur agence. Appliquez la même règle aux fonctionnaires publics en général.

Éloignez de leurs mains le trésor public ; confiez-le à des dépositaires et à des surveillants qui ne puissent participer eux-mêmes à aucune autre espèce d'autorité.

Laissez dans les départements, et sous la main du peuple, la portion des tributs publics qu'il ne sera pas nécessaire de verser dans la caisse générale, et que les dépenses soient acquittées sur les lieux autant qu'il sera possible.

Vous vous garderez bien de remettre à ceux qui gouvernent des sommes extraordinaires, sous quelque prétexte que ce soit, surtout sous le prétexte de former l'opinion.

Toutes ces manufactures d'esprit public ne fournissent que des poisons : nous en avons fait récemment une cruelle expérience, et le premier essai de cet étrange système ne doit pas nous inspirer beaucoup de confiance dans ses inventeurs. Ne perdez jamais de vue que c'est à l'opinion publique de juger les hommes qui gouvernent, et non à ceux-ci de maîtriser et de créer l'opinion publique.

Mais il est un moyen général et non moins salutaire de diminuer la puissance des gouvernements au profit de la liberté et du bonheur des peuples.

Il consiste dans l'application de cette maxime, énoncée dans la Déclaration des Droits que je vous ai proposée : *La loi ne peut défendre que ce qui est nuisible à la société ; elle ne peut ordonner que ce qui lui est utile.*

Fuyez la manie ancienne des gouvernements de vouloir trop gouverner ; laissez aux individus, laissez aux familles le droit de faire ce qui ne nuit point à autrui ; laissez aux communes le pouvoir de régler elles-mêmes leurs propres affaires en tout ce qui ne tient pas essentiellement à l'administration générale de la république ; en un mot, rendez à la liberté individuelle tout ce qui n'appartient pas naturellement à l'autorité publique, et vous aurez laissé d'autant moins de prise à l'ambition et à l'arbitraire.

SUR LA CONSTITUTION

Respectez surtout la liberté du souverain dans les assemblées primaires. Par exemple, en supprimant ce code énorme qui entrave et anéantit le droit de voter, sous le prétexte de le régler, vous ôterez des armes infiniment dangereuses à l'intrigue et au despotisme des directoires ou des législatures ; de même qu'en simplifiant le code civil, en abattant la féodalité, les dîmes et tout le gothique édifice du droit canonique, on rétrécit singulièrement le domaine du despotisme judiciaire.

Au reste, quelque utiles que soient toutes ces précautions, vous n'aurez rien fait encore si vous ne prévenez la seconde espèce d'abus que j'ai indiquée, qui est l'indépendance du gouvernement.

La Constitution doit s'appliquer surtout à soumettre les fonctionnaires publics à une responsabilité imposante, en les mettant dans la dépendance réelle non des individus, mais du souverain.

Celui qui est indépendant des hommes se rend bientôt Indépendant de ses devoirs : l'impunité est la mère comme la sauvegarde du crime, et le peuple est toujours asservi dès qu'il n'est plus craint.

Il est deux espèces de responsabilités, l'une qu'on peut appeler morale, et l'autre physique.

La première consiste principalement dans la publicité, mais suffit-il que la constitution assure la publicité des opérations et des délibérations du gouvernement ? Non ; il faut encore lui donner toute l'étendue dont elle est susceptible.

La nation entière a le droit de connaître la conduite de ses mandataires. Il faudrait, s'il était possible, que l'assemblée des délégués du peuple délibérât en présence du peuple entier ; un édifice vaste et majestueux, ouvert à douze mille spectateurs, devrait être le lieu des séances du corps législatif. Sous les yeux d'un si grand nombre de témoins ni la corruption, ni l'intrigue, ni la perfidie n'oseraient se montrer ; la volonté générale serait seule consultée : la voix de la raison et de l'intérêt public serait seule entendue. Mais l'admission de quelques centaines de spectateurs, encaissés dans un local étroit et incommode, offre-t-elle une publicité proportionnée à l'immensité de la nation, surtout lorsqu'une foule d'agents mercenaires effraient le corps législatif pour intercepter ou pour altérer la vérité par les récits infidèles qu'ils répandent dans toute la république ? Que serait-ce donc, si les mandataires eux-mêmes méprisaient cette petite portion du public qui les voit ; s'ils voulaient faire regarder comme deux espèces d'hommes différentes les habitants

Maximilien de Robespierre

du lieu où ils résident et ceux qui sont éloignés d'eux : s'ils dénonçaient perpétuellement ceux qui sont les témoins de leurs actions à ceux qui lisent leurs pamphlets, pour rendre la publicité non-seulement inutile, mais funeste à la liberté !

Les hommes superficiels ne devineront jamais qu'elle a été sur la Révolution l'influence du local qui a recélé le Corps-Législatif, et les hommes de mauvaise foi n'en conviendront pas ; mais les amis éclairés du bien public n'ont pas vu sans indignation qu'après avoir appelé les regards du peuple autour d'elle pour résister à la cour, la première législature les ait fuis autant qu'il était en son pouvoir, lorsqu'elle a voulu se liguer avec la cour contre le peuple ; qu'après s'être en quelque sorte cachée à l'Archevêché, où elle porta la loi martiale, elle se soit renfermée dans le Manège, où elle s'environna de baïonnettes pour ordonner le massacre des meilleurs citoyens au Champ de Mars, sauver le parjure Louis, et miner les fondements de la liberté ! Ses successeurs se sont bien gardés d'en sortir. Les rois ou les magistrats de l'ancienne police faisaient bâtir en quelques jours une magnifique salle d'Opéra, et, à la honte de la raison humaine, quatre ans se sont écoulés avant qu'on eût préparé une nouvelle demeure à la représentation nationale ! Que dis-je, celle même où elle vient d'entrer est-elle plus favorable à la publicité et plus digne de la nation ? Non ; tous les observateurs se sont aperçus qu'elle a été disposée avec beaucoup d'intelligence par le même esprit d'intrigue, sous les auspices d'un ministre pervers, pour retrancher les mandataires corrompus contre les regards du peuple. On a même fait des progrès en ce genre ; on a enfin trouvé le secret, recherché depuis si longtemps, d'exclure le public en l'admettant ; de faire qu'il puisse assister aux séances, mais qu'il ne puisse entendre, si ce n'est dans le petit espace réservé aux *honnêtes gens* et aux journalistes ; enfin, qu'il soit absent et présent tout à la fois. La postérité s'étonnera de l'insouciance avec laquelle une grande nation a souffert si longtemps ces lâches et grossières manœuvres, qui compromettent à la fois sa dignité, sa liberté et son salut.

Pour moi, je pense que la constitution ne doit pas se borner à ordonner que les séances du Corps-Législatif et des autorités constituées soient publiques, mais encore qu'elle ne doit pas dédaigner de s'occuper des moyens de leur assurer la plus grande publicité ; qu'elle doit interdire aux mandataires le pouvoir d'influer en aucune manière sur la composition de l'auditoire, et de rétrécir arbitrairement l'étendue du

SUR LA CONSTITUTION

lieu qui doit recevoir le peuple : elle doit pourvoir à ce que la législature réside au sein d'une immense population, et délibère sous les yeux de la plus grande multitude possible de citoyens.

Le principe de la responsabilité morale veut encore que les agents du gouvernement rendent, à des époques déterminées et assez rapprochées, des comptes exacts et circonstanciés de leur gestion ; que ces comptes soient rendus publics par la voie de l'impression, et soumis à la censure de tous les citoyens ; qu'ils soient envoyés en conséquence à tous les départements, à toutes les administrations et à toutes les communes.

À l'appui de la responsabilité morale, il faut déployer la responsabilité physique, qui est, en dernière analyse, la plus sûre gardienne de la liberté : elle consiste dans la punition des fonctionnaires publics prévaricateurs.

Un peuple dont les mandataires ne doivent compte à personne de leur gestion n'a point de constitution ; un peuple dont les mandataires ne rendent compte qu'à d'autres mandataires inviolables n'a point de constitution, puisqu'il dépend de ceux-ci de le trahir impunément, et de le laisser trahir par les autres. Si c'est là le sens qu'on attache au gouvernement représentatif, j'avoue que j'adopte tous les anathèmes prononcés contre lui par Jean-Jacques Rousseau. Au reste, ce mot a besoin d'être expliqué, comme beaucoup d'autres, ou plutôt il s'agit bien moins de définir le gouvernement français que de le constituer.

Dans tout État libre, les crimes publics des magistrats doivent être punis aussi sévèrement et aussi facilement que les crimes privés des citoyens, et le pouvoir de réprimer les attentats du gouvernement doit retourner au souverain.

Je sais que le peuple ne peut pas être un juge toujours en activité ; aussi n'est-ce pas là ce que je veux ; mais je veux encore moins que ses délégués soient des despotes au-dessus des lois. On peut remplir l'objet que je propose par des mesures simples dont je vais développer la théorie :

1° Je veux que tous les fonctionnaires publics nommés par le peuple puissent être révoqués par lui, selon les formes qui seront établies, sans autre motif que le droit imprescriptible qui lui appartient de révoquer ses mandataires ;

2° Il est naturel que le corps chargé de faire les lois surveille ceux qui sont commis pour les faire exécuter ; les membres de l'agence exécutive

Maximilien de Robespierre

seront donc tenus de rendre compte de leur gestion au Corps-Législatif. En cas de prévarication, il ne pourra pas les punir, parce qu'il ne faut pas lui laisser ce moyen de s'emparer de la puissance exécutive ; mais il les accusera devant un tribunal populaire, dont l'unique fonction sera de connaître des prévarications des fonctionnaires publics. Les membres du Corps-Législatif ne pourront être poursuivis par ce tribunal à raison des opinions qu'ils auront manifestées dans les Assemblées, mais seulement pour les faits positifs de corruption ou de trahison dont ils pourraient être prévenus. Les délits ordinaires qu'ils pourraient commettre sont du ressort des tribunaux ordinaires. Dans l'un et dans l'autre cas, ils pourront être jugés, ainsi que les autres fonctionnaires et les autres citoyens, sans qu'il soit nécessaire que le Corps-Législatif ait déclaré qu'il y a lieu à accusation contre eux ; seulement, l'accusateur public du tribunal sera tenu d'informer le Corps-Législatif des poursuites dirigées contre les membres prévenus.

À l'expiration de leurs fonctions, les membres de la législature et les agents de l'exécution, ou ministres, pourront être déférés au jugement solennel de leurs commettants : le peuple prononcera simplement *s'ils ont conservé ou perdu sa confiance*. Le jugement qui déclarera qu'ils ont perdu sa confiance emportera l'incapacité de remplir aucune fonction publique. Le peuple ne décernera pas de peine plus forte, et si les mandataires sont coupables de quelques crimes particuliers et formels, il pourra les renvoyer au tribunal établi pour les punir.

Ces dispositions s'appliqueront également aux membres du tribunal populaire.

Quelque nécessaire qu'il soit de contenir les magistrats, il ne l'est pas moins de les bien choisir : c'est sur cette double base que la liberté doit être fondée. Ne perdez pas de vue que, dans le gouvernement représentatif, il n'est pas de lois constitutives aussi importantes que celles qui garantissent la pureté des élections.

Ici je vois répandre de dangereuses erreurs, ici je m'aperçois qu'on abandonne les premiers principes du bon sens et de la liberté pour poursuivre de vaines abstractions métaphysiques. Par exemple, on veut que dans tous les points de la république les citoyens votent pour la nomination de chaque mandataire, de manière que l'homme de mérite et de vertu qui n'est connu que de la contrée qu'il habite ne puisse jamais être appelé à représenter ses compatriotes, et que les charlatans fameux, qui ne sont pas toujours les meilleurs citoyens ni les hommes les plus éclairés, ou les intrigants, portés par un parti puissant qui dominerait dans toute la république, soient à perpétuité et exclusivement les représentants nécessaires du peuple français.

Mais en même temps, on enchaîne le souverain par des règlements tyranniques ; partout on dégoûte le peuple des assemblées ; on en éloigne les sans-culottes par des formalités infinies : que dis-je ! on les chasse par la famine, car on ne songe pas même à les indemniser du temps qu'ils dérobent à la subsistance de leurs familles pour le consacrer aux affaires publiques.

Voilà cependant les principes conservateurs de la liberté que la constitution doit maintenir : tout le reste n'est que charlatanisme, intrigue et despotisme.

Faites en sorte que le peuple puisse assister aux assemblées publiques, car lui seul est l'appui de la liberté et de la justice : les aristocrates, les intrigants en sont les fléaux.

Qu'importe que la loi rende un hommage hypocrite à l'égalité des droits, si la plus impérieuse de toutes les lois, la nécessité, force la partie la plus saine et la plus nombreuse du peuple à y renoncer ! Que la patrie indemnise l'homme qui vit de son travail, lorsqu'il assiste aux assemblées publiques ; qu'elle salarie par la même raison, d'une manière proportionnée, tous les fonctionnaires publics ; que les règles des élections, que les formes des délibérations soient aussi simples, aussi abrégées qu'il est possible, que les jours des assemblées soient fixés aux époques les plus commodes pour la partie laborieuse de la nation.

Que l'on délibère à haute voix : la publicité est l'appui de la vertu, la sauvegarde de la vérité, la terreur du crime, le fléau de l'intrigue. Laissez les ténèbres et le scrutin secret aux criminels et aux esclaves : les hommes libres veulent avoir le peuple pour témoin de leurs pensées. Cette méthode forme les citoyens aux vertus républicaines ; elle convient à un peuple qui vient de conquérir sa liberté, et qui combat pour la défendre : quand elle cesse de lui convenir, la liberté n'est déjà plus.

Au surplus, que le peuple, je le répète, soit parfaitement libre dans ses assemblées : la constitution ne peut établir que les règles générales nécessaires pour bannir l'intrigue et maintenir la liberté même ; toute autre gêne n'est qu'un attentat à la souveraineté.

Qu'aucune autorité constituée surtout ne se mêle jamais ni de sa

Maximilien de Robespierre

police ni de ses délibérations.

Par là, vous aurez résolu le problème, encore indécis de l'économie politique populaire, de placer dans la vertu du peuple et dans l'autorité du souverain le contre-poids nécessaire des passions du magistrat et de la tendance du gouvernement à la tyrannie.

Au reste, n'oubliez pas que la solidité de la constitution elle-même s'appuie sur toutes les institutions, sur toutes les lois particulières d'un peuple : quelque nom qu'on leur donne, elles doivent toutes concourir avec elle au même but ; elle s'appuie sur la bonté des mœurs, sur la connaissance et sur le sentiment des droits sacrés de l'homme.

La déclaration des Droits est la constitution de tous les peuples : les autres lois sont muables par leur nature, et subordonnées à celle-là. Qu'elle soit sans cesse présente à tous les esprits ; qu'elle brille à la tête de votre code public ; que le premier article de ce code soit la garantie formelle de tous les droits de l'homme ; que le second porte que toute loi qui les blesse est tyrannique et nulle ; qu'elle soit portée en pompe dans vos cérémonies publiques ; qu'elle frappe les regards du peuple dans toutes ses assemblées, dans tous les lieux où résident ses mandataires ; qu'elle soit écrite sur les murs de nos maisons ; qu'elle soit la première leçon que les pères donneront à leurs enfants.

Ou me demandera peut-être comment, avec des précautions si sévères contre les magistrats, je puis assurer l'obéissance aux lois et au gouvernement. Je réponds que je l'assure davantage, précisément par ces précautions-là même : je rends aux lois et au gouvernement toute la force que j'ôte aux vices des hommes qui gouvernent et qui font des lois. Le respect qu'inspire le magistrat dépend beaucoup plus du respect qu'il porte lui-même aux lois que du pouvoir qu'il usurpe, et la puissance des lois est bien moins dans la force militaire qui les entoure, que dans leur concordance avec les principes de la justice et avec la volonté générale.

Quand la loi a pour principe l'intérêt public, elle a le peuple lui-même pour appui, et sa force est la force de tous les citoyens, dont elle est l'ouvrage et la propriété. La volonté générale et la force publique ont une origine commune : la force publique est au corps politique ce qu'est au corps humain le bras, qui exécute spontanément ce que la volonté commande, et repousse tous les objets qui peuvent menacer le cœur ou la tête.

SUR LA CONSTITUTION

Quand la force publique ne fait que seconder la volonté générale, l'État est libre et paisible ; lorsqu'elle la contrarie, l'État est asservi et agité.

La force publique est en contradiction avec la volonté générale dans deux cas : ou lorsque la loi n'est pas la volonté générale, ou lorsque le magistrat l'emploie pour violer la loi. Telle est l'horrible anarchie que les tyrans ont établie de tout temps sous le nom de tranquillité, d'ordre public, de législation et de gouvernement ; tout leur art est d'isoler et de comprimer chaque citoyen par la force pour les asservir tous à leurs odieux caprices qu'ils décorent du nom de lois.

Législateurs, faites des lois justes ; magistrats, faites-les religieusement exécuter : que ce soit là toute votre politique, et vous donnerez au monde un spectacle inconnu, celui d'un grand peuple libre et vertueux.

Maximilien de Robespierre

SUR LES PRINCIPES DE MORALE POLITIQUE QUI DOIVENT GUIDER LA CONVENTION NATIONALE DANS L'ADMINISTRATION INTÉRIEURE DE LA RÉPUBLIQUE.

CONVENTION. – *Séance du 5 février 1794.*

(17 pluviôse an II de la république française.)

Après avoir marché longtemps au hasard, et comme emportés par le mouvement des factions contraires, les représentants du peuple français ont enfin montré un caractère et un gouvernement : un changement subit dans la fortune de la nation annonça à l'Europe la régénération qui s'était opérée dans la représentation nationale. Mais jusqu'au moment même où je parle, il faut convenir que nous avons été plutôt guidés, dans des circonstances si orageuses, par l'amour du bien et le sentiment des besoins de la pairie que par une théorie exacte et des règles précises de conduite, que nous n'avions pas même le loisir de tracer.

Il est temps de marquer nettement le but de la révolution et le terme où nous voulons arriver ; il est temps de nous rendre compte à nous-mêmes, et des obstacles qui nous en éloignent encore, et des moyens que nous devons adopter pour l'atteindre…

Quel est le but où nous tendons ? La jouissance paisible de la liberté et de l'égalité, le règne de cette justice éternelle, dont les lois ont été gravées, non sur le marbre et sur la pierre, mais dans le cœur de tous les hommes, même dans celui de l'esclave qui les oublie, et du tyran qui les nie.

Nous voulons un ordre de choses où toutes les passions basses et cruelles soient enchaînées, toutes les passions bienfaisantes et généreuses éveillées par les lois ; où l'ambition soit le désir de mériter la gloire et de servir la patrie ; où les distinctions ne naissent que de l'égalité même ; où le citoyen soit soumis au magistrat, le magistrat au peuple, et le peuple à la justice ; où la patrie assure le bien-être de chaque individu, et où chaque individu jouisse avec orgueil de la prospérité et de la gloire de la patrie ; où toutes les âmes s'agrandissent par la communication continuelle des sentiments républicains, et par le besoin de mériter l'estime d'un grand peuple ; où les arts soient les décorations de la liberté, qui les ennoblit ; le commerce, la source de la richesse publique, et non pas seulement de l'opulence monstrueuse de quelques maisons.

Nous voulons substituer dans notre pays la morale à l'égoïsme, la probité à l'honneur, les principes aux usages, les devoirs aux bienséances, l'empire de la raison à la tyrannie de la mode, le mépris du vice au mépris du malheur, la fierté à l'insolence, la grandeur d'âme à la vanité, l'amour de la gloire à l'amour de l'argent, les bonnes gens à la bonne compagnie, le mérite à l'intrigue, le génie au bel esprit, la vérité à l'éclat, le charme du bonheur aux ennuis de la volupté, la grandeur de l'homme à la petitesse des grands, un peuple magnanime, puissant, heureux, à un peuple aimable, frivole et misérable, c'est-à-dire toutes les vertus et tous les miracles de la république à tous les vices et à tous les ridicules de la monarchie.

Nous voulons, en un mot, remplir les vœux de la nature, accomplir les destins de l'humanité, tenir les promesses de la philosophie, absoudre la Providence du long règne du crime et de la tyrannie. Que la France, jadis illustre parmi les pays esclaves, éclipsant la gloire de tous les peuples libres qui ont existé, devienne le modèle des nations, l'effroi des oppresseurs, la consolation des opprimés, l'ornement de l'univers, et qu'en scellant notre ouvrage de notre sang, nous puissions voir au moins briller l'aurore de la félicité universelle !... Voilà notre ambition, voilà notre but. Quelle nature de gouvernement peut réaliser ces prodiges ? Le seul gouvernement démocratique ou républicain : ces deux mots sont synonymes, malgré les abus du langage vulgaire ; car l'aristocratie n'est pas plus la république que la monarchie. La démocratie n'est pas un état où le peuple, continuellement assemblé, règle par lui-même toutes les affaires publiques, encore moins celui où cent mille fractions du peuple, par des mesures isolées, précipitées et contradictoires, décideraient du sort de la société entière : un tel gouvernement n'a jamais existé, et il ne pourrait exister que pour ramener le peuple au despotisme.

La démocratie est un état où le peuple, souverain, guidé par des lois qui sont son ouvrage, fait par lui-même tout ce qu'il peut bien faire, et par des délégués tout ce qu'il ne peut faire lui-même.

C'est donc dans les principes du gouvernement démocratique que vous devez chercher les règles de votre conduite politique.

Maximilien de Robespierre

Mais, pour fonder et pour consolider parmi nous la démocratie, pour arriver au règne paisible des lois constitutionnelles, il faut terminer la guerre de la liberté contre la tyrannie, et traverser heureusement les orages de la révolution : tel est le but du système révolutionnaire que vous avez organisé. Vous devez donc encore régler votre conduite sur les circonstances orageuses où se trouve la république, et le plan de votre administration doit être le résultat de l'esprit du gouvernement révolutionnaire combiné avec les principes généraux de la démocratie.

Or, quel est le principe fondamental du gouvernement démocratique ou populaire, c'est-à-dire le ressort essentiel qui le soutient et qui le fait mouvoir ? C'est la vertu : je parle de la vertu publique, qui opéra tant de prodiges dans la Grèce et dans Rome, et qui doit en produire de bien plus étonnants dans la France républicaine ; de cette vertu, qui n'est autre chose que l'amour de la patrie et de ses lois !

Mais comme l'essence de la république ou de la démocratie est l'égalité, il s'ensuit que l'amour de la patrie embrasse nécessairement l'amour de l'égalité.

Il est vrai encore que ce sentiment sublime suppose la préférence de l'intérêt public à tous les intérêts particuliers ; d'où il résulte que l'amour de la patrie suppose encore ou produit toutes les vertus : car que sont-elles autre chose que la force de l'âme qui rend capable de ces sacrifices ? et comment l'esclave de l'avarice ou de l'ambition, par exemple, pourrait-il immoler son idole à la patrie ?

Non-seulement la vertu est l'âme de la démocratie, mais elle ne peut exister que dans ce gouvernement. Dans la monarchie, je ne connais qu'un individu qui peut aimer la patrie, et qui pour cela n'a pas même besoin de vertu ; c'est le monarque : la raison en est que de tous les habitants de ses États le monarque est le seul qui ait une patrie. N'est-il pas le souverain au moins de fait ? N'est-il pas à la place du peuple ? Et qu'est-ce que la patrie, si ce n'est le pays où l'on est citoyen et membre du souverain ?

Par une conséquence du même principe, dans les États aristocratiques le mot *patrie* ne signifie quelque chose que pour les familles patriciennes, qui ont envahi la souveraineté.

Il n'est que la démocratie où l'État est véritablement la patrie de tous les individus qui le composent, et peut compter autant de défenseurs intéressés à sa cause qu'il renferme de citoyens. Voilà la source de la supériorité des peuples libres sur les autres : si Athènes et Sparte ont triomphé des tyrans de l'Asie, et les Suisses des tyrans de l'Espagne et de l'Autriche, il n'en faut point chercher d'autre cause.

Mais les Français sont le premier peuple du monde qui ait établi la véritable démocratie en appelant tous les hommes à L'égalité et à la plénitude des droits du citoyen ; et c'est là, à mon avis, la véritable raison pour laquelle tous les tyrans ligués contre la république seront vaincus.

Il est dès ce moment de grandes conséquences à tirer des principes que nous venons d'exposer.

Puisque l'âme de la république est la vertu, l'égalité, et que votre but est de fonder, de consolider la république, il s'ensuit que la première règle de votre conduite, politique doit être de rapporter toutes vos opérations au maintien de l'égalité et au développement de la vertu ; car le premier soin du législateur doit être de fortifier le principe du gouvernement. Ainsi, tout ce qui tend à exciter l'amour de la patrie, à purifier les mœurs, à élever les âmes, à diriger les passions du cœur humain vers l'intérêt public, doit être adopté ou établi par vous ; tout ce qui tend à les concentrer dans l'abjection du mot personnel, à réveiller l'engouement pour les petites choses et le mépris des grandes, doit être rejeté ou réprimé par vous. Dans le système de la révolution française, ce qui est immoral et impolitique, ce qui est corrupteur est contre-révolutionnaire. La faiblesse, les vices, les préjugés sont le chemin de la royauté. Entraînés trop souvent peut-être par le poids de nos anciennes habitudes, autant que par la pente insensible de la faiblesse humaine, vers les idées fausses et vers les sentiments pusillanimes, nous avons bien moins à nous défendre des excès d'énergie que des excès de faiblesse : le plus grand écueil peut-être que nous ayons à éviter n'est pas la ferveur du zèle, mais plutôt la lassitude du bien et la peur de notre propre courage. Remontez donc sans cesse le ressort sacré du gouvernement républicain, au lieu de le laisser tomber. Je n'ai pas besoin de dire que je ne veux ici justifier aucun excès ; on abuse des principes les plus sacrés : c'est à la sagesse du gouvernement à consulter les circonstances, à saisir les moments, à choisir les moyens ; car la manière de préparer les grandes choses est une partie essentielle du talent de les faire, comme la sagesse est elle-même une partie de la vertu.

Nous ne prétendons pas jeter la république française dans le moule de celle de Sparte ; nous ne voulons lui donner ni l'austérité ni la corruption des cloîtres. Nous venons de vous présenter dans toute sa pureté le

Maximilien de Robespierre

principe moral et politique du gouvernement populaire. Vous avez donc une boussole qui peut vous diriger au milieu des orages de toutes les passions et du tourbillon des intrigues qui vous environnent ; vous avez la pierre de touche par laquelle vous pouvez essayer toutes vos lois, toutes les propositions qui vous sont faites. En la comparant sans cesse avec ce principe, vous pourrez désormais éviter l'écueil ordinaire des grandes assemblées, le danger des surprises et des mesures précipitées, incohérentes et contradictoires ; vous pourrez donner à toutes vos opérations l'ensemble, l'unité, la sagesse et la dignité qui doivent annoncer les représentants du premier peuple du monde.

Ce ne sont pas les conséquences faciles du principe de la démocratie qu'il faut détailler ; c'est ce principe simple et fécond qui mérite d être lui-même développé.

La vertu républicaine peut être considérée par rapport au peuple et par rapport au gouvernement ; elle est nécessaire dans l'un et dans l'autre. Quand le gouvernement seul en est privé, il reste une ressource dans celle du peuple ; mais quand le peuple lui-même est corrompu, la liberté est déjà perdue.

Heureusement, la vertu est naturelle au peuple, en dépit des préjugés aristocratiques. Une nation est vraiment corrompue lorsqu'après avoir perdu par degrés son caractère et sa liberté, elle passe de la démocratie à l'aristocratie ou à la monarchie : c'est la mort du corps politique par la décrépitude. Lorsqu'après quatre cents ans de gloire, l'avarice a enfin chassé de Sparte les mœurs avec les lois de Lycurgue, Agis meurt en vain pour les rappeler ! Démosthènes a beau tonner contre Philippe, Philippe trouve dans les vices d'Athènes, dégénérée, des avocats plus éloquents que Démosthènes ! Il y a bien encore dans Athènes une population aussi nombreuse que du temps de Miltiade et d'Aristide ; mais il n'y a plus d'Athéniens. Qu'importe que Brutus ait tué le tyran ! La tyrannie vit encore dans les cœurs, et Rome n'existe plus que dans Brutus.

Mais lorsque, par des efforts prodigieux de courage et de raison, un peuple brise les chaînes du despotisme pour en faire des trophées à la liberté ; lorsque par la force de son tempérament moral, il sort en quelque sorte des bras de la mort pour reprendre toute la vigueur de la jeunesse : lorsque, tour à tour sensible et fier, intrépide et docile, il ne peut être arrêté ni par les remparts inexpugnables, ni par les armées innombrables des tyrans armés contre lui, et qu'il s'arrête de lui-même

SUR LES PRINCIPES DE MORALE POLITIQUE...

devant l'image de la loi, s'il ne s'élance pas rapidement à la hauteur de ses destinées, ce ne pourrait être que la faute de ceux qui le gouvernent.

D'ailleurs, on peut dire en un sens que pour aimer la justice et l'égalité le peuple n'a pas besoin d'une grande vertu ; il lui suffit de s'aimer lui-même.

Mais le magistrat est obligé d'immoler son intérêt à l'intérêt du peuple, et l'orgueil du pouvoir à l'égalité : il faut que la loi parle surtout avec empire à celui qui en est l'organe ; il faut que le gouvernement pèse sur lui-même pour tenir toutes ses parties en harmonie avec elle. S'il existe un corps représentatif, une autorité première constituée par le peuple, c'est à elle de surveiller et de réprimer sans cesse tous les fonctionnaires publics. Mais qui la réprimera elle même, sinon sa propre vertu ? Plus cette source de l'ordre public est élevée, plus elle doit être pure ; il faut donc que le corps représentatif commence par soumettre dans son sein toutes les passions privées à la passion générale du bien public. Heureux les représentants, lorsque leur gloire et leur intérêt même les attachent autant que leurs devoirs à la cause de la liberté !

Déduisons de tout ceci une grande vérité : c'est que le caractère du gouvernement populaire est d'être confiant dans le peuple et sévère envers lui-même.

Ici se bornerait tout le développement de notre théorie, si vous n'aviez qu'à gouverner dans le calme le vaisseau de la république ; mais la tempête gronde, et l'état de révolution où vous êtes vous impose une autre tâche…

Il faut étouffer les ennemis intérieurs et extérieurs de la république, ou périr avec elle ; or, dans cette situation, la première maxime de votre politique doit être que l'on conduit le peuple par la raison, et les ennemis du peuple par la terreur.

Si le ressort du gouvernement populaire dans la paix est la vertu, le ressort du gouvernement populaire en révolution est à la fois la vertu et la terreur : la vertu, sans laquelle la terreur est funeste ; la terreur, sans laquelle la vertu est impuissante. La terreur n'est autre chose que la justice prompte, sévère, inflexible ; elle est donc une émanation de la vertu ; elle est moins un principe particulier qu'une conséquence du principe de la démocratie appliqué aux plus pressants besoins de la patrie.

On a dit que la terreur était le ressort du gouvernement despotique.

Maximilien de Robespierre

Le vôtre ressemble-t-il donc au despotisme ? Oui, comme le glaive qui brille dans les mains des héros de la liberté ressemble à celui dont les satellites de la tyrannie sont armés. Que le despote gouverne par la terreur ses sujets abrutis, il a raison comme despote : domptez par la terreur les ennemis de la liberté, et vous aurez raison comme fondateurs de la république. Le gouvernement de la révolution est le despotisme de la liberté contre la tyrannie. La force n'est-elle faite que pour protéger le crime, et n'est-ce pas pour frapper les têtes orgueilleuses que la foudre est destinée ?

La nature impose à tout être physique et moral la loi de pourvoir à sa conservation : le crime égorge l'innocence pour régner, et l'innocence se débat de toutes ses forces dans les mains du crime. Que la tyrannie règne un seul jour ; le lendemain, il ne restera plus un patriote. Jusques à quand la fureur des despotes sera-t-elle appelée justice, et la justice du peuple barbarie ou rébellion ? Comme on est tendre pour les oppresseurs, et inexorable pour les opprimés ! Rien de plus naturel ; quiconque ne hait point le crime ne peut aimer la vertu.

Il faut cependant que l'un ou l'autre succombe. Indulgence pour les royalistes ! s'écrient certaines gens ; grâce pour les scélérats !... Non ! Grâce pour l'innocence, grâce pour les faibles, grâce pour les malheureux, grâce pour l'humanité !

La protection sociale n'est due qu'aux citoyens paisibles ; il n'y a de citoyens dans la république que les républicains. Les royalistes, les conspirateurs ne sont pour elle que des étrangers, où plutôt des ennemis. Cette guerre terrible que soutient la liberté contre la tyrannie n'est-elle pas indivisible ? Les ennemis du dedans ne sont-ils pas les alliés des ennemis du dehors ? Les assassins qui déchirent la patrie dans l'intérieur, les intrigants qui achètent les consciences des mandataires du peuple, les traîtres qui les vendent, les libellistes mercenaires soudoyés pour déshonorer la cause du peuple, pour tuer la vertu publique, pour attiser le feu des discordes civiles, et pour préparer la contre-révolution politique par la contre-révolution morale, tous ces gens-là sont-ils moins coupables ou moins dangereux que les tyrans qu'ils servent ? Tous ceux qui interposent leur douceur parricide entre ces scélérats et le glaive vengeur de la justice nationale ressemblent à ceux qui se jetaient entre les satellites des tyrans et les baïonnettes de nos soldats ; tous les élans de leur fausse sensibilité ne me paraissent que des soupirs échappés vers l'Angleterre et vers l'Autriche.

SUR LES PRINCIPES DE MORALE POLITIQUE...

Eh ! pour qui donc s'attendriraient-ils ? Serait-ce pour deux cent mille héros, l'élite de la nation, moissonnés par le fer des ennemis de la liberté, ou par les poignards des assassins royaux ou fédéralistes ? Non, ce n'étaient que des plébéiens, des patriotes !... Pour avoir droit à leur tendre intérêt, il faut être au moins la veuve d'un général qui a trahi vingt fois la patrie ; pour obtenir leur indulgence, il faut presque prouver qu'on a fait immoler dix mille Français, comme un général romain, pour obtenir le triomphe, devait avoir tué, je crois, dix mille ennemis.

On entend de sang-froid le récit des horreurs commises par les tyrans contre les défenseurs de la liberté, nos femmes horriblement mutilées, nos enfants massacrés sur le sein de leurs mères, nos prisonniers expiant dans d'horribles tourments leur héroïsme touchant et sublime ; on appelle une horrible boucherie la punition trop lente de quelques monstres, engraissés du plus pur sang de la patrie !

On souffre avec patience la misère des citoyennes généreuses qui ont sacrifié à la plus belle des causes leurs frères, leurs enfants, leurs époux ; mais on prodigue les plus généreuses consolations aux femmes des conspirateurs ; il est reçu qu'elles peuvent impunément séduire la justice, plaider contre la liberté la cause de leurs proches et de leurs complices ; on en a fait presque une corporation privilégiée, créancière et pensionnaire du peuple.

Avec quelle bonhomie nous sommes encore la dupe des mots ! Comme l'aristocratie et le modérantisme nous gouvernent encore par les maximes meurtrières qu'ils nous ont données !

L'aristocratie se défend mieux par ses intrigues, que le patriotisme par ses services. On veut gouverner les révolutions par les arguties du palais ; on traite les conspirations contre la république comme les procès entre les particuliers. La tyrannie est, et la liberté plaide ; et le code fait par les conspirateurs eux-mêmes est la loi par laquelle on les juge.

Quand il s'agit du salut de la patrie, le témoignage de l'univers ne peut suppléer à la preuve testimoniale, ni l'évidence même à la preuve littérale.

La lenteur des jugements équivaut à l'impunité ; l'incertitude de la peine encourage tous les coupables, et cependant on se plaint de la sévérité de la justice ! on se plaint de la détention des ennemis de la république ! On cherche ses exemples dans l'histoire des tyrans, parce qu'on ne veut pas les choisir dans celle des peuples, ni les puiser dans le génie de la liberté menacée. À Rome, quand le consul découvrit la conjuration et l'étouffa au même instant par la mort des complices de Catilina, il fut accusé d'avoir violé les formes… Par qui ? par l'ambitieux César, qui voulait grossir son parti de la horde des conjurés ; par les Pison, les Clodius, et tous les mauvais citoyens, qui redoutaient pour eux-mêmes la vertu d'un vrai Romain et la sévérité des lois.

Punir les oppresseurs de l'humanité, c'est clémence ; leur pardonner, c'est barbarie. La rigueur des tyrans n'a pour principe que la rigueur : celle du gouvernement républicain part de la bienfaisance.

Aussi, malheur à celui qui oserait diriger vers le peuple la terreur, qui ne doit approcher que de ses ennemis ! malheur à celui qui, confondant les erreurs inévitables du civisme avec les erreurs calculées de la perfidie, ou avec les attentats des conspirateurs, abandonne l'intrigant dangereux pour poursuivre le citoyen paisible ! Périsse le scélérat qui ose abuser du nom sacré de la liberté, ou des armes redoutables qu'elle lui a confiées, pour porter le deuil ou la mort dans le cœur des patriotes ! Cet abus a existé, on ne peut en douter ; il a été exagéré sans doute par l'aristocratie ; mais n'existât-il dans toute la république qu'un seul homme vertueux persécuté par les ennemis de la liberté, le devoir du gouvernement serait de le rechercher avec inquiétude, et de le venger avec éclat.

Mais faut-il conclure de ces persécutions, suscitées aux patriotes par le zèle hypocrite des contre-révolutionnaires, qu'il faut rendre la liberté aux contre-révolutionnaires et renoncer à la sévérité ? Ces nouveaux crimes de l'aristocratie ne font qu'en démontrer la nécessité. Que prouve l'audace de nos ennemis, sinon la faiblesse avec laquelle ils ont été poursuivis ! elle est due en grande partie à la doctrine relâchée qu'on a prêchée dans ces derniers temps pour les rassurer. Si vous pouviez écouter ces conseils, vos ennemis parviendraient à leur but, et recevraient de vos propres mains le prix du dernier de leurs forfaits.

Qu'il y aurait de légèreté à regarder quelques victoires remportées par le patriotisme comme la fin de tous nos dangers ! Jetez un coup d'œil sur notre véritable situation ; vous sentirez que la vigilance et l'énergie vous sont plus nécessaires que jamais. Une sourde malveillance contrarie partout les opérations du gouvernement ; la fatale influence des cours étrangères, pour être plus cachée, n'en est ni moins active ni moins funeste : on sent que le crime, intimidé, n'a fait que couvrir sa marche avec plus d'adresse.

Les ennemis intérieurs du peuple français se sont divisés en deux factions, comme en deux corps d'armée. Elles marchent sous des bannières de différentes couleurs, et par des routes diverses ; mais elles marchent au même but : ce but est la désorganisation du gouvernement populaire, la ruine de la Convention, c'est-à-dire le triomphe de la tyrannie. L'une de ces deux factions nous pousse à la faiblesse, l'autre aux excès ; l'une veut changer la liberté en bacchante, l'autre en prostituée.

Des intrigants subalternes, souvent même de bons citoyens abusés, se rangent de l'un ou de l'autre parti ; mais les chefs appartiennent à la cause des rois ou de l'aristocratie, et se réunissent toujours contre les patriotes. Les fripons, lors même qu'ils se font la guerre, se haïssent bien moins qu'ils ne détestent les gens de bien. La patrie est leur proie ; ils se battent pour la partager, mais ils se liguent contre ceux qui la défendent…

Quoi est le remède à tous ces maux ? Nous n'en connaissons point d'autre que le développement de ce ressort général de la république, la vertu.

La démocratie périt par deux excès : l'aristocratie de ceux qui gouvernent, ou le mépris du peuple pour les autorités qu'il a lui-même établies ; mépris qui fait que chaque coterie, que chaque individu attire à soi la puissance publique, et ramène le peuple, par l'excès du désordre, à l'anéantissement, ou au pouvoir d'un seul.

La double tâche des modérés et des faux révolutionnaires est de nous ballotter perpétuellement entre ces deux écueils.

Mais les représentants du peuple peuvent les éviter tous deux, car le gouvernement est toujours le maître d'être juste et sage, et quand il a ce caractère, il est sûr de la confiance du peuple…

Nous nous bornerons aujourd'hui à vous proposer de consacrer par votre approbation formelle les vérités morales et politiques sur lesquelles doit être fondée votre administration intérieure et la stabilité de la république, comme vous avez déjà consacré les principes de votre conduite envers les peuples étrangers. Par là, vous rallierez tous les bons citoyens, vous ôterez l'espérance aux conspirateurs, vous assurerez votre marche, et vous confondrez les intrigants et les calomnies des rois ; vous honorerez votre cause et votre caractère aux yeux de tous

Maximilien de Robespierre

les peuples.

Donnez au peuple français ce nouveau gage de votre zèle pour protéger le patriotisme, de votre justice inflexible pour les coupables, et de votre dévoûment à la cause du peuple. Ordonnez que les principes de morale politique que nous venons de développer soient proclamés en votre nom au dedans et au dehors de la république.[1]

---

1 Les limites restreintes qui nous sont imposées nous ont obligé de faire plusieurs retranchements dans ce discours. Nous sommes pareillement obligés d'omettre, entre autre travaux importants, le *Rapport sur les principes du gouvernement révolutionnaire*, dans la séance du 25 décembre 1793 (5 nivôse an II de la République). Nous en extrairons seulement le passage suivant qui a pour objet d'établir une comparaison entre le gouvernement constitutionnel et le gouvernement révolutionnaire :

« La théorie du gouvernement révolutionnaire est aussi neuve que la révolution qui l'a amené. Il ne faut pas la chercher dans les livres des écrivains politiques qui n'ont point prévu cette révolution, ni dans les lois des tyrans qui, contents d'abuser de leur puissance, s'occupent peu d'en rechercher la légitimité. Aussi ce mot n'est-il pour l'aristocratie qu'un sujet de terreur ou un sujet de calomnie, pour les tyrans qu'un scandale, pour bien des gens qu'une énigme ; il faut l'expliquer à tous, pour rallier au moins les bons citoyens aux principes de l'intérêt public. La fonction du gouvernement est de diriger les forces morales et physiques de la nation vers le but de son institution. Le but du gouvernement constitutionnel est de conserver la république ; celui du gouvernement révolutionnaire est de la fonder. La révolution est la guerre de la liberté contre ses ennemis ; la constitution est le régime de la liberté victorieuse et paisible. Le gouvernement révolutionnaire a besoin d'une activité extraordinaire, précisément parce qu'il est en guerre. Il est soumis à des règles moins uniformes et moins rigoureuses, parce que les circonstances où il se trouve sont orageuses et mobiles, et surtout parce qu'il est forcé de déployer sans cesse des ressources nouvelles et rapides pour des dangers nouveaux et pressants. Le gouvernement constitutionnel s'occupe principalement de la liberté civile, et le gouvernement révolutionnaire de la liberté publique. Sous le régime constitutionnel, il suffit presque de protéger les individus contre l'abus de la puissance publique ; sous le régime révolutionnaire, la puissance publique elle-même est obligée de se défendre contre toutes les factions qui l'attaquent. Le gouvernement révolutionnaire doit aux bons citoyens toute la protection nationale, il ne doit aux ennemis du peuple que la mort.

» Ces notions suffisent pour expliquer l'origine et la nature des lois que nous appelons révolutionnaires. Ceux qui les nomment arbitraires ou tyranniques sont des sophistes stupides ou pervers qui cherchent à confondre les contraires ; ils veulent soumettre au même régime la paix et la guerre, la santé et la maladie, ou plutôt ils ne veulent que la résurrection de la tyrannie et la mort de la patrie. S'ils invoquent l'exécution littérale des adages constitutionnels, ce n'est que pour les violer impunément ; ce sont de lâches assassins qui, pour égorger sans péril la république au berceau, s'efforcent de la garrotter avec des maximes vagues dont ils savent bien se dégager eux-mêmes.

» Si le gouvernement révolutionnaire doit être plus actif dans sa marche, et plus libre dans ses mouvements que le gouvernement ordinaire, en est-il moins juste et moins légitime ? Non ; il est appuyé sur la plus sainte de toutes les lois, le salut du

SUR LES PRINCIPES DE MORALE POLITIQUE...

SUR LES RAPPORTS DES IDÉES RELIGIEUSES ET MORALES AVEC LES PRINCIPES RÉPUBLICAINS ET SUR LES FÊTES NATIONALES.

CONVENTION. – *Séance du 7 mai 1794.*
(18 floréal an II.)

Citoyens, c'est dans la prospérité que les peuples, ainsi que les particuliers, doivent pour ainsi dire se recueillir pour écouter, dans le silence des passions, la voix de la sagesse. Le moment où le bruit de nos victoires retentit dans l'univers est donc celui où les législateurs de la république française doivent veiller avec une nouvelle sollicitude sur eux-mêmes et sur la patrie, et affermir les principes sur lesquels doivent reposer la stabilité et la félicité de la république. Nous venons aujourd'hui soumettre à votre méditation des vérités profondes qui importent au bonheur des hommes, et vous proposer des mesures qui en découlent naturellement.

Le monde moral, beaucoup plus encore que le monde physique, semble plein de contrastes et d'énigmes. La nature nous dit que l'homme est né pour la liberté, et l'expérience des siècles nous montre l'homme esclave ; ses droits sont écrits dans son cœur, et son humiliation dans l'histoire : le genre humain respecte Caton, et se courbe sous le joug de César ; la postérité honore la vertu de Brutus, mais elle ne la permet que dans l'histoire ancienne ; les siècles et la terre sont le partage du crime et de la tyrannie ; la liberté et la vertu se sont à peine reposées un instant sur quelques points du globe : Sparte brille comme un éclair dans des ténèbres immenses.

Ne dis pas cependant, ô Brutus, que la vertu est un fantôme ! Et vous, fondateurs de la république française, gardez-vous de désespérer de l'humanité, ou de douter un moment du succès de votre grande entreprise !

peuple ; sur le plus irréfragable de tous les titres, la nécessité.

» Il a aussi ses règles, toutes puisées dans la justice et dans l'ordre public. Il n'a rien de commun avec l'anarchie ni avec le désordre ; son but, au contraire, est de les réprimer, pour amener et pour affermir le règne des lois ; il n'a rien de commun avec l'arbitraire. Ce ne sont point les passions particulières qui doivent le diriger, mais l'intérêt public. Il doit se rapprocher des principes ordinaires, dans tous les cas où ils peuvent être rigoureusement appliqués sans compromettre la liberté publique. »

Maximilien de Robespierre

Le monde a changé ; il doit changer encore. Qu'y a-t-il de commun entre ce qui est et ce qui fut ? Les nations civilisées ont succédé aux sauvages errants dans les déserts ; les moissons fertiles ont pris la place des forêts antiques qui couvraient le globe ; un monde a paru au delà des bornes du monde ; les habitants de la terre ont ajouté les mers à leur domaine immense ; l'homme a conquis la foudre, et conjuré celle du Ciel. Comparez le langage imparfait des hiéroglyphes avec les miracles de l'imprimerie ; rapprochez le voyage des Argonautes de celui de Lapeyrouse ; mesurez la distance entre les observations astronomiques des mages de l'Asie et les découvertes de Newton, ou bien entre l'ébauche tracée par la main de Dibutade et les tableaux de David.

Tout a changea dans l'ordre physique ; tout doit changer dans l'ordre moral et politique. La moitié de la révolution du monde est déjà faite ; l'autre moitié doit s'accomplir.

La raison de l'homme ressemble encore au globe qu'il habite : la moitié en est plongée dans les ténèbres quand l'autre est éclairée. Les peuples de l'Europe ont fait des progrès étonnants dans ce qu'on appelle les arts et les sciences, et ils semblent dans l'ignorance des premières notions de la morale publique ; ils connaissent tout, excepté leurs droits et leurs devoirs. D'où vient ce mélange de génie et de stupidité ? De ce que, pour chercher à se rendre habile dans les arts, il ne faut que suivre ses passions, tandis que pour défendre ses droits et respecter ceux d'autrui, il faut les vaincre. Il est encore une autre raison : c'est que les rois, qui font le destin de la terre, ne craignent ni les grands géomètres, ni les grands peintres, ni les grands poëtes, et qu'ils redoutent les philosophes rigides et les défenseurs de l'humanité.

Cependant, le genre humain est dans un état violent qui ne peut être durable. La raison humaine marche depuis longtemps contre les trônes à pas lents, et par des routes détournées, mais sûres ; le génie menace le despotisme, alors même qu'il semble le caresser : il n'est plus guère défendu que par l'habitude et par la terreur, et surtout par l'appui que lui prête la ligue des riches et de tous les oppresseurs subalternes, qu'épouvante le caractère imposant de la Révolution française.

Le peuple français semble avoir devancé de deux mille ans le reste de l'espèce humaine ; on serait tenté de le regarder au milieu d'elle comme une espèce différente : l'Europe est à genoux devant les ombres des tyrans que nous punissons.

SUR LES RAPPORTS DES IDÉES RELIGIEUSES...

En Europe, un laboureur, un artisan sont des animaux dressés pour le plaisir d'un noble. En France, les nobles cherchent à se transformer en laboureurs et en artisans, et ne peuvent pas même obtenir cet honneur.

L'Europe ne conçoit pas qu'on puisse vivre sans rois, sans nobles, et nous que l'on puisse vivre avec eux.

L'Europe prodigue son sang pour river les chaînes de l'humanité, et nous pour les briser.

Nos sublimes voisins entretiennent gravement l'univers de la santé du roi, de ses divertissements, de ses voyages ; ils veulent absolument apprendre à la postérité à quelle heure il a dîné, à quel moment il est revenu de la chasse, quelle est la terre heureuse qui à chaque instant du jour eut l'honneur d'être foulée par ses pieds augustes, quels sont les noms des esclaves privilégiés qui ont paru en sa présence au lever, au coucher du soleil.

Nous lui apprendrons, nous, les noms et les vertus des héros morts en combattant pour la liberté ; nous lui apprendrons dans quelle terre les derniers satellites des tyrans ont mordu la poussière ; nous lui apprendrons à quelle heure a sonné le trépas des oppresseurs du monde.

Oui, cette terre délicieuse que nous habitons, et que la nature caresse avec prédilection, est faite pour être le domaine de la liberté et du bonheur ; ce peuple sensible et fier est vraiment né pour la gloire et pour la vertu. Ô ma patrie ! si le destin m'avait fait naître dans une contrée étrangère et lointaine, j'aurais adressé au Ciel des vœux continuels pour ta prospérité ; j'aurais versé des larmes d'attendrissement au récit de tes combats et de tes vertus ; mon âme attentive aurait suivi avec une inquiète ardeur tous les mouvements de ta glorieuse révolution, j'aurais envié le sort de tes citoyens ; j'aurais envié celui de tes représentants : je suis Français, je suis l'un de tes réprésentants !... Ô peuple sublime ! reçois le sacrifice de tout mon être : heureux celui qui est né au milieu de toi ! plus heureux celui qui peut mourir pour ton bonheur !

Ô vous ! à qui il a confié ses intérêts et sa puissance, que ne pouvez-vous pas avec lui et pour lui !. Oui, vous pouvez montrer au monde le spectacle nouveau de la démocratie affermie dans un vaste empire. Ceux qui dans l'enfance du droit public, et du sein de la servitude ont balbutié des maximes contraires prévoyaient-ils les prodiges opérés depuis un an ? Ce qui vous reste à faire est-il plus difficile que ce que vous avez fait ? Quels sont les politiques qui peuvent vous servir de

Maximilien de Robespierre

précepteurs ou de modèles ? Ne faut-il pas que vous fassiez précisément tout le contraire de ce qui a été fait avant vous ? L'art de gouverner a été jusqu'à nos jours l'art de tromper et de corrompre les hommes, il ne doit être que celui de les éclairer et de les rendre meilleurs.

Il y a deux sortes d'égoïsmes : l'un vil, cruel, qui isole l'homme de ses semblables, qui cherche un bien-être exclusif, acheté par la misère d'autrui ; l'autre, généreux, bienfaisant, qui confond notre bonheur dans le bonheur de tous, qui attache notre gloire à celle de la patrie. Le premier fait les oppresseurs et les tyrans ; le second, les défenseurs de l'humanité. Suivons son impulsion salutaire ; chérissons le repos acheté par de glorieux travaux : ne craignons point la mort qui les couronne, et nous consoliderons le bonheur de notre patrie, et même le nôtre.

Le vice et la vertu font les destins de la terre : ce sont les deux génies opposés qui se la disputent. La source de l'un et de l'autre est dans les passions de l'homme : selon la direction qui est donnée à ses passions, l'homme s'élève jusqu'aux cieux ou s'enfonce dans des abîmes fangeux ; or le but de toutes les institutions sociales, c'est de le diriger vers la justice, qui est à la fois le bonheur public et le bonheur privé.

Le fondement unique de la société civile, c'est la morale. Toutes les associations qui nous font la guerre reposent sur le crime : ce ne sont aux yeux de la vérité que des hordes de sauvages policés et de brigands disciplinés. À quoi se réduit donc cette science mystérieuse de la politique et de la législation ? À mettre dans les lois et dans l'administration les vérités morales reléguées dans les livres des philosophes, et à appliquer à la conduite des peuples les notions triviales de probité que chacun est forcé d'adopter pour sa conduite privée, c'est-à-dire à employer autant d'habileté à faire régner la justice que les gouvernements en ont mis jusqu'ici à être injustes impunément ou avec bienséance.

Aussi, voyez combien d'art les rois et leurs complices ont épuisé pour échapper à l'application de ces principes, et pour obscurcir toutes les notions du juste et de l'injuste ! Qu'il était exquis le bon sens de ce pirate, qui répondit à Alexandre : *On m'appelle brigand, parce que je n'ai qu'un navire ; et toi, parce que tu as une flotte, on t'appelle conquérant !* Avec quelle impudeur ils font des lois contre le vol, lorsqu'ils envahissent la fortune publique ! On condamne en leur nom les assassins, et ils assassinent des millions d'hommes par la guerre et par la misère ! Sous la monarchie, les vertus domestiques ne sont que des ridicules ; mais les vertus publiques sont des crimes : la seule vertu est d'être l'instrument

SUR LES RAPPORTS DES IDÉES RELIGIEUSES...

docile des crimes du prince ; le seul honneur est d'être aussi méchant que lui. Sous la monarchie, il est permis d'aimer sa famille, mais non la patrie ; il est honorable de défendre ses amis, mais non les opprimés. La probité de la monarchie respecte toutes les propriétés, excepté celles du pauvre ; elle protège tous les droits, excepté ceux du peuple.

Voici un article du code de la monarchie :

Tu ne voleras pas, à moins que tu ne sois le roi, ou que tu n'aies obtenu un privilège du roi. Tu n'assassineras pas, à moins que tu ne fasses périr d'un seul coup plusieurs milliers d'hommes.

Vous connaissez ce mot ingénu du cardinal de Richelieu, écrit dans son testament politique, que *les rois doivent s'abstenir avec grand soin de se servir des gens de probité, parce qu'ils ne peuvent en tirer parti.* Plus de deux mille ans auparavant, il y avait sur les bords du Pont-Euxin un petit roi qui professait la même doctrine d'une manière encore plus énergique. Ses favoris avaient fait mourir quelques-uns de ses amis par de fausses accusations ; il s'en aperçut : un jour que l'un deux portait devant lui une nouvelle délation. *Je te ferais mourir,* lui dit-il, *si des scélérats tels que toi n'étaient pas nécessaires aux despotes.* On assure que ce prince était un des meilleurs qui aient jamais existé.

Mais c'est en Angleterre que le machiavélisme a poussé cette doctrine royale au plus haut degré de perfection.

Je ne doute pas qu'il y ait beaucoup de marchands à Londres qui se piquent de quelque bonne foi dans les affaires de leur négoce, mais il y a à parier que ces honnêtes gens trouvent tout naturel que les membres du parlement britannique vendent publiquement au roi Georges leur conscience et les droits du peuple, comme ils vendent eux-même les productions de leurs manufactures.

Pitt déroule aux yeux de ce parlement la liste de ses bassesses et de ses forfaits. *Tant pour la trahison, tant pour les assassinats des représentants du peuple et des patriotes, tant pour la calomnie, tant pour la famine, tant pour la corruption, tant pour la fabrication de la fausse monnaie.* Le sénat écoute avec un sang-froid admirable et approuve le tout avec soumission.

En vain la voix d'un seul homme s'élève avec l'indignation de la vertu contre tant d'infamies : le ministre avoue ingénument qu'il ne comprend rien à des maximes si nouvelles pour lui, et le sénat rejette la motion.

Stanhope, ne demande point acte à tes indignes collègues de ton opposition à leurs crimes ; la postérité te le donnera, et leur censure est pour toi le plus beau titre à l'estime de ton siècle même.

Que conclure de tout ce que je viens de dire ? Que l'immoralité est la base du despotisme, comme la vertu est l'essence de la république.

La Révolution qui tend à l'établir n'est que le passage du règne du crime à celui de la justice ; de là les efforts continuels des rois ligués contre nous et de tous les conspirateurs pour perpétuer chez nous les préjugés et les vices de la monarchie.

Tout ce qui regrettait l'ancien régime, tout ce qui ne s'était lancé dans la carrière de la Révolution que pour arriver à un changement de dynastie s'est appliqué dès le commencement à arrêter les progrès de la morale publique ; car quelle différence y avait-il entre les amis de d'Orléans ou d'York et ceux de Louis XVI, si ce n'est de la part des premiers peut-être un plus haut degré de lâcheté et d'hypocrisie ?

Les chefs des factions qui partagèrent les deux premières législatures, trop lâches pour croire à la république, trop corrompus pour la vouloir, ne cessèrent de conspirer, pour effacer du cœur des hommes les principes éternels que leur propre politique les avait d'abord obligés de proclamer. La conjuration se déguisait alors sous la couleur de ce perfide modérantisme qui, protégeant le crime et tuant la vertu, nous ramenait par un chemin oblique et sûr à la tyrannie.

Quand l'énergie républicaine eut confondu ce lâche système et fondé la démocratie, l'aristocratie et l'étranger formèrent le plan de tout outrer et de tout corrompre ; ils se cachèrent sous les formes de la démocratie pour la déshonorer par des travers aussi funestes que ridicules, et pour l'étouffer dans son berceau.

On attaqua la liberté en même temps par le modérantisme et par la fureur. Dans ce choc de deux factions opposées en apparence, niais dont les chefs étaient unis par des nœuds secrets, l'opinion publique était dissoute, la représentation avilie, le peuple nul, et la Révolution ne semblait être qu'un combat ridicule pour décider à quels fripons resterait le pouvoir de déchirer et de vendre la patrie.

La marche des chefs de parti qui semblaient les plus divisés fut toujours à peu près la même, leur principal caractère fut une profonde hypocrisie.

Lafayette invoquait la constitution pour relever la puissance royale ; Dumouriez invoquait la constitution pour protéger la faction girondine

SUR LES RAPPORTS DES IDÉES RELIGIEUSES…

contre la Convention nationale ; au mois d'août 1792, Brissot et les Girondins voulaient faire de la constitution un bouclier pour parer le coup qui menaçait le trône ; au mois de janvier suivant, les mêmes conspirateurs réclamaient la souveraineté du peuple pour arracher la royauté à l'opprobre de l'échafaud, et pour allumer la guerre civile dans les assemblées sectionnaires ; Hébert et ses complices réclamaient la souveraineté du peuple, pour égorger la Convention nationale et anéantir le gouvernement républicain.

Brissot et les Girondins avaient voulu armer les riches contre le peuple ; la faction d'Hébert, en protégeant l'aristocratie, caressait le peuple pour l'opprimer par lui-même.

Danton, le plus dangereux des ennemis de la patrie, s'il n'en avait été le plus lâche, Danton, ménageant tous les crimes, lié à tous les complots, promettant aux scélérats sa protection, aux patriotes sa fidélité : habile à expliquer ses trahisons par des prétextes de bien public, à justifier ses vices par ses défauts prétendus, faisait inculper par ses amis, d'une manière insignifiante ou favorable, les conspirateurs près de consommer la ruine de la république, pour avoir occasion de les défendre lui-même ; transigeait avec Brissot, correspondait avec Ronsin, encourageait Hébert, et s'arrangeait à tout événement pour profiter également de leur chute ou de leurs succès, et pour rallier tous les ennemis de la liberté contre le gouvernement républicain.

C'est surtout dans ces derniers temps que l'on vit se développer dans toute son étendue l'affreux système ourdi par nos ennemis de corrompre la morale publique : pour mieux y réussir, ils s'en étaient eux-mêmes établi les professeurs ; ils allaient tout flétrir, tout confondre par un mélange odieux de la pureté de nos principes avec la corruption de leurs cœurs.

Que voulaient-ils ceux qui, au sein des conspirations dont nous étions environnés, au milieu des embarras d'une telle guerre, au moment où les torches de la discorde civile fumaient encore, attaquèrent tout à coup tous les cultes par la violence, pour s'ériger eux-mêmes en apôtres fougueux du néant et en missionnaires fanatiques de l'athéisme ? Quel était le motif de cette grande opération tramée dans les ténèbres de la nuit, à l'insu de la Convention nationale, par des prêtres, par des étrangers et par des conspirateurs ? Était-ce l'amour de la patrie ? La patrie leur a déjà infligé le supplice des traîtres. Était-ce la haine des prêtres ? Les prêtres étaient leurs amis. Était-ce l'horreur du fanatisme ?

Maximilien de Robespierre

C'était le seul moyen de lui fournir des armes. Était-ce le désir de hâter le triomphe de la raison ? Mais on ne cessait de l'outrager par des violences absurdes, par des extravagances concertées pour la rendre odieuse ; on ne semblait la reléguer dans les temples que pour la bannir de la république.

On servait la cause des rois ligués contre nous, des rois qui avaient eux-mêmes annoncé d'avance ces événements et qui s'en prévalaient avec succès pour exciter contre nous le fanatisme des peuples par des manifestes et par des prières publiques. Il faut voir avec quelle sainte colère M. Pitt nous oppose ces faits, et avec quel soin le petit nombre d'hommes intègres qui existent au parlement d'Angleterre les rejette sur quelques hommes méprisables, désavoués et punis par vous.

Cependant, tandis que ceux-ci remplissaient leur mission, le peuple anglais jeûnait pour expier les péchés payés par M. Pitt, et les bourgeois de Londres portaient le deuil du culte catholique, comme ils avaient porté celui du roi Capet et de la reine Antoinette. (*On rit et on applaudit.*)

Admirable politique du ministre de Georges, qui faisait insulter l'Être-Suprême par ses émissaires, et voulait le venger par les baïonnettes anglaises et autrichiennes ! J'aime beaucoup la piété des rois, et je crois fermement à la religion de M. Pitt : il est certain du moins qu'il a trouvé de bons amis en France, car, suivant tous les calculs de la prudence humaine, l'intrigue dont je parle devait allumer un incendie rapide dans toute la république, et lui susciter de nouveaux ennemis au dehors.

Heureusement le génie du peuple français, sa passion inaltérable pour la liberté, la sagesse avec laquelle vous avez averti les patriotes de bonne foi qui pouvaient être entraînés par l'exemple dangereux des inventeurs hypocrites de cette machination ; enfin le soin qu'ont pris les prêtres eux-mêmes de désabuser le peuple sur leur propre compte, toutes ces causes ont prévenu la plus grande partie des inconvénients que les conspirateurs en attendaient. C'est à vous de faire cesser les autres et de mettre à profit, s'il est possible, la perversité même de nos ennemis pour assurer le triomphe des principes et de la liberté,

Ne consultez que le bien de la patrie et les intérêts de l'humanité. Toute institution, toute doctrine qui console et qui élève les âmes doit être accueilli ; rejetez toutes celles qui tendent à les dégrader et à les corrompre. Ranimez, exaltez tous les sentiments généreux et toutes les grandes idées morales qu'on a voulu éteindre ; rapprochez par le charme de l'amitié et par le lien de la vertu les hommes qu'on a voulu diviser. Qui donc t'a donné la mission d'annoncer au peuple que la Divinité n'existe pas, ô toi qui te passionnes pour cette aride doctrine, et qui ne te passionnas jamais pour la patrie ? Quel avantage trouves-tu à persuader à l'homme qu'une force aveugle préside à ses destinées et frappe au hasard le crime et la vertu ; que son âme n'est qu'un souffle léger qui s'éteint aux portes du tombeau ?

L'idée de son néant lui inspirera-t-elle des sentiments plus purs et plus élevés que celle de son immortalité ? lui inspirera-t-elle plus de respect pour ses semblables et pour lui-même, plus de dévoûment pour la patrie, plus d'audace à braver la tyrannie, plus de mépris pour la mort ou pour la volupté ? Vous qui regrettez un ami vertueux, vous aimez à penser que la plus belle partie de lui-même a échappé au trépas ! Vous qui pleurez sur le cercueil d'un fils ou d'une épouse, êtes-vous consolés par celui qui vous dit qu'il ne reste plus d'eux qu'une vile poussière ? Malheureux qui expirez sous les coups d'un assassin, votre dernier soupir est un appel à la justice éternelle ! l'innocence sur l'échafaud fait pâlir le tyran sur son char de triomphe : aurait-elle cet ascendant, si le tombeau égalait l'oppresseur et l'opprimé ? Malheureux sophiste ! de quel droit viens-tu arracher à l'innocence le sceptre de la raison pour le remettre dans les mains du crime, jeter un voile funèbre sur la nature, désespérer le malheur, réjouir le vice, attrister la vertu, dégrader l'humanité ? Plus un homme est doué de sensibilité et de génie, plus il s'attache aux idées qui agrandissent son être et qui élèvent son cœur, et la doctrine des hommes de cette trempe devient celle de l'univers. Eh ! comment ces idées ne seraient-elles point des vérités ? Je ne conçois pas du moins comment la nature aurait pu suggérer à l'homme des fictions plus utiles que toutes les réalités, et si l'existence de Dieu, si l'immortalité de l'âme n'étaient que des songes, elles seraient encore la plus belle de toutes les conceptions de l'esprit humain.

Je n'ai pas besoin d'observer qu'il ne s'agit pas ici de faire le procès à aucune opinion philosophique en particulier, ni de contester que tel philosophe peut être vertueux, quelles que soient ses opinions, et même en dépit d'elles, par la force d'un naturel heureux ou d'une raison supérieure ; il s'agit de considérer seulement l'athéisme comme national, et lié à un système de conspiration contre la république.

Eh ! que vous importent à vous, législateurs, les hypothèses diverses par lesquelles certains philosophes expliquent les phénomènes de

Maximilien de Robespierre

la nature ? Vous pouvez abandonner tous ces objets à leurs disputes éternelles ; ce n'est ni comme métaphysiciens ni comme théologiens que vous devez les envisager : aux yeux du législateur, tout ce qui est utile au monde et bon dans la pratique est la vérité.

L'idée de l'Être-Suprême et de l'immortalité de l'âme est un rappel continuel à la justice ; elle est donc sociale et républicaine. (*On applaudit.*) La nature a mis dans l'homme le sentiment du plaisir et de la douleur, qui le force à fuir les objets physiques qui lui sont nuisibles, et à chercher ceux qui lui conviennent. Le chef-d'œuvre de la société serait de créer en lui pour les choses morales un instinct rapide qui, sans le secours tardif du raisonnement, le portât à faire le bien et à éviter le mal ; car la raison particulière de chaque homme égaré par ses passions n'est souvent qu'un sophiste qui plaide leur cause, et l'autorité de l'homme peut toujours être attaquée par l'amour-propre de l'homme. Or, ce qui produit ou remplace cet instinct précieux, ce qui supplée à l'insuffisance de l'autorité humaine, c'est le sentiment religieux qu'imprime dans les âmes l'idée de la sanction donnée aux préceptes de la morale par une puissance supérieure à l'homme : ainsi je ne sache pas qu'aucun législateur se soit jamais avisé de nationaliser l'athéisme.

Je sais que les plus sages mêmes d'entre eux se sont permis de mêler à la vérité quelques fictions, soit pour frapper l'imagination des peuples ignorants, soit pour les attacher plus fortement à leurs institutions ; Lycurgue et Solon eurent recours à l'autorité des oracles, et Socrate lui-même, pour accréditer la vérité parmi ses concitoyens, se crut obligé de leur persuader qu'elle lui était inspirée par un génie familier.

Vous ne conclurez pas de là sans doute qu'il faille tromper les hommes pour les instruire, mais seulement que vous êtes heureux de vivre dans un siècle et dans un pays dont les lumières ne vous laissent d'autre tâche à remplir que de rappeler les hommes à la nature et à la vérité.

Vous vous garderez bien de briser le lien sacré qui les unit à l'auteur de leur être : il suffit même que cette opinion ait régné chez un peuple pour qu'il soit dangereux de la détruire, car les motifs des devoirs et les bases de la moralité s'étant nécessairement liés à cette idée, l'effacer c'est démoraliser le peuple. Il résulte du même principe qu'on ne doit jamais attaquer un culte établi qu'avec prudence et avec une certaine délicatesse, de peur qu'un changement subit et violent ne paraisse une atteinte portée à la morale, et une dispense de la probité même. Au reste, celui qui peut remplacer la Divinité dans le système de la vie sociale est

SUR LES RAPPORTS DES IDÉES RELIGIEUSES...

à mes yeux un prodige de génie ; celui qui, sans l'avoir remplacée, ne songe qu'à la bannir de l'esprit des hommes me paraît un prodige de stupidité ou de perversité.

Qu'est-ce que les conjurés avaient mis à la place de ce qu'ils détruisaient ? Rien, si ce n'est le chaos, le vide et la violence : ils méprisaient trop le peuple pour prendre la peine de le persuader ; au lieu de l'éclairer, ils ne voulaient que l'irriter, l'effaroucher ou le dépraver.

Si les principes que j'ai développés jusqu'ici sont des erreurs, je me trompe du moins avec tout ce que le monde révère. Prenons ici les leçons de l'histoire. Remarquez, je vous prie, comment les hommes qui ont influé sur la destinée des États furent déterminés vers l'un où l'autre des deux systèmes opposés par leur caractère personnel et par la nature même de leurs vues politiques. Voyez-vous avec quel art profond César, plaidant dans le sénat romain en faveur des complices de Catilina, s'égare dans une digression contre le dogme de l'immortalité de l'âme, tant ces idées lui paraissent propres à éteindre dans le cœur des juges l'énergie de la vertu, tant la cause du crime lui parait liée à celle de l'athéisme ! Cicéron, au contraire, invoquait contre les traîtres et le glaive des lois et la foudre des dieux ; Socrate, mourant, entretient ses amis de l'immortalité de l'âme ; Léonidas, aux Thermopyles, soupant avec ses compagnons d'armes, au moment d'exécuter le dessein le plus héroïque que la vertu humaine ait jamais conçu, les invite pour le lendemain à un autre banquet dans une vie nouvelle. Il y a loin de Socrate à Chaumette, et de Léonidas au Père Duchesne. (*On applaudit.*) Un grand homme, un véritable héros s'estime trop lui-même pour se complaire dans l'idée de son anéantissement ; un scélérat, méprisable à ses propres yeux, horrible à ceux d'autrui, sent que la nature ne peut lui faire de plus beau présent que le néant. (*On applaudit.*)

Caton ne balança point entre Épicure et Zénon. Brutus et les illustres conjurés qui partagèrent ses périls et sa gloire appartenaient aussi à cette secte sublime des stoïciens, qui eut des idées si hautes de la dignité de l'homme, qui poussa si loin l'enthousiasme de la vertu, et qui n'outra que l'héroïsme : le stoïcisme enfanta des émules de Brutus et de Caton jusque dans les siècles affreux qui suivirent la perte de la liberté romaine ; le stoïcisme sauva l'honneur de la nature humaine, dégradée par les vices des successeurs de César, et surtout par la patience des peuples. La secte épicurienne revendiquait sans doute tous les scélérats qui opprimèrent leur patrie, et tous les lâches qui la laissèrent opprimer ;

Maximilien de Robespierre

aussi, quoique le philosophe dont elle portait le nom ne fût pas personnellement un homme méprisable, les principes de son système, interprétés par la corruption, amenèrent des conséquences si funestes, que l'antiquité elle-même la flétrit par la dénomination de *troupeau d'Épicure* ; et comme dans tous les temps le cœur humain est au fond le même, et que le même instinct ou le même système politique a commandé aux hommes la même marche, il sera facile d'appliquer les observations que je viens de faire au moment actuel, et même au temps qui a précédé immédiatement notre révolution. Il est bon de jeter un coup d'œil sur ce temps, ne fût-ce que pour pouvoir expliquer une partie des phénomènes qui ont éclaté depuis.

Dès longtemps les observateurs éclairés pouvaient apercevoir quelques symptômes de la révolution actuelle : tous les événements importants y tendaient ; les causes mêmes des particuliers susceptibles de quelque éclat s'attachaient à une intrigue politique ; les hommes de lettres renommés, en vertu de leur influence sur l'opinion, commençaient à en obtenir quelqu'une dans les affaires ; les plus ambitieux avaient formé dès lors une espèce de coalition qui augmentait leur importance ; ils semblaient s'être partagés en deux sectes, dont l'une défendait bêtement le clergé et le despotisme : la plus puissante et la plus illustre était celle qui fut connue sous le nom d'*encyclopédistes*. Elle renfermait quelques hommes estimables, et un plus grand nombre de charlatans ambitieux ; plusieurs de ses chefs étaient devenus des personnages considérables dans l'État : quiconque ignorerait son influence et sa politique n'aurait pas une idée complète de la préface de notre révolution. Cette secte, en matière de politique, resta toujours au-dessous des droits du peuple ; en matière de morale, elle alla beaucoup au-delà des préjugés religieux : ses coryphées déclamaient quelquefois contre le despotisme, et ils étaient pensionnés par les despotes ; ils faisaient tantôt des livres contre la cour, et tantôt des dédicaces aux rois, des discours pour les courtisans et des madrigaux pour les courtisanes ; ils étaient fiers dans leurs écrits, et rampants dans les antichambres. Cette secte propagea avec beaucoup de zèle l'opinion du matérialisme, qui prévalut parmi les grands et parmi les beaux-esprits ; on lui doit en grande partie cette espèce de philosophie pratique qui, réduisant l'égoïsme en système, regarde la société humaine comme une guerre de ruse, le succès comme la règle du juste et de l'injuste, la probité comme une affaire de goût ou de bienséance, le monde comme le patrimoine des fripons adroits. J'ai dit

SUR LES RAPPORTS DES IDÉES RELIGIEUSES...

que ses coryphées étaient ambitieux : les agitations qui annonçaient un grand changement dans l'ordre politique des choses avaient pu étendre leurs vues ; on a remarqué que plusieurs d'entre eux avaient des liaisons intimes avec la maison d'Orléans, et la constitution anglaise était, suivant eux, le chef-d'œuvre de la politique, le *maximum* du bonheur social.

Parmi ceux qui au temps dont je parle se signalèrent dans la carrière des lettres et de la philosophie, un homme, par l'élévation de son âme et par la grandeur de son caractère, se montra digne du ministère de précepteur du genre humain : il attaqua la tyrannie avec franchise ; il parla avec enthousiasme de la Divinité ; son éloquence mâle et probe peignit en traits de flamme les charmes de la vertu ; elle défendit ces dogmes consolateurs que la raison donne pour appui au cœur humain : la pureté de sa doctrine, puisée dans la nature et dans la haine profonde du vice, autant que son mépris invincible pour les sophistes intrigants qui usurpaient le nom de philosophes, lui attira la haine et la persécution de ses rivaux et de ses faux amis. Ah ! s'il avait été témoin de cette révolution, dont il fut le précurseur, et qui l'a porté au Panthéon, qui peut douter que son âme généreuse eût embrassé avec transport la cause de la justice et de l'égalité ? Mais qu'ont fait pour elle ses lâches adversaires ? Ils ont combattu la Révolution dès le moment qu'ils ont craint qu'elle n'élevât le peuple au-dessus de toutes les vanités particulières ; les uns ont employé leur esprit à frelater les principes républicains et à corrompre l'opinion publique : ils se sont prostitués aux factions, et surtout au parti d'Orléans ; les autres se sont renfermés dans une lâche neutralité. Les hommes de lettres, en général, se sont déshonorés dans cette Révolution, et, à la honte éternelle de l'esprit, la raison du peuple en a fait seule tous les frais.

Hommes petits et vains, rougissez, s'il est possible ! Les prodiges qui ont immortalisé cette époque de l'histoire humaine ont été opérés sans vous et malgré vous ; le bon sens sans intrigue et le génie sans instruction ont porté la France à ce degré d'élévation qui épouvante votre bassesse et qui écrase votre nullité ! Tel artisan s'est montré habile dans la connaissance des droits de l'homme, quand tel faiseur de livres, presque républicain en 1788, défendait stupidement la cause des rois en 1793 ; tel laboureur répandait la lumière de la philosophie dans les campagnes, quand l'académicien Condorcet, jadis grand géomètre, dit-on, au jugement des littérateurs, et grand littérateur, au dire des géomètres, depuis conspirateur timide, méprisé de tous les partis, travaillait sans cesse à l'obscurcir par le perfide fatras de ses rapsodies mercenaires.

Vous avez déjà été frappés sans doute de la tendresse avec laquelle tant d'hommes qui ont trahi leur patrie ont caressé les opinions sinistres que je combats. Que de rapprochements curieux peuvent s'offrir encore à nos esprits ! Nous avons entendu, qui croirait à cet excès d'impudeur ! nous avons entendu dans une société populaire le traître Guadet dénoncer un citoyen pour avoir prononcé le nom de la Providence ! Nous avons entendu, quelque temps après, Hébert en accuser un autre pour avoir écrit contre l'athéisme ! N'est-ce pas Vergniaud et Gensonné, qui en votre présence même, et à votre tribune, pérorèrent avec chaleur pour bannir du préambule de la constitution le nom de l'Être-Suprême, que vous y avez placé ? Danton, qui souriait de pitié aux mots de vertu, de gloire, de prospérité ; Danton, dont le système était d'avilir ce qui peut élever l'âme ; Danton qui était froid et muet dans les plus grands dangers de la liberté, parla après eux avec beaucoup de véhémence en faveur de la même opinion. D'où vient ce singulier accord de principes entre tant d'hommes qui paraissaient être si divisés ? Faut-il l'attribuer simplement au soin que prenaient les déserteurs de la cause du peuple de chercher à couvrir leur défection par une affectation de zèle contre ce qu'ils appelaient les préjugés religieux, comme s'ils avaient voulu compenser leur indulgence pour l'aristocratie et la tyrannie par la guerre qu'ils déclaraient à la Divinité ?

Non, la conduite de ces personnages artificieux tenait sans doute à des vues politiques plus profondes : ils sentaient que pour détruire la liberté, il fallait favoriser, par tous les moyens, tout ce qui tend à justifier l'égoïsme, à dessécher le cœur et à effacer l'idée de ce beau moral, qui est la seule règle sur laquelle la raison publique juge les défenseurs et les ennemis de l'humanité. Ils embrassaient avec transport un système qui, confondant la destinée des bons et des méchants, ne laisse entre eux d'autre différence que les faveurs incertaines de la fortune, ni d'autre arbitre que le droit du plus fort ou du plus rusé.

Vous tendez à un but bien différent ; vous suivrez donc une politique contraire. Mais ne craignons-nous pas de l'éveiller le fanatisme et de donner un avantage à l'aristocratie ? Non : si nous adoptons le parti que la sagesse indique, il nous sera facile d'éviter cet écueil.

Ennemis du peuple, qui que vous soyez, jamais la Convention

SUR LES RAPPORTS DES IDÉES RELIGIEUSES...

nationale ne favorisera votre perversité ! Aristocrates, de quelques dehors spécieux que vous veuillez vous couvrir aujourd'hui, en vain chercheriez-vous à vous prévaloir de notre censure contre les auteurs d'une trame criminelle pour accuser les patriotes sincères que la seule haine du fanatisme peut avoir entraînés à des démarches indiscrètes ! Vous n'avez pas le droit d'accuser, et la justice nationale, dans ces orages excités par les factions, sait discerner les erreurs des conspirations ; elle saisira d'une main sûre tous les intrigants pervers, et ne frappera pas un seul homme de bien.

Fanatiques, n'espérez rien de nous ! Rappeler les hommes au culte de l'Être-Suprême, c'est porter le coup mortel au fanatisme. Toutes les fictions disparaissent devant la vérité, et toutes les folies tombent devant la raison. Sans contrainte, sans persécution, toutes les sectes doivent se confondre d'elles-mêmes dans la religion universelle de la nature. (*On applaudit.*)

Nous vous conseillerons donc de maintenir les principes que vous avez manifestés jusqu'ici. Que la liberté des cultes soit respectée, pour le triomphe même de la raison ; mais qu'elle ne trouble point l'ordre public, et qu'elle ne devienne point un moyen de conspiration. Si la malveillance contre-révolutionnaire se cachait sous ce prétexte, réprimez-la, et reposez-vous du reste sur la puissance des principes et sur la force même des choses.

Prêtres ambitieux, n'attendez donc pas que nous travaillions à rétablir votre empire ! Une telle entreprise serait même au dessus de notre puissance. (*On applaudit.*) Vous vous êtes tués vous-mêmes, et l'on ne revient pas plus à la vie morale qu'à l'existence physique.

Et d'ailleurs, qu'y a-t-il entre les prêtres et Dieu ? Les prêtres sont à la morale ce que les charlatans sont à la médecine. (*Nouveaux applaudissements.*) Combien le Dieu de la nature est différent du dieu des prêtres ! (*Les applaudissements continuent.*) Je ne connais rien de siressemblant à l'athéisme que les religions qu'ils ont faites : à force de défigurer l'Être-Suprême, ils l'ont anéanti autant qu'il était en eux ; ils en ont fait tantôt un globe de feu, tantôt un roi : les prêtres ont créé un dieu à leur image ; ils l'ont fait jaloux, capricieux, avide, cruel, implacable ; ils l'ont traité comme jadis les maires du palais traitèrent les descendants de Clovis, pour régner sous son nom et se mettre à sa place : ils l'ont relégué dans le ciel comme dans un palais, et ne l'ont appelé sur la terre que pour demander à leur profit des dîmes, des richesses, des honneurs,

Maximilien de Robespierre

des plaisirs et de la puissance. (*Vifs applaudissements.*) Le véritable prêtre de l'Être-Suprême, c'est la nature ; son temple, l'univers ; son culte, la vertu ; ses fêtes, la joie d'un grand peuple rassemblé sous ses yeux pour resserrer les doux nœuds de la fraternité universelle, et pour lui présenter l'hommage des cœurs sensibles et purs.

Prêtres, par quels titres avez-vous prouvé votre mission ? Avez-vous été plus justes, plus modestes, plus amis de la vérité que les autres hommes ? Avez-vous chéri l'égalité, défendu les droits des peuples, abhorré le despotisme et abattu la tyrannie ? C'est vous qui avez dit aux rois : *Vous êtes les images de Dieu sur la terre ; c'est de lui seul que vous tenez votre puissance* ; et les rois vous ont répondu : *Oui, vous êtes vraiment les envoyés de Dieu ; unissons-nous pour partager les dépouilles et les adorations des mortels.* Le sceptre et l'encensoir ont conspiré pour déshonorer le ciel et pour usurper la terre. (*Applaudissements.*)

Laissons les prêtres, et retournons à la divinité. (*Applaudissements.*) Attachons la morale à des bases éternelles et sacrées ; inspirons à l'homme ce respect religieux pour l'homme, ce sentiment profond de ses devoirs, qui est la seule garantie du bonheur social ; nourrissons-le par toutes nos institutions ; que l'éducation publique soit surtout dirigée vers ce but : vous lui imprimerez sans doute un grand caractère, analogue à la nature de notre gouvernement et à la sublimité des destinées de notre république ; vous sentirez la nécessité de la rendre commune et égale pour tous les Français. Il ne s'agit plus de former des *messieurs*, mais des citoyens ? la patrie a seule le droit d'élever ses enfants ; elle ne peut confier ce dépôt à l'orgueil des familles ni aux préjugés des particuliers, aliments éternels de l'aristocratie, et d'un fédéralisme domestique qui rétrécit les âmes en les isolant, et détruit avec l'égalité tous les fondements de l'ordre social. Mais ce grand objet est étranger à la discussion actuelle.

Il est cependant une sorte d'institution qui doit être considérée comme une partie essentielle de l'éducation publique, et qui appartient nécessairement au sujet de ce rapport ; je veux parler des fêtes nationales.

Rassemblez les hommes ; vous lès rendrez meilleurs, car les hommes rassemblés chercheront à se plaire, et ils ne pourront se plaire que par les choses qui les rendent estimables. Donnez à leur réunion un grand motif moral et politique, et l'amour des choses honnêtes entrera avec le plaisir dans les cœurs, car les hommes ne se voient pas sans plaisir.

SUR LES RAPPORTS DES IDÉES RELIGIEUSES...

L'homme est le plus grand objet qui soit dans la nature et le plus magnifique de tous les spectacles, c'est celui d'un grand peuple assemblé. On ne parle jamais sans enthousiasme des fêtes nationales de la Grèce ; cependant elles n'avaient guère pour objet que des jeux où brillaient la force du corps, l'adresse, ou tout au plus le talent des poëtes et des orateurs ; mais la Grèce était là : on voyait un spectacle plus grand que les jeux ; c'étaient les spectateurs eux-mêmes, c'était le peuple vainqueur de l'Asie, que les vertus républicaines avaient élevé quelquefois au-dessus de l'humanité ; on voyait les grands hommes qui avaient sauvé et illustré la patrie ; les pères montraient à leur fils Miltiade, Aristide, Épaminondas, Timoléon, dont la seule présence était une leçon vivante de magnanimité, de justice et de patriotisme. (*Applaudissements.*)

Combien il serait facile au peuple français de donner à nos assemblées un objet plus étendu et un plus grand caractère ! Un système de fêtes bien entendu serait à la fois le plus doux lien de fraternité et le plus puissant moyen de régénération.

Ayez des fêtes générales et plus solennelles pour toute la république ; ayez des fêtes particulières, et pour chaque lieu, qui soient des jours de repos, et qui remplacent ce que les circonstances ont détruit.

Que toutes tendent à réveiller les sentiments généreux qui font le charme et l'ornement de la vie humaine : l'enthousiasme de la liberté, l'amour de la patrie, le respect des lois ; que la mémoire des tyrans et des traîtres y soit vouée à l'exécration, que celle des héros de la liberté et des bienfaiteurs de l'humanité y reçoive le juste tribu de la reconnaissance publique ; qu'elles puisent leur intérêt et leurs noms mêmes dans les événements immortels de notre Révolution et dans les objets les plus sacrés et les plus chers au cœur de l'homme ; qu'elles soient embellies et distinguées par des emblèmes analogues à leur objet particulier : invitons à nos fêtes et la nature et toutes les vertus ; que toutes soient célébrées sous les auspices de l'Être-Suprême ; qu'elles lui soient consacrées : qu'elles s'ouvrent et qu'elles finissent par un hommage à sa puissance et à sa bonté !

Tu donneras ton nom sacré à l'une de nos plus belles fêtes, ô toi, fille de la nature ! mère du bonheur et de la gloire, toi, seule légitime souveraine du monde, détrônée par le crime ; toi, à qui le peuple français a rendu son empire, et qui lui donnes en échange une patrie et des mœurs, auguste Liberté tu partageras nos sacrifices avec ta compagne immortelle, la douce et sainte Égalité ! (*Applaudissements.*) Nous fêterons l'humanité,

Maximilien de Robespierre

l'humanité avilie et foulée aux pieds par les ennemis de la République française ! Ce sera un beau jour que celui où nous célébrerons la fête du genre humain ! C'est le banquet fraternel et sacré où, du sein de la victoire, le peuple français invitera la famille immense dont il défend l'honneur et les imprescriptibles droits. Nous célébrerons aussi tous les grands hommes, de quelque temps et de quelque pays que ce soit, qui ont affranchi leur patrie du joug des tyrans, et qui ont fondé la liberté par de sages lois. Vous ne serez point oubliés, illustres martyrs de la république française ! Vous ne serez point oubliés, héros morts en combattant pour elle ! Qui pourrait oublier les héros de ma patrie !... La France leur doit sa liberté : l'univers leur devra la sienne : que l'univers célèbre bientôt leur gloire en jouissant de leurs bienfaits ! Combien de traits héroïques confondus dans la foule des grandes actions que la liberté a comme prodiguées parmi nous ! Combien de noms, dignes d'être inscrits dans les fastes de l'histoire, demeurent ensevelis dans l'obscurité ! Mânes inconnus et révérés, si vous échappez à la célébrité, vous n'échapperez point à notre tendre reconnaissance !

Qu'ils tremblent, tous les tyrans armés contre la liberté, s'il en existe encore alors ! qu'ils tremblent, le jour où les Français viendront sur vos tombeaux jurer de vous imiter ! Jeunes Français, entendez-vous l'immortel Barra, qui, du Panthéon, vous appelle à la gloire ! Venez répandre des fleurs sur sa tombe sacrée ! (*De jeunes élèves de la patrie, qui se trouvent dans le sein de l'assemblée s'écrient, avec le plus vif enthousiasme : Vive la République !*) Barra, enfant héroïque, tu nourrissais ta mère, et tu mourus pour ta patrie ! Barra, tu as déjà reçu le prix de ton héroïsme : la patrie a adopté ta mère ; la patrie, étouffant les factions criminelles, va s'élever triomphante sur les ruines des vices et des trônes. Ô Barra ! tu n'as pas trouvé de modèles dans l'antiquité, mais tu as trouvé parmi nous des émules de ta vertu !

Par quelle fatalité ou par quelle ingratitude a-t-on laissé dans l'oubli un héros plus jeune encore, et digne des hommages de la postérité ? Les Marseillais rebelles, rassemblés sur les bords de la Durance, se préparaient à passer cette rivière pour aller égorger les patriotes faibles et désarmés de ces malheureuses contrées : une troupe peu nombreuse de républicains, réunis de l'autre côté, ne voyait d'autre ressource que de couper les câbles des pontons qui étaient au pouvoir de leurs ennemis ; mais tenter une telle entreprise en présence des bataillons nombreux qui couvraient l'autre rive, et à la portée de leurs fusils, paraissait une

SUR LES RAPPORTS DES IDÉES RELIGIEUSES...

entreprise chimérique aux plus hardis. Tout à coup, un enfant de treize ans s'élance sur une hache ; il vole au bord du fleuve, et frappe le câble de toute sa force : plusieurs décharges de mousqueterie sont dirigées contre lui ; il continue de frapper à coups redoublés ; enfin il est atteint d'un coup mortel ; il s'écrie : *Je meurs, cela m'est égal, c'est pour la liberté !* il tombe, il est mort !... (*Applaudissements réitérés.*) Respectable enfant, que la patrie s'enorgueillisse de t'avoir donné le jour I Avec quel orgueil la Grèce et Rome auraient honoré ta mémoire, si elles avaient produit un héros tel que toi !

Citoyens, portons en pompe ses cendres au temple de la Gloire ; que la République en deuil les arrose de larmes amères ! Non, ne le pleurons pas ; imitons-le, vengeons-le par la ruine de tous les ennemis de notre République !

Toutes les vertus se disputent le droit de présider à nos fêtes. Instituons les fêtes de la gloire, non de celle qui ravage et opprime le monde, mais de celle qui l'affranchit, qui l'éclaire et qui le console ; de celle qui, après la patrie, est la première idole des cœurs généreux. Instituons une fête plus touchante, la fête du malheur : les esclaves adorent la fortune et le pouvoir ; nous, honorons le malheur ; le malheur, que l'humanité ne peut entièrement bannir de la terre, mais qu'elle console et soulage avec respect ! Tu obtiendras aussi cet hommage, ô toi qui jadis unissais les héros et les sages ! toi qui multiplies les forces des amis de la patrie, et dont les méchants, liés par le crime, ne connurent jamais que le simulacre imposteur ! divine Amitié, tu retrouveras chez les Français républicains ta puissance et tes autels. (*On applaudit*).

Pourquoi ne rendrions-nous pas le même honneur au pudique et généreux amour, à la foi conjugale, à la tendresse paternelle, à la piété filiale ? Nos fêtes sans doute ne seront ni sans intérêt ni sans éclat. Vous y serez, braves défenseurs de la patrie, que décorent de glorieuses cicatrices ! Vous y serez, vénérables vieillards, que le bonheur préparé à votre postérité doit consoler d'une longue vie passée sous le despotisme ! Vous y serez, tendres élèves de la patrie, qui croissez pour étendre sa gloire et pour recueillir le fruit de nos travaux !

Vous y serez, jeunes citoyennes, à qui la victoire doit ramener bientôt des frères et des amants dignes de vous I Vous y serez, mères de famille, dont les époux et les fils élèvent des trophées à la République avec les débris des trônes ! Ô femmes françaises ! chérissez la liberté achetée au prix de leur sang. Servez-vous de votre empire pour étendre celui de la

Maximilien de Robespierre

vertu républicaine ! Ô femmes françaises ! vous êtes dignes de l'amour et du respect de la terre. Qu'avez-vous à envier aux femmes de Sparte ? Comme elles, vous avez donné le jour à des héros ; comme elles, vous les avez dévoués avec un abandon sublime à la patrie ! (*On applaudit*).

Malheur à celui qui cherche à éteindre ce sublime enthousiasme et à étouffer par de désolantes doctrines cet instinct moral du peuple qui est le principe de toutes les grandes actions ! C'est à vous, représentants du peuple, qu'il appartient de faire triompher les vérités que nous venons de développer. Bravez les clameurs insensées de l'ignorance présomptueuse ou de la perversité hypocrite. Quelle est donc la dépravation dont nous étions environnés, s'il nous a fallu du courage pour les proclamer ? La postérité pourra-t-elle croire que les factions vaincues avaient porté l'audace jusqu'à nous accuser de modérantisme et d'aristocratie pour avoir rappelé l'idée de la Divinité et de la morale ? Croira-t-elle qu'on ait osé dire, jusque dans cette enceinte, que nous avions par là reculé la raison humaine de plusieurs siècles ? Ils invoquaient la raison, les monstres qui aiguisaient contre vous leurs poignards sacrilèges !

Tous ceux qui défendaient vos principes et votre dignité devaient être aussi sans doute les objets de leur fureur. Ne nous étonnons pas si tous les scélérats ligués contre vous semblent vouloir nous préparer la ciguë ; mais avant de la boire, nous sauverons la patrie ! (*On applaudit*). Le vaisseau qui porte la fortune de la République n'est pas destiné à faire naufrage : il vogue sous vos auspices, et les tempêtes seront forcées de le respecter. (*Nouveaux applaudissements*).

Asseyez-vous donc tranquillement sur les bases immuables de la justice, et ravivez la morale publique ; tonnez sur la tête des coupables, et lancez la foudre sur vos ennemis ! Quel est l'insolent qui, après avoir rampé aux pieds d'un roi, ose insulter à la majesté du peuple français dans la personne de ses représentants ? Commandez à la victoire, mais replongez surtout le vice dans le néant ! Les ennemis de la République sont tous les hommes corrompus. (*On applaudit*). Le patriote n'est autre chose qu'un homme probe et magnanime dans toute la force de ce terme. (*On applaudit*). C'est peu d'anéantir les rois ; il faut faire respecter à tous les peuples le caractère du peuple français. C'est en vain que nous porterions au bout de l'univers la renommée de nos armes, si toutes les passions déchirent impunément le sein de la patrie. Défions-nous de l'ivresse même des succès. Soyons terribles dans les

SUR LES RAPPORTS DES IDÉES RELIGIEUSES...

revers, modestes dans nos triomphes (*on applaudit*), et fixons au milieu de nous la paix et le bonheur par la sagesse et par la morale ! Voilà le véritable but de nos travaux ; voilà la tâche la plus héroïque et la plus difficile. Nous croyons concourir à ce but en vous proposant le décret suivant : (*Les applaudissements se renouvellent et se prolongent.*)

Art. 1er. — Le peuple français reconnaît l'existence de l'Être-Suprême et l'immortalité de l'âme.

2. — Il reconnaît que le culte digne de l'Être-Suprême est la pratique des devoirs de l'homme.

3. — Il met au premier rang de ces devoirs de détester la mauvaise foi et la tyrannie, de punir les tyrans et les traîtres, de secourir les malheureux, de respecter les faibles, de défendre les opprimés, de faire aux autres tout le bien qu'on peut, et de n'être injuste envers personne.

4. — Il sera institué des fêtes pour rappeler l'homme à la pensée de la Divinité et à la dignité de son être.

5. — Elles emprunteront leurs noms des événements glorieux de notre Révolution, des vertus les plus chères et les plus utiles à l'homme, des plus grands bienfaits de la nature.

6. — La République française célébrera tous les ans les fêtes du 14 juillet 1789, du 10 août 1792, du 21 janvier 1793, du 31 mai 1793.

7. — Elle célébrera aux jours de décadis les fêtes dont l'énumération suit :

À l'Être-Suprême et à la Nature. — Au Genre humain. — Au Peuple français. — Aux Bienfaiteurs de l'humanité. — Aux Martyrs de la liberté. — À la Liberté et à l'Égalité. — À la République. — À la Liberté du monde. — À l'Amour de la patrie. — À la Haine des tyrans et des traîtres. — À la Vérité. — À la Justice. — À la Pudeur. — À la Gloire et à l'Immortalité. — À l'Amitié. — À la Frugalité. — Au Courage. — À la Bonne Foi. — À l'Héroïsme. — Au Désintéressement. — Au Stoïcisme. — À l'Amour. — À la Foi conjugale. — À l'Amour paternel — À la Tendresse maternelle. — À la Piété filiale. — À l'Enfance. — À la Jeunesse. — À l'Age viril. — À la Vieillesse. — Au Malheur. — À l'Agriculture. — À l'Industrie. — À nos Aïeux. — À la Postérité. — Au Bonheur.

8. — Les Comités de salut public et d'instruction publique sont chargés de présenter un plan d'organisation de ces fêtes.

Maximilien de Robespierre

9. — La Convention nationale appelle tous les talents dignes de servir la cause de l'humanité à l'honneur de concourir à leur établissement par des hymnes et des chants civiques, et par tous les moyens qui peuvent contribuer à leur embellissement et à leur utilité.

10. — Le Comité de salut public distinguera les ouvrages qui lui paraîtront les plus propres à remplir ces objets, et en récompensera les auteurs.

11. — La liberté des cultes est maintenue, conformément au décret du 18 frimaire.

12. — Tout rassemblement aristocratique et contraire à l'ordre public sera réprimé.

13. — En cas de troubles dont un culte quelconque serait l'occasion ou le motif, ceux qui les exciteraient par des prédications fanatiques, ou par des insinuations contre-révolutionnaires, ceux qui les provoqueraient par des violences injustes et gratuites, seront également punis selon la rigueur des lois.

14. — Il sera fait un rapport particulier sur les dispositions de détail relatives au présent décret.

15. — Il sera célébré le 2 prairial prochain une fête en l'honneur de l'Être-Suprême.

PREMIER DISCOURS AU PEUPLE RÉUNI POUR LA FÊTE DE L'ÊTRE SUPRÊME.

8 juin 1794.

(20 prairial an II de la république française.)

Français républicains, il est enfin arrivé ce jour à jamais fortuné que le peuple français consacre à l'Être-Suprême ! Jamais le monde qu'il a créé ne lui offrit un spectacle aussi digne de ses regards. Il a vu régner sur la terre la tyrannie, le crime et l'imposture : il voit dans ce moment une nation entière aux prises avec tous les oppresseurs du genre humain, suspendre le cours de ses travaux héroïques pour élever sa pensée et ses vœux vers le grand Être qui lui donna la mission de les entreprendre et la force de les exécuter !

N'est-ce pas lui dont la main immortelle, en gravant dans le cœur de l'homme le code de la justice et de l'égalité, y traça la sentence de mort des tyrans ? N'est-ce pas lui qui, dès le commencement des temps, décréta la république, et mit à l'ordre du jour, pour tous les siècles et pour tous les peuples, la liberté, la bonne foi et la justice ? Il n'a point créé les rois pour dévorer l'espèce humaine ; il n'a point créé les prêtres pour nous atteler comme de vils animaux au char des rois, et pour donner au monde l'exemple de la bassesse, de l'orgueil, de la perfidie, de l'avarice, de la débauche et du mensonge ; mais il a créé l'univers pour publier sa puissance ; il a créé les hommes pour s'aider, pour s'aimer mutuellement, et pour arriver au bonheur par la route de la vertu.

C'est lui qui plaça dans le sein de l'oppresseur triomphant le remords et l'épouvante, et dans le cœur de l'innocent opprimé le calme et la fierté ; c'est lui qui force l'homme juste à haïr le méchant, et le méchant à respecter l'homme juste ; c'est lui qui orna de pudeur le front de la beauté pour l'embellir encore ; c'est lui qui fait palpiter les entrailles maternelles de tendresse et de joie ; c'est lui qui baigne de larmes délicieuses les yeux du fils pressé contre le sein de sa mère ; c'est lui qui fait taire les passions les plus impérieuses et les plus tendres devant l'amour sublime de la patrie ; c'est lui qui a couvert la nature de charmes, de richesses et de majesté. Tout ce qui est bon est son ouvrage, ou c'est

Maximilien de Robespierre

lui-même : le mal appartient à l'homme dépravé qui opprime ou qui laisse opprimer ses semblables.

L'auteur de la nature avait lié tous les mortels par une chaîne immense d'amour et de félicité : périssent les tyrans qui ont osé la briser !

Français républicains, c'est à vous de purifier la terre qu'ils ont souillée, et d'y rappeler la justice qu'ils en ont bannie ! La liberté et la vertu sont sorties ensemble du sein de la Divinité : l'une ne peut séjourner sans l'autre parmi les hommes. Peuple généreux, veux tu triompher de tous tes ennemis ? Pratique la justice, et rends à la Divinité le seul culte digne d'elle. Peuple, livrons-nous aujourd'hui sous ses auspices aux transports d'une pure allégresse ! Demain, nous combattrons encore les vices et les tyrans ; nous donnerons au monde l'exemple des vertus républicaines, et ce sera l'honorer encore !

PREMIER DISCOURS AU PEUPLE...

SECOND DISCOURS DU PRÉSIDENT DE LA CONVENTION, AU MOMENT OÙ L'ATHÉISME, CONSUMÉ PAR LES FLAMMES, A DISPARU, ET QUE LA SAGESSE APPARAÎT À SA PLACE AUX REGARDS DU PEUPLE.

Il est rentré dans le néant, ce monstre que le génie des rois avait vomi sur la France ! Qu'avec lui disparaissent tous les crimes et tous les malheurs du monde ! Armés tour à tour des poignards du fanatisme et des poisons de l'athéisme, les rois conspirent toujours pour assassiner l'humanité : s'ils ne peuvent plus défigurer la Divinité par la superstition, pour l'associer à leurs forfaits, ils s'efforcent de la bannir de la terre pour y régner seuls avec le crime.

Peuple, ne crains plus leurs complots sacrilèges ; ils ne peuvent pas plus arracher le monde du sein de son auteur que le remords de leurs propres cœurs ! Infortunés, redressez vos fronts abattus ; vous pouvez encore impunément lever les yeux vers le Ciel ! Héros de la patrie, votre généreux dévoûment n'est point une brillante folie ; si les satellites de la tyrannie peuvent vous assassiner, il n'est pas en leur pouvoir de vous anéantir tout entiers ! Homme, qui que tu sois, tu peux concevoir encore de hautes pensées de toi-même ; tu peux lier ta vie passagère à Dieu même et à l'immortalité ! Que la nature reprenne donc tout son éclat, et la sagesse tout son empire ! l'Être-Suprême n'est point anéanti.

C'est surtout la sagesse que nos coupables ennemis voulaient chasser de la République : c'est à la sagesse seule qu'il appartient d'affermir la prospérité des empires ; c'est à elle de nous garantir les fruits de notre courage. Associons-la donc à toutes nos entreprises ! Soyons graves et discrets dans nos délibérations, comme des hommes qui stipulent les intérêts du monde ; soyons ardents et opiniâtres dans notre colère, contre les tyrans conjurés, imperturbables dans les dangers, patients dans les travaux, terribles dans les revers modestes et vigilants dans les succès ; soyons généreux envers les bons, compatissants envers les malheureux, inexorables envers les méchants, justes envers tout le monde ; ne comptons point sur une prospérité sans mélange et sur des triomphes sans obstacles, ni sur tout ce qui dépend de la fortune ou de la perversité d'autrui ; ne nous reposons que sur notre constance et sur notre vertu, seuls, mais infaillibles garants de notre indépendance ;

Maximilien de Robespierre

écrasons la ligue impie des rois par la grandeur de notre caractère, plus encore que par la force de nos armes.

Français, vous combattez les rois ; vous êtes donc dignes d'honorer la Divinité ! Être des êtres, auteur de la nature, l'esclave abruti, le vil suppôt du despotisme, l'aristocrate perfide et cruel t'outragent en t'invoquant, mais les défenseurs de la liberté peuvent s'abandonner avec confiance dans ton sein paternel !

Être des êtres, nous n'avons point à t'adresser d'injustes prières : tu connais les créatures sorties de tes mains ; leurs besoins n'échappent pas plus à tes regards que leurs plus secrètes pensées. La haine de la mauvaise foi et de la tyrannie brûle dans nos cœurs avec l'amour de la justice et de la patrie : notre sang coule pour la cause de l'humanité : voilà notre prière, voilà nos sacrifices, voilà le culte que nous t'offrons !

NOTES

ROBESPIERRE JOURNALISTE (p. 59).

Robespierre journaliste mérite d'être connu, et il y aurait toute une physionomie intéressante à étudier à ce point de vue qui compléterait celle de l'orateur. Les deux extraits de ses *Lettres à ses commettants*, sur la suppression du budget des cultes et sur l'instruction publique, montrent bien une des faces de son talent de journaliste ; mais, ce sont ses polémiques contre La Fayette, contre Pétion, contre les Girondins qu'il faut lire. Nous en donnerons du moins une idée par l'extrait suivant d'un article du *Défenseur de la Constitution* écrit après le 20 juin, lorsque La Fayette avait quitté son camp pour venir faire ses représentations verbales à l'Assemblée :

« Ajax, roi des Locriens, avait laissé une si haute opinion de sa valeur, que ses concitoyens conservaient toujours sa tente au milieu de leur camp ; l'ombre seule de ce héros gagnait encore des batailles.

» Nous avons un général qui semble avoir choisi pour modèle l'ombre d'Ajax. La tente de M. La Fayette est au milieu du camp où il commande ; mais elle est souvent déserte, comme celle du roi grec : ce général a la propriété de disparaître de son camp par intervalles, pour huit ou quinze jours, sans que ni les ennemis ni son armée s'en aperçoivent. La seule différence qui existe entre l'ombre d'Ajax et M. La Fayette, c'est que celui-ci ne gagne pas de batailles. Pyrrhus apprit aux Romains l'art des campements ; La Fayette instruira les généraux qui le suivront dans l'art de voyager. Faire la guerre à la tête de son armée, est une science commune, qui appartient aux héros vulgaires : être éloigné d'elle de soixante-dix lieues, plus ou moins, et faire la guerre : voilà le talent merveilleux, réservé aux êtres privilégiés, refusé à tout général qui n'a subjugué ou affranchi qu'un seul monde. Le général est-il au camp ? Est-il au château des Tuileries ? Est-il à Paris ? Est-il à la campagne ? sont aujourd'hui autant de questions qui n'ont rien du tout d'oiseux ni de ridicule. et dont la solution n'est pas même facile. Par exemple, au moment où j'écris, on regarderait comme un homme très-habile, celui qui pourrait dire, avec certitude, si M. La Fayette est enfin retourné à Maubeuge, ou si c'est Paris qui le recèle.

» Cette nouvelle méthode de faire la guerre a sans doute de grands

Maximilien de Robespierre

avantages, ne fût-ce que celui de conserver le général, sinon à l'armée, du moins à la nation. Comment le battre ou le faire prisonnier, s'il n'est pas même possible de le découvrir ?

» Au reste, qu'on examine bien ce système, il est beaucoup moins extraordinaire qu'on ne pourrait le croire, au premier coup d'œil. Il est très-approprié à la nature et aux motifs de la guerre actuelle. Jamais guerre n'exigea plus d'entrevues secrètes, plus d'entretiens intimes, plus de confidences mystérieuses ; or, tout cela suppose des voyages, et oblige nécessairement le général à faire plus d'usage de chevaux de poste que de chevaux de bataille.

» Ce n'est plus un secret aujourd'hui pour personne, que le but de la guerre n'est point de détrôner la maison d'Autriche, en Brabant ; mais de rétablir son empire en France. Ce n'est point Bruxelles qu'on veut affranchir, c'est Paris que l'on veut réduire ; il s'agit non de dompter les factieux de Coblentz, mais de châtier les factieux de l'Assemblée nationale et de la capitale. Le roi de Prusse et le roi de Hongrie, comme on sait, sont bien moins à craindre pour la France que les municipaux et les sociétés des amis de la constitution : Léopold et La Fayette nous l'ont hautement déclaré. Il faut épargner Coblentz, évacuer Courtrai, et préparer le siège du couvent des Jacobins. Le véritable théâtre de la guerre n'est donc point la Belgique, c'est Paris. Le véritable quartier-général n'est pas au camp retranché de Maubeuge ; il est dans le palais des Tuileries. Le conseil de guerre, c'est le comité autrichien. À quoi servent ici la valeur et les talents militaires ? Il n'est question que de stratagèmes politiques. M. La Fayette a donc moins besoin de conférer avec des officiers expérimentés qu'avec les intrigans habiles. Au camp, il peut être facilement remplacé ; mais au conseil secret, comment pourrait-on se passer de sa présence ?

» Eh ! d'ailleurs, pourquoi les Autrichiens lui donneraient-ils quelque inquiétude pendant son absence ? Est-il en guerre avec eux ? Que dis-je ? Ne sont-ils pas alliés ? Ne sont-ils pas ligués avec lui *pour rétablir en France le bon ordre, pour anéantir le règne des clubs et rétablir celui de la loi* ?... »

Robespierre développe celle accusation, en faisant des rapprochements entre le manifeste de Léopold et la lettre de La Fayette à l'Assemblée ; il dénonce le général comme l'instrument des ennemis de la révolution ; il donne incidemment son opinion sur le 20 juin :

NOTES

« Le moment était enfin arrivé où cette conspiration générale devait éclater. Pour s'élancer dans sa carrière criminelle, La Fayette n'attendait plus qu'une occasion favorable à ses vues. Il fallait un prétexte pour pallier une démarche audacieuse qui le prononçât comme le chef du parti de la cour. Il s'est appliqué à le faire naître, et il prétend l'avoir trouvé dans les événements du 20 juin. Je puis m'expliquer librement sur ce rassemblement, j'ai assez prouvé mon opposition à cette démarche, par des faits aussi publics que multipliés. Je l'ai regardée comme impolitique et sujette à de graves inconvénients. Je n'ai pas besoin de dire que l'extravagance aristocratique a pu seule concevoir l'idée de la présenter comme un crime populaire, comme un attentat contre la liberté et contre les droits du peuple. Ce qu'il importe d'observer ici, ce qui est démontré à mes yeux et à ceux de quiconque connaît ce qui s'est passé ; c'est que la cour et La Fayette ont fait tout ce qui était en eux pour la provoquer, pour la favoriser, en paraissant l'improuver ; c'est que ce dessein est trop clairement indiqué par l'étrange affectation avec laquelle ils cherchèrent, dans les jours qui le précédèrent, et où il était déjà annoncé, à braver l'opinion publique et à lasser la patience des citoyens, par des actes aussi contraires à la sûreté de l'État qu'aux intérêts de la liberté ; c'est que les lettres de La Fayette à l'Assemblée nationale et au roi ont été combinées avec l'époque de cet événement prévu. Sans doute, il avait pensé, comme tous ses complices, que quelque pures, quelque légitimes que fussent les intentions du peuple, un grand rassemblement pourrait produire quelque crime individuel qui pourrait servir de prétexte pour le calomnier et pour décrier ou persécuter les amis de la liberté. La vertu populaire et la raison publique déconcertèrent ses projets et les efforts même de ses émissaires. Mais il n'en poursuit pas moins le dessein qu'il avait formé de fonder sur cet événement une espèce de manifeste royal et autrichien pour colorer la révolte qu'il méditait contre la souveraineté nationale…

» Pour oser déclarer la guerre à sa patrie, il fallait qu'il eût l'air de ne point attaquer la nation : mais un troisième parti, qui n'était point celui de la cour et de l'aristocratie, et qui, cependant serait présumé ennemi de la liberté et de la constitution : La Fayette a donc présenté les patriotes, le peuple, tout ce qui n'est point sa faction, comme une secte particulière qu'il a appelée, qu'il a fait appeler par tous les écrivains qu'il soudoie, tantôt républicaine, tantôt jacobine, à laquelle il impute tous les maux qu'il a causés, tous les crimes de la cour et de l'aristocratie

Maximilien de Robespierre

C'est sous ce nom qu'il prétend accabler le peuple, avec le nom du roi, avec les forces de la cour, de la noblesse, des prêtres séditieux, des puissances étrangères, et de tous les citoyens pervers ou stupides qu'il pourra égarer ou attacher à sa fortune. On voit qu'en cela il s'accorde encore parfaitement avec nos ennemis extérieurs qui, pour ne point paraître combattre la volonté de la nation, pour ménager en même temps l'opinion de leurs propres sujets, déclarent qu'ils ne prennent les armes que contre cette même faction jacobine à qui ils supposent le pouvoir de maîtriser le peuple français... Voilà toute la politique de ce héros... Eh bien ! qu'il comble enfin la mesure de ses crimes ; qu'il passe le Rubicon comme César,[1] ou plutôt que, comme Octave, à qui il ressemble beaucoup mieux, aux talents près, il se cache au fond de cale, tandis qu'on donnera la bataille d'Actium... Citoyen ingrat et parjure, hypocrite et vil conspirateur, que tout le sang qui coulera retombe sur ta tête sacrilège. Tu as dit dans ta lettre à l'Assemblée, en parlant de tes complices : « Je déclare que la nation française, si elle n'est point la plus vile de l'univers, peut et doit résister à la coalition des rois. » Et moi, je dis que si le plus dangereux de ses ennemis et le plus coupable de tous les traîtres n'est pas bientôt exemplairement puni, nous sommes en effet la plus vile nation de l'univers, ou du moins nos représentants sont les plus lâches de tous les hommes. »

SUR PÉTION (p. 56.)

Robespierre, comme on a pu le voir, avait été très-lié avec Pétion : ce fut ce dernier qui provoqua la rupture, en intervenant pour prendre sa défense contre les accusations de Rebecqui et de Louvet : « Le caractère de Robespierre, dit Pétion, explique ce qu'il a fait : Robespierre est extrêmement ombrageux et défiant ; il aperçoit partout des complots, des trahisons, des précipices. Son tempérament bilieux, son imagination atrabilaire, lui présentent tous les objets sous de sombres couleurs ; impérieux dans son avis, n'écoutant que lui, ne supportant pas la contrariété, ne pardonnant jamais à celui qui a pu blesser son amour-propre, et ne reconnaissant jamais ses torts ; dénonçant avec légèreté et s'irritant du plus léger soupçon ; croyant toujours qu'on s'occupe de lui, et pour le persécuter ; vantant ses services et parlant

---

1 On assure que, plusieurs années avant la révolution, les plaisants de la cour lui avait donné le nom de *Gilles-César*. (*Note de Robespierre.*)

NOTES

de lui avec peu de réserve ; ne connaissant point les convenances, et nuisant par cela même aux causes qu'il défend ; voulant par-dessus tout les faveurs du peuple ; lui faisant sans cesse la cour et cherchant avec affectation ses applaudissements ; c'est là, c'est surtout cette dernière faiblesse, qui, perçant dans les actes de la vie publique, a pu faire croire que Robespierre aspirait à de hautes destinées, et qu'il voulait usurper le pouvoir dictatorial. »

Robespierre ne sut aucun gré à Pétion de sa bonne intention, et il fut piqué au vif par cette façon de le justifier. Dans ses *Lettres à ses commettants* et à la tribune de la Convention et des Jacobins, toutes les fois que l'occasion s'en présentait, il prit désormais Pétion, qu'il appelait « le roi Jérôme Pétion, » pour plastron des railleries les plus amères.

SUR ANACHARSIS CLOOTZ (p. 176).

Robespierre était sujet à ces retours d'appréciation sur les hommes. C'est ainsi qu'en dénonçant Anacharsis Clootz aux Jacobins, le 12 décembre 1793, il formula notamment ce grief contre lui : « L'amour-propre lui fit publier un pamphlet intitulé : *Ni Marat, ni Roland*. Il y donnait un soufflet à ce dernier, mais il en donnait un plus grand à la Montagne. »

Or voici en quels termes, dans sa 6ᵉ *Lettre à ses commettants*, Robespierre avait apprécié ce pamphlet de Clootz : « Il me tombe dans ce moment entre les mains une brochure d'Anacharsis Clootz, intitulée : *Ni Marat, ni Roland*. À deux ou trois idées près, peut-être, qui m'ont paru manquer de justesse, cette production, écrite d'un style piquant et original, est pleine de goût et de philosophie. Anacharsis trace avec tant de vérité la nullité ridicule de quelques hommes qui ont enrayé le char de la révolution, que je mereprocherais le ton sérieux avec lequel je les ai quelquefois attaqués, si je ne me rappelais une maxime que j'ai déjà appliquée à La Fayette ; c'est que, s'il faut du génie pour faire le bien public, il ne faut que des vices et de l'astuce pour l'empêcher. Au reste, je m'unis à lui pour crier : Vive la liberté universelle ! »

COMMENT LES JACOBINS ACCUEILLIRENT LA CHUTE DE ROBESPIERRE (p. 170.)

Maximilien de Robespierre

Robespierre ne fut pas davantage défendu aux Jacobins qu'à la Convention, et dans les séances qui suivirent le 9 thermidor ce ne furent que malédictions contre le tyran. On déclara non-avenues toutes les exclusions prononcées à l'instigation de Robespierre contre des citoyens qui n'avaient pu répondre aux accusations portées contre eux. « Depuis six mois, dit Thirion, les droits sacrés de l'homme ont été ouvertement violés dans cette enceinte par le Catalina moderne. Peut-être se croira-t-on bien fondé à nous reprocher de ne nous être pas élevés contre l'oppression ; mais qui blâma jamais Brutus d'avoir joué le rôle d'imbécile à la cour de Tarquin, en attendant le moment favorable de le frapper et de sauver la liberté de son pays ? Qu'on sache que la Montagne a suivi le rôle de Brutus ! Il fallait, avant d'attaquer le tyran, donner au peuple le temps de s'apercevoir de la tyrannie, il fallait que les moins clairvoyants fussent éclairés sur sa perfidie. En un mot, nous n'avons point parlé quand le moment de se faire entendre n'était pas arrivé… Dès que le moment nous a favorisés, nous avons parlé ; nous avons mieux fait encore, nous avons agi. »

Dans la séance du 18 thermidor, Lequinio, revenant à la charge, accuse Robespierre d'avoir opprimé la liberté de la presse, et d'avoir eu l'intention d'empêcher l'instruction, pour parvenir avec plus de facilité à la tyrannie ; il instruit la société « que le traître Henriot, qui n'agissait que par les ordres de Robespierre, a proposé, dans une des sections de Paris, d'anéantir toutes les bibliothèques. »

NOTES

ISBN : 978-1511618199

www.ingramcontent.com/pod-product-compliance
Lightning Source LLC
Chambersburg PA
CBHW070352290526
45790CB00004B/1452